民族大学优秀学术著作出版基金资助

# 日本文化生成的轨迹

王秀文 著

知识产权出版社
全国百佳图书出版单位
—北京—

### 图书在版编目（CIP）数据

日本文化生成的轨迹/王秀文著. —北京：知识产权出版社，2021.6
ISBN 978-7-5130-7525-1

Ⅰ.①日… Ⅱ.①王… Ⅲ.①文化史—日本 Ⅳ.①K313.03

中国版本图书馆CIP数据核字（2021）第087683号

### 内容提要

与其他民族文化相比，日本文化充满多样性和矛盾性，引起了世人的广泛关注。本书的重点不在于解读和定义日本表层文化现象，而是侧重介绍日本的自然风土、历史演进、社会形态、语言特点以及一些民俗现象，通过厘清文化生成的土壤和演进的轨迹，反观日本文化的生态，为加强认识日本文化的本质、理解日本文化的现象提供一个较为客观而便捷的路径。

责任编辑：冯 彤　　　　　　　　责任校对：王 岩
封面设计：张革立　　　　　　　　责任印制：刘译文

# 日本文化生成的轨迹
王秀文　著

| 出版发行： | 知识产权出版社有限责任公司 | 网　　址： | http://www.ipph.cn |
|---|---|---|---|
| 社　　址： | 北京市海淀区气象路50号院 | 邮　　编： | 100081 |
| 责编电话： | 010-82000860转8386 | 责编邮箱： | fengtong@cnipr.com |
| 发行电话： | 010-82000860转8101/8102 | 发行传真： | 010-82000893/82005070/82000270 |
| 印　　刷： | 北京建宏印刷有限公司 | 经　　销： | 各大网上书店、新华书店及相关专业书店 |
| 开　　本： | 880mm×1230mm　1/32 | 印　　张： | 10.875 |
| 版　　次： | 2021年6月第1版 | 印　　次： | 2021年6月第1次印刷 |
| 字　　数： | 244千字 | 定　　价： | 68.00元 |

ISBN 978-7-5130-7525-1

出版权专有　侵权必究
如有印装质量问题，本社负责调换。

# 前　言

明治维新以来，日本文化一直吸引着世界各国文化人，引发了广泛的关注，人们以不同的目光、心态对其进行观察、思考和解读，力图揭示它的特征，各类相关书籍层出不穷，可谓汗牛充栋。诸多研究因历史时期不同，研究者的国度、角度、目的不同，因而表现出不同的观点和结论，有时甚至相互矛盾，令人无所适从。

诚然，与其他民族文化相比较，日本文化充满着多样性和矛盾性，这也是引人关注的魅力所在。四十多年来，笔者一直从事日语教育和日语学科建设工作，同时基于人才培养的需要主要开展一些关于日本语言与社会文化方面的研究。因目的性所限，笔者研究关注的内容比较宽泛，虽然堆积了一定量的研究成果，但是系统涉及日本深层文化的内容不多。本书的重点，在于通过日本的自然风土、历史演进、社会形态、语言特点以及一些民俗现象反观日本文化的生态，意在探讨日本表层文化生成和演进的土壤与轨迹。

不言而喻，本书所涉及的领域均已存在大量的专论专著，而本书所做的工作是从文化形成的角度提炼精华、厘清脉络，为关注日本文化的读者提供一个相对客观且便捷获取基本信息的途径。虽然笔者努力不在书中提出理论性观点而专注客观阐述，但是仍然难免流露出一己之见。例如，关于历史时代的划分，本书在沿袭传统划分的基础上，综合日本社会发展的整体性和文化生成的阶段性特征，对其进行了有机的整合与切割，由此使日本历史的时代划分避免了以往的平铺直叙和凌乱感，呈现出立体感。又如，关于日本语言，本书在提炼语言内在逻辑和特点的同时，把重点放在它的社会变体方面，虽然并非面面俱到，但是仍可以起到引起读者关注和思考日本语言与社会、文化之关系的作用，而这对于理解日本语言文化尤为重要。

　　本书的主要内容起笔于新冠疫情仍在肆虐的 2020 年 3 月。笔者本想通过撰写此书排解内心的忧虑，但是仍因定力不足而时常为疫情的时起时伏而分神、焦虑。故此，书中肯定存在一些不尽如人意和言不尽意之处，敬请读者朋友海涵。

　　此书的撰写得到了大连民族大学和知识产权出版社的热情支持，并获得大连民族大学优秀学术著作出版基金的资助，这令笔者感到十分荣幸。另外，在本书撰写过程中，大连民族大学图书馆的同仁以及朋友、昔日的学生在资料查询等方面提供了热情的帮助，在此一并表示由衷的感谢。

王秀文<br>辛丑年元月　于大连

# 目 录

**第一章 从自然风土看日本文化** ………………………… 1
- 一、自然风土：多样性的岛国构造 ………………………… 1
  - （一）日本列岛的构成 ………………………… 1
  - （二）山河与湖泊 ………………………… 4
  - （三）平原、盆地与森林 ………………………… 7
  - （四）季风与气候 ………………………… 10
- 二、行政区划：日本人的空间结构 ………………………… 12
  - （一）行政区划 ………………………… 12
  - （二）北海道与琉球群岛 ………………………… 15
- 三、神话世界：日本人的自然观 ………………………… 17
  - （一）日本神话故事 ………………………… 17
  - （二）神话的多重内涵 ………………………… 28
  - （三）自然崇拜与祖先信仰 ………………………… 33

**第二章 从历史看日本文化（一）** ………………………… 38
- 一、史前时代：日本历史的发端 ………………………… 38
- 二、氏族制时代：农业文明的涌入 ………………………… 42
  - （一）国家形态的出现 ………………………… 42

（二）渡来人与文化传播 ……………………………… 48
三、律令制的时代：制度文化的全面吸收 ……………… 54
　　（一）推古朝改革 ………………………………………… 54
　　（二）大化改新 …………………………………………… 57
　　（三）神话与史实 ………………………………………… 59
　　（四）遣唐使与文化摄取 ………………………………… 67
　　（五）律令制时代的奈良 ………………………………… 71
　　（六）佛教文化的兴隆 …………………………………… 75
　　（七）体制过渡期的平安时代 …………………………… 78
　　（八）贵族社会与国风文化 ……………………………… 83
　　（九）从汉字到假名的形成 ……………………………… 89

第三章　从历史看日本文化（二）………………………… 94
　一、中世幕府制时代：政权转移与社会重组 …………… 94
　　（一）武士政权的诞生 …………………………………… 94
　　（二）失序的室町时代 …………………………………… 98
　　（三）产业与文化的发展 ……………………………… 102
　二、近世幕府制时代：大众文化的纯熟期 …………… 108
　　（一）丰臣秀吉一统天下 ……………………………… 108
　　（二）分而治之的幕藩体制 …………………………… 112
　　（三）士农工商身份制 ………………………………… 114
　　（四）锁国与民众暴动 ………………………………… 117
　　（五）产业与社会发展 ………………………………… 119
　　（六）新学术的诞生 …………………………………… 121
　　（七）大众文化的勃兴 ………………………………… 123

三、明治维新：内外交困中的制度选择⋯⋯⋯⋯⋯⋯ 128
  （一）维新的起因与过程⋯⋯⋯⋯⋯⋯⋯⋯⋯ 128
  （二）维新的举措与结果⋯⋯⋯⋯⋯⋯⋯⋯⋯ 131

**第四章　从社会看日本文化** ⋯⋯⋯⋯⋯⋯⋯⋯⋯⋯⋯⋯ 135
 一、文化的土壤：村落的起源与演进⋯⋯⋯⋯⋯⋯ 136
  （一）部族与氏族社会⋯⋯⋯⋯⋯⋯⋯⋯⋯⋯ 136
  （二）律令制时期的社会形态⋯⋯⋯⋯⋯⋯⋯ 140
  （三）幕府制时期的农村社会⋯⋯⋯⋯⋯⋯⋯ 143
 二、传统村落：社会与人文生态⋯⋯⋯⋯⋯⋯⋯⋯ 148
  （一）村落的形态⋯⋯⋯⋯⋯⋯⋯⋯⋯⋯⋯⋯ 148
  （二）村落组织及其功能⋯⋯⋯⋯⋯⋯⋯⋯⋯ 154
 三、家族与家：从概念到形态的转变⋯⋯⋯⋯⋯⋯ 160
  （一）从氏族到家族⋯⋯⋯⋯⋯⋯⋯⋯⋯⋯⋯ 160
  （二）家的结构特征⋯⋯⋯⋯⋯⋯⋯⋯⋯⋯⋯ 164
  （三）"家制度"与家继承⋯⋯⋯⋯⋯⋯⋯⋯⋯ 170
  （四）婚姻形态的演变⋯⋯⋯⋯⋯⋯⋯⋯⋯⋯ 176

**第五章　从语言看日本文化** ⋯⋯⋯⋯⋯⋯⋯⋯⋯⋯⋯⋯ 184
 一、日本语言：多样性与包容性并存的结构⋯⋯⋯ 185
  （一）日语的语音特点⋯⋯⋯⋯⋯⋯⋯⋯⋯⋯ 185
  （二）日语的文字特点⋯⋯⋯⋯⋯⋯⋯⋯⋯⋯ 186
  （三）日语的词汇特点⋯⋯⋯⋯⋯⋯⋯⋯⋯⋯ 189
  （四）日语的语法特点⋯⋯⋯⋯⋯⋯⋯⋯⋯⋯ 194
  （五）日语的句子特点⋯⋯⋯⋯⋯⋯⋯⋯⋯⋯ 196
  （六）口语与书面语⋯⋯⋯⋯⋯⋯⋯⋯⋯⋯⋯ 199

二、日语女性语：男女有别的语言 …………………… 201
　　（一）女性语的语言特点 …………………… 202
　　（二）女性语的产生与变化 ………………… 204
三、日语的称谓：因人而异的称呼 …………………… 207
　　（一）称谓语的选择规则 …………………… 207
　　（二）称谓的社会文化规则 ………………… 211
四、日本人的寒暄：社会生活的黏合剂 ……………… 214
　　（一）日语寒暄的类别 ……………………… 214
　　（二）寒暄的文化特点 ……………………… 215
五、日语的敬语：并非表示尊敬的语言 ……………… 220
　　（一）日语敬语的概念 ……………………… 220
　　（二）敬语与人际关系 ……………………… 222
　　（三）敬语的功能表现 ……………………… 225
六、日语的副语言：语言交流的润滑剂 ……………… 228
　　（一）沉默是金 ……………………………… 229
　　（二）随声附和 ……………………………… 231
　　（三）眉目传情 ……………………………… 232
　　（四）微笑文化 ……………………………… 234
　　（五）体距的语义 …………………………… 235

第六章　从动物民俗看日本文化 …………………………… 237
　一、鼠民俗的文化传承 ………………………………… 238
　　（一）鼠民俗在日本的发端 ………………… 238
　　（二）"老鼠嫁女"与生殖信仰 ……………… 241
　　（三）鼠的禁忌与卜兆 ……………………… 243

## 二、牛民俗的文化传承 …………………………………… 246
### （一）牛信仰在日本的发端 ………………………… 246
### （二）牛信仰与日本佛教 …………………………… 249
### （三）"丑牛"与鬼及鬼门信仰 …………………… 252
### （四）端午节与女人、牛 …………………………… 255
### （五）牛的俗信与禁忌 ……………………………… 259

## 三、日本神话传说中的蛇信仰 ………………………… 262
### （一）蛇：大地之神 ………………………………… 262
### （二）从神到妖：蛇神的没落 ……………………… 265
### （三）蛇的复仇：冥界的主宰者 …………………… 267
### （四）丰饶的象征：山神到田神 …………………… 270

## 四、马民俗的文化传承 …………………………………… 273
### （一）日本对马的认识 ……………………………… 273
### （二）龙马思想在日本 ……………………………… 275
### （三）"牛头马面"与"马头娘" …………………… 277
### （四）马与农神和"绘马" ………………………… 280
### （五）马的俗信与禁忌 ……………………………… 282

## 五、猴民俗的文化传承 …………………………………… 286
### （一）猴信仰与神佛融合 …………………………… 286
### （二）厩神与庚申信仰 ……………………………… 289
### （三）民间故事中的猴 ……………………………… 293
### （四）猴的俗信与禁忌 ……………………………… 298

## 六、鸡民俗的文化传承 …………………………………… 301
### （一）日本对鸡的认识 ……………………………… 301

（二）瑞鸟信仰与民间传说 …………… 305
　　（三）鸡的俗信与禁忌 ………………… 308
七、犬民俗的文化传承 ……………………… 312
　　（一）犬民俗在日本的发端 …………… 312
　　（二）人犬交婚传承 …………………… 315
　　（三）犬的忠勇传说 …………………… 318
　　（四）犬的祥瑞之兆传承 ……………… 322
　　（五）民俗中的犬崇拜 ………………… 325
八、猪民俗的文化传承 ……………………… 327
　　（一）"亥""豕"与"猪"在日本 …… 327
　　（二）猪与山神信仰 …………………… 330
　　（三）"亥神"的传承 ………………… 332
　　（四）关于猪的俗信 …………………… 334

**主要参考文献** …………………………………… 336

# 第一章　从自然风土看日本文化

　　风土是土地、山川、气候、物产等自然条件和由此产生的风俗、习惯等文化的总称。风土与文化实为一体，它们之间的关系为：物产取决于风土，决定人类的生产生活方式，进而在一个特定地域构成一个特定民族，创造出特定文化。人类在各种风土之中将自己风土化，通过将自己风土化而生存于自然之中。因此，文化具有鲜明的地域性和民族性特征，理解一种文化往往需要从自然风土开始。

## 一、自然风土：多样性的岛国构造

### （一）日本列岛的构成

　　日本位于欧亚大陆东缘的日本海与太平洋西缘之间，其东南侧是平均深度约为4000米的浩瀚的太平洋，其临近日本列岛之处横亘着世界上深海沟之一的日本海沟,几乎与本州岛并行,深度约6000米至10000米。日本海将列岛与欧亚大陆隔开,面积约为100万平方公里,平均深度1350米。❶

据地质学考证,在距今大约1.2万年前,海平面曾经较现在低约120米。当时的日本海是一片芦苇繁茂的湿地,列岛尚与欧亚大陆相连。到距今约1万年前,由于海底地壳隆起,海平面上升。大约6000年前,海平面甚至比现在还高出2～5米,现在所见的大部分原野被海水淹没,大多山麓变为山谷,日本列岛开始与欧亚大陆脱离,变成了一个四面环海的孤立世界。❷另据环境考古学者高桥学称,在气候较现在更温暖的6300年前,海水已升入陆地5公里,直至4000年前的气温最适时期,此后气候变冷,海平面回落,日本列岛才最后形成现在这样的地貌。❸

日本九州岛、本州岛南部与朝鲜半岛间距很近,其间有朝鲜海峡和对马海峡,现在一般水深为50～150米,最狭窄处只有50公里。在历史上,此处作为陆桥发挥过重要的交通作用,曾经有大批动物和人类由此往来于欧亚大陆与日本列岛之间。据考古发掘,日本列岛上发现了长毛象、虎、犀牛、鹿等20多种大型动物的化石。在日本列岛形成之后,有证据表明,绳文时代的文化中存在与欧亚大陆交流的痕迹,而弥生时代前后开始有"渡来人"陆续进入日本,传播欧亚大陆文化。可以想象,这座陆桥作

---

❶ 大島建彦,等. 日本を知る小事典6 [M]. 東京:社会思想社,1982:7.
❷ 平朝彦. 日本列島の誕生 [M]. 東京:岩波新書,2003:185-189.
❸ 梅原猛,安田喜憲. 縄文文明の発見 [M]. 東京:PHP研究所,1996:98-109.

为文化通道，其作用功不可没。由此看来，日本列岛虽然宛若一叶孤舟漂浮在大海之上，但并不等于它是孤立的。

日本列岛由北海道、本州、四国、九州4个大岛以及分布在其周边的6800多个大小岛屿构成。其中，北海道面积83万平方公里，本州岛面积231万平方公里，四国岛面积18万平方公里，九州岛面积44万平方公里。

日本列岛的海岸线全长约为3.4万公里。日本是世界上单位面积海岸线最长的国家之一。因为陆地的沉降起伏和地块的激烈运动，海岸线蜿蜒曲折，形成众多天然港湾和海角、半岛。在日本海沟与日本海海盆之上，有暖流与寒流沿着日本列岛南北方向通过，调节岛国的气候、气温，同时也为日本提供了丰富的水产资源。暖流称为"黑潮"，属于高温高碱的日本海流，幅宽约100公里，每秒流速约1.5米。黑潮源于菲律宾群岛东岸，流经中国台湾岛东侧、西南诸岛西侧时分流，一支沿列岛南岸向东流至三陆海岸和房总冲，与从千岛群岛南下的寒流"亲潮"合为一体，形成亚热带环流的一部分；另一支沿日本海北上，被称为对马海流。

日本列岛陆地的弧状形态，通常由中央地质构造线区分为"东北日本弧"与"西南日本弧"两部分。它们均是在地质年代，经过太平洋一侧的挤压与火山运动的内力与外力作用而形成的。作为日本弧主要部分的本州岛中部，有一条东西走向的"中央大地沟带"，西起新潟县的丝鱼川市，东至静冈县的静冈市，连通构成丝鱼川—静冈构造线（简称丝静线），长约280公里，宽50～60公里，成为地质学上的东日本和西日本，即关东与关西地区的分界线。西日本又有一条"中央地质构造线",从长野县的诹访湖经渥美半岛、佐田岬半岛后横贯九州岛连成一线,是日本最大的断层系,它把西南日本划分为北边的内带和南边的外带。

## (二) 山河与湖泊

日本是多山之国,山地约占日本国土总面积的61%,加上丘陵地区共占约71.8%。日本列岛上山脉纵横,主要山脉几乎占据着四大岛的中心位置,其山麓、丘陵地带呈放射状向四周伸展,构成日本特殊的地貌。其中最长的山脉是奥羽山脉,它从本州岛北部的青森县向南延伸至福岛县,长达500公里,平均海拔约为1000米。大约在本州岛中部的丝静线和中央地质构造线的相交之处,集中分布有飞騨山脉、木曾山脉、赤石山脉,构成著名的"日本阿尔卑斯"。它们是日本山系中最为陡峭的山脉,多个主峰均在海拔3000米以上,海拔近3800米的日本最高峰富士山就位于这一带。崇山峻岭是日本人的崇拜对象,构成日本民俗宗教的重要组成部分。

同时,日本列岛位于环太平洋火山、地震带之上,境内火山众多且分布广泛,其中有活火山111座,约占世界活火山总数(约1500座)的1/13。火山活动频繁,时常引发巨大的自然灾害,造成严重损失。其中,位于长野、群马两县的日本最大活火山浅间山曾经在1783年大喷发,毁灭了本州中部大部分地区。最为著名的火山景观富士山,曾于1707年最后一次喷发(宝永大喷火)❶，目前处于休眠状态。富士山山体呈圆锥状，山顶终年积雪，其山麓周围分布着五个淡水湖，统称"富士五湖"，是著名的风景胜地。在日本人的心中，富士山是日本精神、文化的象征，是一座蕴含着自然魅力、优美、庄严的神山，自古以来一直是日本文学爱好者讴歌的主题，同时也是日本人崇敬的圣地。

日本位于多条地质断裂带上，是有名的地震多发国家。据观测统计资料表明，日本全国平均每天约有4次地震发生，每年有一次6.5级地震，每10年有一次7.5级地震，每20～30年有一次8级以上大地震，而首都东京每年会发生有感地震（一般指2～4级）40～50次。地震多发于日本列岛太平洋沿岸一带。1923年9月1日发生的关东大地震为7.9级，引起的火灾几乎将东京和横滨夷为平地，10.5万人因此丧生；1995年1月17日发生在关西地区的阪神大地震为7.3级，造成6400余人死亡；2011年3月11日发生在东部地区太平洋海域的东日本大地震为9级，被称为日本历史上的第五大地震，地震引发的海啸导致约2.2万人死亡、2500余人失踪，并且引发福岛核电站核泄漏事故，震惊世界。❷

频遭火山喷发和地震袭扰的日本人，长期以来形成了听天由命的宿命论思想，同时也养成了坚韧不拔的性格，每每在灾害面前都能够做到处事不惊、重振旗鼓、奋发图强。相反，受火山和地震所赐，日本地热资源丰富，也是著名的温泉大国。日本共有大小温泉地约3000处，遍布全国各地，其中静冈县的热海和大

---

❶ 吉田孝. 日本の誕生[M]. 東京：岩波新書，1997：34.
❷ 松田博康. 日本地理データ年鑑2021[M]. 東京：小峰書店，2021：47.

分县的别府是最为著名的两个温泉乡。另外，火山喷发造成的火口原和火山口湖，也是日本的重要观光地。除富士山之外，箱根、阿苏以及十和田湖、鳗池等都是著名的游览胜地，而日本34处国立公园和57处国定公园❶几乎全部含有火山资源❷。日本人在蒙受灾害的同时也在享受着大自然的恩赐，并形成了独到的审美情趣与民族文化内涵。

受多山地貌及气候的影响，日本河流纵横交错，淡水资源极为丰富。但是，与欧亚大陆上的河流相比，日本河流具有流程短、水流急、流域面积小等显著特点，这直接与日本国土狭长、脊梁山脉纵横等地形特点相关。日本最长的河流信浓川约为367公里，第二位的利根川约为322公里，第三位的石狩川约为268公里，而第十位以下的其他日本绝大多数河流的流程都在200公里以内。流域面积最大的淀川为110公里，其他绝大部分的流域宽度都在50公里以下。由于山海之间的距离极短，加之雨量充沛，日本河流从山地流出后随即注入大海，导致河水落差大，水势湍急，上下游区分不明显。

日本各地雨季和旱季明显，降水量相差悬殊，造成河流水流量有季节性差异。虽然这样的河川不利于日本发展内河航运，但沿海海上交通尤为发达，其中濑户内海航运通道自古以来就发挥着重要交通作用。与崇山峻岭阻碍交通不同，河谷自古以来被日本人用作穿越高山的通道。尤其是明治时代以后，很多河谷沿岸变成铁路、公路的重要连线。另外，河流也往往成为地域的疆

---

❶ 国立公园由厚生劳动省管辖，而国定公园由地方都道府县管辖。
❷ 松田博康. 日本地理データ年鑑 2021［M］. 東京：小峰書店，2021：34.

界。例如，利根川是旧上总国和常陆国的分界线，熊野川的下游是三重县与和歌山县两县的分界线，而多摩川则是神奈川县和东京都之间的分界线。

日本共有湖泊600余个，主要集中在东北地区，而西南部较少。湖泊多为火山湖，分布在山地，大多具有小而深的特点。日本最大的湖泊是琵琶湖，位于本州滋贺县境内，面积约为670平方公里，最大水深104米；最深的湖是位于东北地区的田泽湖，水深为423米，面积为25.8平方公里；日本海拔最高的湖是位于栃木县的中禅寺湖，海拔为1269米；湖水透明度最高的湖是位于北海道阿寒国立公园内的摩周湖，透明度达到41.6米。[1] 此外，在滨海地区还有很多潟湖，深度不大。日本的湖泊区域大多都是著名的观光旅游胜地，也有一些是工农业和生活用水的重要水源地。

## （三）平原、盆地与森林

据日本国土统计，日本平原的面积为13%，加上11%洪积丘陵、台地和低地，共占国土面积的24%。总体来说，日本因为山多而缺少准平原和构造平原，多为冲积平原。湍急、短小的河流携带着大量泥沙入海，在中途形成大小不同的冲积平原，成为日本发展稻作农业的根基。冲积平原大多分布在河流沿岸以及沿海一带，其多因山地阻隔，表现为零散、狭小的状态。

---

[1] 中国社会科学院. 简明日本百科全书[M]. 北京：中国社会科学出版社，1994：21-22.

从构成特点来看，日本的冲积平原主要分为三种类型：一是泥沙在山麓谷口形成的冲积扇平原，二是泥沙在下游海岸附近堆积而成的三角洲平原，三是河流因途中改变河道而形成的天然堤地带。日本主要河流的上游几乎都形成冲积扇平原，而且在几条河流相近的地域还形成冲积扇群或复合冲积扇，本州的富士平原就是其典型。砂砾在山麓的堆积面上形成的扇状地，地下水位较深，但是土壤干燥、排水性能好，有利于宅基地建设和果树栽培。由泥沙堆积而成的三角洲地势低，时有潮水流入现象发生，但地下水丰富，有利于工厂布局和单季作物种植。石狩川下游的石狩平原、信浓川下游的新潟平原等均属于三角洲平原，而浓尾平原是由木曾川、长良川、揖斐川在下游冲积而成的复合大三角洲平原。一万年以前由洪积世地表隆起或海面下降而形成的洪积丘陵和台地较冲积平原略高，日本著名的关东平原主要是这种地貌。此外，在天然堤地带中，有熔岩台地、火山灰质台地等多种因火山作用而形成的台地分布在河流沿岸，且有一些低地和小盆地零散分布于山水之间。

自古以来，丘陵地带和台地与其下方的扇状地结合部是日本人首选的居住地，也是日本人早期聚落的发生地域，很多旧石器时代的遗址分布于此。进入农耕时代，狭小而零散的冲积地和丘陵、台地地带成为日本人赖以生存的集居地。他们以小规模聚落形式相互依存、密切合作，在台地种植旱田作物，在台地下方的扇状地进行水田耕作。这构成日本传统农业社会的生产生活方式，而长期以来的合作精神同时培养了日本人的群体意识。日本人绝不浪费一寸土地，千方百计地开拓耕地，把有限的土地改造为良田。水田沿河流而上，星罗棋布。他们倾心改良农具、土壤，充分施肥，精耕细作，使一片片水田平整如镜，秧苗间距、行距如同尺量般精准，其间绝无杂草。日本人把这样的稻田称作"美田"，并引以为傲。因此，日本的可耕农地虽然有限，但是精耕细作保证了单位面积产量的不断提高，而且使日本人通过农业生产养成了吃苦耐劳、严谨精致的优良品质。

日本最大的平原是关东平原，面积约为1万平方公里，其次是面积为4000平方公里的石狩平原，以下依次是2070平方公里的新潟平原，1800平方公里的浓尾平原，1600平方公里的大阪平原等。除面积较大的平原与河流之外，日本列岛几乎全部被森林植被所覆盖，森林面积约占国土面积的67%。日本列岛上有超过5500余种植物，种类丰富。日本森林植物生态呈现南北不同、东西迥异的多样性，以中部高地的丝静线一带为界，东北部为温带落叶阔叶林带，西南部为暖温带常绿树林带，进而构成东亚半月弧——照叶林文化带的一部分。

在崇山峻岭和茂密森林的环绕之中，日本还有很多较为平坦、适居的盆地。盆地多因山地断层运动沉降而形成，其中较大的奈良盆地、京都盆地和包含琵琶湖的近江盆地，都曾经被设为皇都京城，成为古代日本社会文化发生、发展的中心地域。此外，面积较小的盆地，在封建割据时代也几乎都曾被设为大名领地的城下町，成为后来城市发展的依托。无论是盆地还是河谷、海岸，日本人的生活空间都被陡峭的山峦和茂密的森林分割，显得狭小而密闭。这在某种程度上造成了传统日本人的封闭、狭隘、内向，甚至怯懦、不善交际等性格倾向。

另外，森林茂密、四季分明、色彩斑斓、鸟语花香，丰富而秀美的自然环境也孕育了日本人顺应自然、赞美自然的美学观。大自然细腻而微妙的变化增强了日本人的感受力，养成了他们追求小巧精致、崇尚自然纯朴的审美情趣。因此，他们走出深山之后，仍然眷恋熟悉的故地，并热衷于将大自然的景观微缩为庭园景观欣赏。其中以江户时代大名所建的私家庭园"日本三名园"等闻名遐迩。即便是对当代日本的城市居民而言，拥有一幢可以用来种植花草树木小庭院的住宅，仍几乎是其一生的向往。日本人往往认为，生活在大自然中，可令人感到心神安逸。

## （四）季风与气候

总体来说，日本属于温带海洋性季风气候。一年四季分明，雨水充足，多雨多湿是其主要特点。具体来说，日本受季风影响春季天气多变，雨水较少；夏季本州以南地区降水量较大，梅雨期持续时间长，高温高湿的闷热令人难耐；秋季台风频繁，经常伴有暴雨，但晚秋天气晴朗，有"天高马肥"之说；冬季日本海一侧多降雪、阴霾天气，日照短，空气湿润，太平洋一侧则少雨雪，多晴朗、干燥天气。

日本全国横跨纬度达20余度，南北气温差异十分明显。北海道属于亚寒带气候，月平均气温在0℃以下的时间长达4个月以上。其中，位于最北端的稚内，年平均气温为6.2℃；奄美大岛以南的西南诸岛属于亚热带气候，年平均气温在20℃以上。日本有记载的最高气温记录是41.1℃，最低温度记录是－41℃,

前者分别于 2018 年 7 月 23 日在琦玉县熊谷和 2020 年 8 月 17 日在静冈县浜松测得，后者于 1902 年 1 月 25 日在北海道旭川市测得。❶ 但是，本州、四国、九州等大部分地区属于温带气候，年平均气温在摄氏 20℃ 以下，呈现着日本四季分明、气候温暖宜人的总体特征。

另外，以中部山地为界，日本海沿岸与太平洋沿岸气候迥然不同。冬季从西伯利亚刮来的西北风在日本海与对马暖流带来的水汽相遇，给日本海一侧带来大量降雪。这些地方一夜大雪的深度即可达一两米厚，甚至房屋掩埋致使人们不得不在屋顶开辟通道出入。一直到"二战"后为止，这一带住户主要依靠在屋中央辟出的火坑——日语写作"火燵"来取暖，人们习惯以"好冷啊！"为见面寒暄语。日本海一侧以盛产稻米和日本酒闻名，并以萝卜咸菜为传统美食。由于多雪的冬季过于漫长，人们不得不利用冬季以外的季节争分夺秒地辛勤劳作，以积蓄更多的生活物资。因难以逾越的山脉阻隔，这些地域在过去几乎与世隔绝，而现在却仅需穿过数公里长的铁路隧道便可到达阳光明媚的太平洋一侧。与日本海一侧夏季多晴天、冬季多雨雪、阴霾笼罩的气候相比，太平洋一侧处在"黑潮"暖流的冲刷之下，夏季炎热，冬季干燥、天气晴冷。总的来说，在日本的冬季，来自南方的"黑潮"暖流使西南部变得较温暖，而来自北方的"亲潮"寒流使东北部变得很寒冷。

基于以上原因，日本气候具有明显的多样性，并且形成多个

---

❶ 松田博康. 日本地理データ年鑑 2021 [M]. 東京：小峰書店，2021：43.

气候区。日本全国的气候分为太平洋式气候和日本海式气候，而以此为前提，日本又可分为太平洋沿岸气候区——夏季多雨，冬季干燥；日本海沿岸气候区——夏季少雨，冬季多雪；北海道气候区——冬季漫长，多雪，气温低；西南诸岛气候区——全年高温且多台风和降水；濑户内气候区——冬季亦温暖，全年少雨，多晴天；中部高地气候区——冬夏温差大，降水量少。日本年平均降水量为：九州2050毫米，四国2030毫米，本州1700毫米，北海道1060毫米，降水量最多的是伊势半岛一带，多达4000毫米。

## 二、行政区划：日本人的空间结构

### （一）行政区划

明治维新以后，新政府改革江户时代的幕藩体制，于1871年4月采取"废藩置县"措施，首先成立了3府302县。同年11月实行"改置府县"，对府县进行废除、统一，合计共设3府72县，从而结束了近代日本长期的封建割据局面，为建立近代中央集权国家和发展资本主义经济奠定了基础。后来几经变化，日本的行政区划于1943年形成现在这样的格局，即1都（东京都）、1道（北海道）、2府（京都府、大阪府）和43县，并在各自之下设置市、町、村三级行政机构。至2021年1月为止，日本共有792个市、743个町、183个村，加上东京都的23个

"特别区"，市町村共为 1718 个。[1] 都道府县的行政首长的称谓为"知事"。例如，东京都知事、北海道知事、大阪府知事、秋田县知事等。知事为"知某之事"的简称，源于中国古代的知府、知县。市町村行政首长的称谓为市长、町长、村长。

江户时代实行幕藩体制，至 1869 年将藩主改为藩知事的时候，日本全国藩的数量达到 284 个。旧藩国在地理上、政治上是相对独立的行政区域，在明治维新以前的日本民众心目中，只有藩国，而并无"日本"。长期以来，日本人生息在各个类似"暗盒"的封闭的藩国领地里，相互之间很少往来交流，形成了各具特色的乡土文化，并在这样的文化中世代繁衍。在研究日本人的文化性格时，有人习惯以"岛国"进行定义，并称为"岛国根性"。很多日本人也认同这种观点，用来反思自己的文化。实际上，如果说近代以前的日本文化存在"根性"特点，那么它应该是各个"藩国根性"的集聚体，即"藩国"的自然风土影响远远大于"岛国"的影响。

自然风土作为地域的基本色调，在历史上促成各地生产生活方式以及风俗习惯的差异，甚至对于当地人的气质、性格等也造成影响，形成地域性特色。例如，有人通过调查总结：北海道人进取心强，开朗，理性；青森、岩手（或东北一带）人内向，畏缩不前，不开朗，坚忍，保守；群马人重义理人情，脾气暴躁，"妻管严"；千叶人脾气暴躁，为人处世热情；新潟、富山、石川（北陆一带）人忍受力强，坚韧，勤劳，节制；长野人理

---

[1] 松田博康. 日本地理データ年鑑 2021 [M]. 東京：小峰書店, 2021: 24.

性，好理论，热心教育；静冈人性情温和，悠闲自得，缺乏忍耐力，消极；滋贺人唯利是图，狡计而贪婪；京都人优雅和善，因循守旧；大阪人唯利是图，吝啬，功利，富于创意，有幽默感，积极而活跃；冈山人开朗，理性理智，患得患失；山口人团结，派系严重，乡土观念强；高知人好酒，豁达，热情，倔强，固执；佐贺人隐忍，开朗，爽快，保守；熊本人过于认真，固执，倔强，情感脆弱，质朴而刚毅；宫崎人外向，开放，爽朗；鹿儿岛人外向，热情，安逸，男尊女卑。❶ 这些性格的差异虽然是以"某某县"为对象进行调查的结果，实质上体现的却是旧藩地域性格的延续。

理想的行政区划应该是基于地形区、气候区、生物区、人口密度区、产业区等相互重合度最大的行政区，但是由于行政管理需要，完全兼顾这些因素并不容易。从新旧行政区分布的对比来看，现在日本的行政区划在兼并旧藩国的基础上，基本上兼顾了历史形成和地域文化特点。但是从便于把握区域性自然风土特点的角度来看，日本每天播报的全国天气预报可以作为很好的参考——通常是把日本划分为八大区域，即北海道地区、东北地区、关东地区、中部地区、近畿地区、"中国"地区、四国地区、九州地区，通过气象图观察地域性自然地理、气候的特点。于是，可以由此思考地域风土特征与产业、人文形成的差异。

从这个意义上来说，还有一些其他划分也十分具有意义。比如，把日本划分为东日本与西日本、山阳地方与山阴地方、太平

---

❶ 大岛建彦，等. 日本を知る小事典1 [M]. 東京：社会思想社，1982：227-228.

洋一侧与日本海一侧等。如前所述，东日本、西日本以南北走向的中央大地沟带，即"丝静"构造线为界，同时有号称"日本阿尔卑斯"的多条山脉作为屏障；山阳、山阴地区是以本州西部、构成"中国"地区主体的"中国"山地山脊为界分割而成；日本海一侧是指从北海道至本州的日本海沿岸，具体地说是以"中国"山地、奥羽山脉山脊为界，相反方向则为太平洋一侧。不言而喻，这种区分的主要依据是山脉，可以由此看出山脉对于日本列岛地域性气候、生态等自然风土产生的影响。

有史以来，包括关西地区、山阳地区、九州地区在内的日本西部太平洋沿岸一带，始终是日本人口最为密集、产业最为发达、文化交流最为繁盛的地域。古代农耕文化在此集散，国家和政权在此产生，而绝大多数的日本现代化大都市、工业化产业也集中在此。当然，其中亦包括东京都市圈（包括东京都及其周边的琦玉县、千叶县、神奈川县）在内。

作为日本首都的东京都，现有人口1397余万人，占全国总人口12720万的10%以上，而东京都市圈的人口接近3700万，大约全国总人口的29%集中在东京附近。❶ 东京都市圈、名古屋都市圈、大阪都市圈为日本的三大都市圈，拥有着全国的人口、产业、文化教育等优势资源，发挥着巨大的地缘优势。

## （二）北海道与琉球群岛

有人说日本是单一的大和民族国家，其实并非如此。因为除

---

❶ 松田博康. 日本地理データ年鑑2021 [M]. 東京：小峰書店, 2021：21.

大和民族之外，日本还居住着阿伊努人、琉球人，甚至还有"归化"日本的韩裔、华裔等。这样说来，日本也算是一个多民族国家。然而，如果回到一百余年前的明治维新之初，说日本是单一民族国家大概是正确的，因为在那之前，阿依努人生活的北海道、琉球人生活的琉球群岛还不是日本领土。

北海道旧称"虾夷地"，原本是"虾夷人"，即阿依努民族的居住地。北海道南北宽约420公里，东西长约540公里，面积约为7.8万平方公里，占日本总面积的1/5左右。北海道西临日本海，南濒太平洋，东北濒鄂霍次克海，西南有津轻海峡与本州岛比邻，北隔宗谷海峡同库页岛相望。其原居民阿伊努人属于千岛人种类型，原讲阿依努语，信奉的宗教萨满教色彩浓厚。

从15世纪开始，有少数日本人从本州来往于北海道，被称为"和人"。阿伊努人为了抵御"和人"的渗透，曾经开展长达一百余年的"胡奢麻尹之战"。16世纪中叶，日本东北地区豪族蛎崎氏与阿伊努人成功联盟，并获得丰臣秀吉赐予的"虾夷岛主"印绶。江户时代，德川幕府将北海道纳入幕府直辖地。此后，明治政府于1869年（明治二年）将"虾夷地"改称为"北海道"，由此宣告虾夷地为日本领土，阿伊努人为日本国民。当时北海道人口不足6万，为国防和开发需要，明治政府采取一系列措施鼓励内地居民移居北海道，大举实施开发，其中包括农民、士族、屯田兵，甚至还有大批囚犯。

琉球群岛位于九州岛与中国台湾岛之间，现为日本冲绳县所在地。14世纪时，琉球群岛存在3个小国，1429年由巴志王统一为琉球王国，由明王朝赐"尚"姓，与中国结成朝贡册封关系。明亡后，琉球国继续向清政府朝贡，1663年正式被清王朝册封，使用清朝年号；1609年遭遇日本萨摩藩军攻入，割让北部奄美群岛。从此日本展开吞并琉球国的计划。明治维新之后，1872年日本政府削琉球国号，设"琉球藩"。1875年，日本强令琉球王国停止对清政府朝贡，并改用日本年号；1879年，日本宣布琉球"废藩置县"，强行将琉球王国并入日本版图，设冲绳县，琉球王国覆灭。琉球群岛原居民曾经长期受到中国闽南文化影响，所以其语言与风俗习惯与日本存在很大差异。目前，琉球族人口在冲绳县境内不足10万，另有约200万人居住在日本本土，均处于被同化的过程当中。

尽管日本将北海道、琉球群岛并入自己的版图，但对原住民的种族和文化没有给予应有的尊重和保护，因而致使阿伊努人、琉球人在现代日本所剩不多，而他们的生产生活方式以及语言、信仰等也几乎没有对日本内地产生影响。基于以上事实，可以说北海道、琉球群岛的风土特征以及人文要素对日本传统文化形成的影响微乎其微。所以，在考察自然风土与日本文化之间的关系时，应以本州、四国、九州三大岛屿为依据。因为在日本传统文化形成时期，属于亚寒带气候的北海道地区与属于亚热带气候的琉球群岛还不属于日本。

# 三、神话世界：日本人的自然观

## （一）日本神话故事

8世纪初，日本诞生了两部历史书籍——《古事记》（712）

和《日本书纪》（720），是日本历史上最早的两部书，具有很高的研究价值。《古事记》共3卷，上卷"自天地开辟始"，"以迄于小治田御世（推古朝）"为神话卷，中卷、下卷是从神武天皇（相传为日本第一代天皇，公元前660年）至推古天皇（592—628年在位）共33代天皇的传说与史事；《日本书纪》全书共30卷，一、二卷是关于神话时代的记述，三卷以后是关于神武天皇至持统天皇（686—697年在位）的记载。日本神话最早见于上述两本书，因此习惯上也称其为"记纪神话"。

"记纪神话"虽然在两书中的内容基本相同，但是在情节的展开、表述上有所差异。在此，依据《古事记》[1]，把日本神话中诸神的生成过程概述如下（繁杂之处有删减）。

### 天地始分

天地始分之时，天地未剖，阴阳不分，浑沌如鸡子，溟涬而含牙。故天先成而地后定，神圣生其中焉。即在天地初成之时，相继生成了天之御中主神（《日本书记》中记为天御中主尊，以下括号中义同）、高御产巢日神（高皇产灵神）和神产巢日神（神皇产灵尊）。最先出现的天之御中主神代表宇宙的根本，是统治高天原的主宰，而后出现的高御产巢日神和神产巢日神相对为阴阳两仪，此三神即"造化之神"，生成之后便隐身于高天原。

此时大地尚未凝成，如浮脂、如水母般漂浮不定。其中有物如苇芽萌长，便化为宇摩志阿斯诃备比古迟神（可美苇

---

[1] 安万侣. 古事记[M]. 周作人，译. 北京：国际文化出版公司，1990.

牙彦舅尊）和天之常立神（天常立尊）。此二神和前面的造化三神共五神称为"特别天神"，均为自生，形象抽象亦无性别之分，称为独神。

在特别天神之后，又相继化生出七代十二位神，称为"神世七代"，其中有二位独神和五对男女兄妹神，而最后一代是叫作伊邪那岐命（伊奘诺尊）、伊邪那美命（伊奘冉尊）的一对兄妹神，是为生成之神，国土万物创造之神。

**国土生成**

伊邪那岐命、伊邪那美命化生出来之后，天神命令二神去加固那漂浮不定的国土，并赐予他们一支天之琼矛。二神来到悬浮于天地之间的天之浮桥上，将琼矛探入下面浑浊的海水中搅动。在将琼矛提起来时，海水自矛尖滴下聚积凝固而成一岛，是为淤能棋吕岛，这便是日本的第一座岛屿。

二神降临岛上，建立起一个天之御柱，造成一座宽大的八寻殿。一日，伊邪那岐命问伊邪那美命道："你的身体发育得怎样了？"她答道："我的身体已经发育成熟，但只有一处未合。"伊邪那岐命道："我的身体也发育成熟，但有一处多余。让我们结合在一起，生育国土吧。"

伊邪那美命欣然应允。二神相约一右一左围绕天之御柱行走，相遇便结为夫妻。当二神会合时，女神说道："啊呀，真是一个好男子！"男神随即应道："啊呀，真是一个好女子！"于是结合，不久生下一个浑身没有骨头的水蛭子。二神不喜欢这个发育不健全的孩子，便把他放到用苇叶编的苇船上随水漂走了。之后生下了淡岛，此子也未被算在御子之列。

二神商议道："我们生下的孩子不健全，是什么原因呢？应去请教一下天神。"

天神用占卜方法告示道："因女先说，故不良。可回去再说。"

二神回到淤能棋吕岛，如前次绕柱而行。于是伊邪那岐命先说道："啊呀，真是一个好女子！"随后伊邪那美命说道："啊呀，真是一个好男子！"

这样说了之后重新结合，二神生得八岛，日本称作大八岛国。此后又生得六个小岛，共计十四个岛屿，创造了日本国土。伊邪那岐命与伊邪那美命共同创造的这片国土，又被称苇原中国，是相对于高天原（天上的世界）和黄泉国（地下的世界）的人间世界。

创生完国土之后，二神又不断地生出了土、石、风、海、水、木、山、沙、河、原野、雾、船等，最后伊邪那美命在生火神火之夜艺速男（又名火之炫毗古神，火之迦具土神）时，因阴部被灼伤而死去，死前又从其呕吐物、粪便中生出矿山神、灌溉神、生产神、食物神等诸神。伊邪那美命一生中共生神三十五尊。

**黄泉之国**

伊邪那美命因生火神而被烧伤，不久便到黄泉国去了。

伊邪那岐命悲伤万分，他把伊邪那美命安葬于出云国和伯耆国交界的比婆山，然后拔出所佩的十握之剑，将火神迦具土神头颅砍了下来。沾在剑尖、剑身、剑柄等处的血流下来，生出八位神。被砍掉了脑袋的火之夜艺速男的头、胸、腹、阴部、左右手、左右脚也分别化作了山神、雨神、武器神等八位神。

伊邪那岐命欲见其妹伊邪那美命，便追至黄泉之国。女神自殿堂的石门出来，伊邪那岐命对女神说道："我和你所造的国土尚未完成，请你随我回去吧。"

女神回答说："可惜你不早来，我已吃了黄泉国的饭食。既然你远道而来，我也愿意回去，我去与黄泉之神相商，但是请你切勿窥看我。"

于是，女神退入殿内，历时甚久。伊邪那岐命焦躁起来，便取下插在左耳鬓的木梳，将其一齿折断点起火把进入大殿。借着火光一看，只见伊邪那美命身上爬满了蛆虫，脓血流溢。伊邪那岐命见而惊恐，拔腿而逃。这时，伊邪那美命愤怒地说道："你叫我出丑啦！"随即差遣黄泉丑女追赶。伊邪那岐命急中生智，把自己头上戴的黑木藤圈抛在地上，即生出野葡萄。在丑女摘食野葡萄之时，伊邪那岐命得以逃脱。丑女吃了野葡萄又紧追而来，伊邪那岐命取下插在右耳鬓的木梳，将梳子齿掰断抛在地上，即化为竹笋。在丑女贪吃鲜笋之际，伊邪那岐命又得以逃走。其后，伊邪那美命又遣八雷神率领黄泉军来追，伊邪那岐命拔出所佩十握之剑向后面且挥且走。黄泉军追到黄泉比良坂之下，伊邪那岐命从坂下的桃树上摘下三个桃子，朝黄泉军掷去。没想到黄泉军见了桃子，便四散而逃。

伊邪那美命亲自追来，伊邪那岐命取千引石堵塞黄泉比良坂。二神隔石而立，伊邪那美命愤愤地说道："既然如此，我当每日把你的国人扼死千名。"

伊邪那岐命答道："要是那样，我就每日建产房一千五百所！"

因此，一日之中必死千人，一日之中亦必生一千五百人。

### 三贵子诞生

伊邪那岐命逃离黄泉国后来到日向国，觉得自己浑身沾满了阴间的污秽，便打算祓除身体。他来到筑紫国日向之橘小门的阿波岐原，准备举行祓除。他所扔掉的手杖、腰带、围在腰下的裙裳、内裤、帽子以及戴在左手和右手上的手串等，分别生长出不同的神，一共十二尊。

于是，伊邪那岐命站在河边自言自语道："上游太湍急，下游太舒缓。"乃潜入中游洗涤。此时，身上洗落的污垢化生成四位神，在水底、水中、水面洗涤时又生成六位神。最后，他上岸洗左眼时所生的神是天照大御神，洗右眼时所生的神名为月读命，洗鼻时所生的神名为速须佐之男命。伊邪那岐命因洗涤身体而生神共十四位。

此时伊邪那岐命心中大喜，说道："我生子甚多，今最后乃得贵子三人。"于是，他取下颈上玉串，拿在手里琤琤摇着，赐给天照大御神，命令道："你去治理高天原！"然后，又命令月读命去治理夜之国，命令速须佐之男命去治理海原。

就这样，伊邪那岐命将昼国、夜国和大海分别交由三个孩子去治理。

天照大神与月读命都遵照父亲的分派，各自去了自己的领地。唯独速须佐之男命不去治理他的国土，到了胸前飘须的年龄还是整天哭闹不止。其声之悲，令青山荒芜；其声之哀，使河海干枯，国中的恶神也随之嗡嗡出动，各种灾祸频频发生。

伊邪那岐命问速须佐之男命道："你为何不去治理国土，却尽在哭闹？"

速须佐之男命答道："我想到母亲所在的根之坚国去，所以哭泣。"

根之坚国即黄泉国。于是，伊邪那岐命大怒道："那么，你不必在这里住着了。"遂将速须佐之男命驱逐了出去。

**大闹高天原**

于是，速须佐之男命道："那么，我去和天照大御神告别吧。"说着，奔高天原而去。速须佐之男命行走时，天地震动，万物不安。天照大御神听见后大惊，道："我弟来必无好意，恐欲夺我国土。"即解开自己的头发扮成男装，在左右发髻及左右手上挂上许多美丽的八尺勾玉串，前胸后背束好箭袋，手里挥动着弓矢，严阵以待。

速须佐之男命说明来意，但是天照大御神仍有些许怀疑，说道："那么，怎么证明你心地纯洁呢？"

速须佐之男命说："让我们立誓而生子吧。"

立誓毕，天照大御神与速须佐之男命隔着天安河相对而立。天照大御神先取下速须佐之男命所佩十拳剑，折为三段，在天安河畔的天之真名井里挥洗，然后放到嘴里嚼碎，从喷出的雾气里生出了三位女神。速须佐之男命取下天照大御神缠在左右鬓和左右手上的八尺勾玉串饰，也分别在天之真名井里洗净，放在嘴里嚼碎，从喷出的雾气里共生得五位男神。

其先所生的三尊神成为后来胸形君一族所奉的大神，其后生的五尊神分别是后来多地国造、县直、连、直、县主、稻寸等氏族的先祖。

**天之岩户**

于是速须佐之男命对天照大御神说道："因为我的心是洁白的，我生了柔和的女子。这样看来，自然是我胜了。"这样说着，便乘胜胡闹起来。他毁坏天照大御神所造的田埂，填塞沟渠，并且在尝新米的殿堂上拉屎。但是天照大御神并不谴责他，还为他开脱说："那好像屎的东西是他喝醉了呕吐的吧。毁坏田埂，填塞沟渠，大约是因为他不忍地面遭到破坏才那样做的吧。"

可是，速须佐之男命的胡作非为却不止歇，而且更甚了。当天照大御神在净殿内织衣的时候，速须佐之男命毁坏机织房的屋顶，把天之斑马剥了皮自屋顶抛了下来，导致织女受惊而被梭子刺入而死。于是天照大御神惊恐不安，关闭天之石屋的门，隐藏在里边。天高原立即黑暗，苇原中国亦悉幽暗，变成了永久之夜。于是，恶神也骚动起来，如夏天的苍蝇乱作一团，各种灾祸随之而生。

于是，八百万众神聚集于天安之河原，依了高御产巢日神之子思金神的对策,召集长夜之长鸣鸟使之鸣唱,又取天安之河上的天坚石,采天金山的铁,招冶工天津麻罗,使伊斯许理度卖命制镜,使玉祖命制美丽的八尺勾玉串饰,使天儿屋命和布刀玉命取天香山雄鹿的整个肩骨,又取天香山连根的神木,上枝挂八尺勾玉的串饰,中枝挂上八尺之镜,下枝挂着青布白布作为御币,使布刀玉命持御币,天儿屋命致祷。又使天手力男命立在岩户的旁边,天宇受卖命取天香山的日影蔓束袖,以葛藤束发,手持翠竹枝束,覆空桶于岩户之门外,踩着空桶跳起舞来。舞到极兴,如神魂附体,袒胸露乳,裙带直垂至阴部,引起众神狂笑不已。

躲在天之石屋里的天照大御神,听到外面众神哄笑吵闹深感诧异,忍不住将石门推开一条细缝向外窥视,见天宇受卖命正舞得起劲,便发问道:"我隐居于此,高天原和苇原中国都自然漆黑一片,天宇受卖命为何在此起舞,你们怎么这么快乐?"

天宇受卖命回答道:"因为有比您更尊贵的神来了,大家为此而欢欣雀跃。"

说话之际,天儿屋命和布刀玉命举起镜来,给天照大御神看。天照大御神慢慢移出门外来看,这时隐藏在门边的天手力男命一把握住她的手,拉了出来。布刀玉命随即绕到天照大御神身后,将稻草绳挂在石门上。

天照大御神一出岩户,高天原与苇原中国都自然明亮了起来。于是,八百万众神共议,罚速须佐之男命拿出众多物品赎罪,并剪掉他的上须,拔去他的手脚指(趾)

甲，驱逐出去。

### 谷物的种子

速须佐之男命被放逐之后遇到了保食神，命其给他吃的东西。于是，保食神从口、鼻、肛门排出各种材料，做成食物给他吃。速须佐之男命认为保食神用污秽之物来搪塞他，一怒之下把保食神杀死了。

保食神死后，从其身上生出很多东西：头上生蚕，两眼生稻，两耳生粟，鼻生小豆，阴部生麦，肛门生大豆。于是，造化之三神之一的神产巢日御命使人采集，即谷类的种子。

### 斩杀八岐大蛇

速须佐之男命流落到出云国境内肥河上游的一个叫作鸟发的地方，其时有筷子自河上游漂流而来，因想到上游有人居住，遂去寻访。乃见老翁老妪二人围着一个少女正在哭泣。于是，速须佐之男命问道："你们是谁呀？"

老翁说道："我乃是本地的神，大山津见的儿子，叫作足名椎。我妻子叫手名椎，女儿名叫栉名田比卖。"

"那你们为何而哭泣？"速须佐之男命又问道。

老翁回答说："我的女儿本来有八个。这里有高志地方的八岐大蛇，每年都来，把她们都吃了。现在又是来的时候了，所以哭泣。"

"那个八岐大蛇是何模样？"

"它的眼睛像红的酸浆果，一个身体上却生有八头八尾，身上生有苔藓桧杉之类。身长横亘八个山谷、八个山峰，它的腹部常有血,像是糜烂的样子。"

于是,速须佐之男命对老翁说道:"既然是你的女儿,你肯将她给我吗?"

老翁说道:"惶恐得很,只是不知道您的名字。"

速须佐之男命答道:"我是天照大御神的兄弟,刚从天上下来。"

老夫妇大吃一惊:"真是惶恐,那么就将女儿献上吧。"

于是速须佐之男命把栉名田比卖变成一把木梳,插在自己的头发上,又吩咐足名椎、手名椎道:

"你们可去酿烈酒,筑起一圈篱笆墙,在墙上留出八个洞,洞前搭八个架子,在架子上各放一酒槽,里面装满酿好的酒。"老夫妇依照吩咐做好了准备。

那个八歧大蛇果然来了。它将八个脑袋分别伸进八个酒槽,喝那酒,于是醉了,就那么沉睡过去了。速须佐之男命拔出所佩的十拳剑,把大蛇切成几段,肥河水都染红了。在他切到大蛇的尾部时,剑刃崩掉了一块,用剑尖割开来看,发现里面有一把锋利的大刀。速须佐之男命取出大刀,甚觉此物非同寻常,便把它献给了天照大御神。此刀即草薙剑,三种神器之一。

**让国**

速须佐之男命想在出云国建造宫殿,在选择地点时来到了须贺,顿觉神清气爽,便决定将宫殿建在此地。宫殿落成之后,速须佐之男命与栉名田比卖成婚,繁衍数代。在第六代时有大国主神诞生,他另有大穴牟迟之神、苇原色许男之神等五个名字,是开拓苇原中国之神。大国主神有许多兄弟,但大家都把国土让给了他。

在苇原中国完成基本开拓之时,天照大神派人下界商量"让国"之事,但是所派的天菩比神为苇原中国的财富所吸引而三年未归,又派天若日子前往交涉,而他与大国主神之女结婚八年不归。后来又派遣建御雷神带领天鸟船神前往与大国主神谈判。大国主神提出"让国"的条件,要求为之在出云国建造一座与高天原天神同样的宫殿,并说如果这样就不会有神反对了。

让国之事谈妥之后,天照大御神下派天孙琼琼杵尊到九州日向的高千穗峰,治理苇原中国,这便是"天孙降临"。降临之前,琼琼杵尊从天照大御神手里接过象征神权的八尺琼勾玉、八咫镜以及草薙剑,即后来传承至今的三种"神器"。后来经过这天孙的繁衍和各种活动,天孙的曾孙日本磐余彦十五岁被立为太子,娶吾平津媛为妻,四十五岁起兵东征,从九州北上,经濑户内海,于公元前660年在亩傍的橿原(奈良盆地南部)建立新都即位,是为日本第一代天皇——神武天皇,由此日本进入"人神"时代。

## (二)神话的多重内涵

日本神话出现的历史比较晚,见于文字在8世纪之初,因此其内容难免含有很多历史事件与信息,以及列岛先民的记忆与传说。从其产生的历史背景来看,日本神话具有鲜明的政治目的,即为确立天皇存在的合理性而编纂的皇家系谱,借"神话"之名讲"家话",构建"神人"一统的绝对权威。尽管如此,日本神话还是承载着很多信息,对于我们解读日本历史、民俗文化颇有裨益。

首先,日本神话反映了日本人对宇宙形成和世界的认识,而其中的描述不乏中国文化的影响。例如,在创世部分,《日本书纪》开宗明义说:"古天地未剖,阴阳不分,浑沌如鸡子,溟涬而含牙。及其清阳者,薄靡而为天,重浊者,淹滞而为地,……故天先成而地后定。然后,神圣生其中焉。"相应地,中国创世神话称:"古未有天地时,惟像无形,窈窈冥冥,芒芠漠闵,澒濛鸿洞,莫知其门。"❶ 又如:"天地浑沌如鸡子,盘古生其中。万八千岁,天地开辟,阳清为天,阴浊为地,盘古在其中……天日高一丈,地日厚一丈,盘古日长一丈。如此万八千岁,天数极高,地数极深,盘古极长。"❷ 不同之处在于,日本神话从"浑沌如鸡子"状态中首先出现的是三神,即"造化之神",但他们是无形而隐身的。相反,中国神话中的盘古有形有身,成长于天地之间。

在造化之神以后出现的"神世七代"之中,有伊邪那岐命、伊邪那美命二位兄妹神,他们创生国土万物的过程与方式,与中国神话中的女娲造人传说亦极其相似。《独异志》(卷下)称:"昔宇宙初开之时,只女娲兄妹二人,在昆仑山,而天下未有人民。议以为夫妻,又自羞耻。兄即与妹上昆仑山,咒曰:天若遣

---

❶ 顾迁,译注. 淮南子·精神篇 [M]. 北京:中华书局,2009:109.
❷ 欧阳询. 艺文类聚 [M]. 上海:上海古籍出版社,1982:2.

我二人为夫妻,而烟悉合;若不,使烟散。于(是)烟头悉合,其妹来就。"又有《太平御览》(引《风俗通》)载:"俗说天地开辟,未有人民,女娲抟黄土作人……乃引绳于泥中,举以为人。"二者的相同之处是女娲"引绳于泥",而岐美兄妹"提矛滴水";不同之处在于"举以为人"与"凝固成岛"的区别,反映了创造人类与创造自然的不同理念。

在"高天原""苇原中国"出现之后,紧接着日本神话中又出现了"黄泉国",由此在神话世界中构成了天上、人间与地下的三层世界观。"黄泉国"源于中国道教文化,在这里引出了阴阳对立、相互对抗的观念。尤其是伊邪那岐命在逃离黄泉国的途中遇到了桃树,最终是桃子帮助他脱离了险境。在中国文化中,桃木为阳木,极具辟邪功能。这是典型的中国传统文化元素,说明中国的桃文化在神话形成之前已经传到日本。

如果说中国的文化观念对日本神话存在一定的影响,那也是出于叙述展开的需要,是移花接木式的,并非神话想要展现的内容实质。事实上,在距今1万年前日本列岛开始形成的前后,列岛上已有先民居住,而列岛形成过程中的地壳变动、大地沉浮、海面升降等景象,对于列岛先民来说,恰如"国土尚幼稚,如浮脂,如水母,飘荡不定"的鸿蒙状态,而大地初成之时"芦芽萌生"的稠泥状态,以及岛屿与山河湖泊等依次浮出水面时的情景,对于列岛先民来说,亦非十分遥远。如果我们想象一下,在一片麦田里突然隆起了"昭和新山"(位于北海道西南部,1943—1945年隆起的小火山,海拔400余米)或突然发生了东日本大地震(2011年3月11日发生在东部地区太平洋海域,震级为9级）给人们带来的震撼和惊恐，就可以理解列岛先民对列岛形成过程中天翻地覆的想象和感受，并将其作为世代相传的历史记忆反映到神话之中，进而构成日本人的世界观和历史观。

日本神话反映了远古先民关于列岛形成的记忆以及对自然界的认知，同时也把一些历史事实融入神话，使人在神话中感受到现实。例如，神话中出现了与矿山、灌溉、生产、食物等相关的诸神，出现了刀、剑、镜等金属及玉石器物，而且还出现了蚕，乃至稻、粟、小豆、麦、大豆等谷物。我们知道，这些事物是伴随着欧亚大陆文化传入日本的，而传入的时期最早可能在绳文时代末期，即公元前三四世纪前后。它们之所以被融入神话之中，大概是因为对于当时的列岛居民来说是新奇的、不可思议之物。所以，这些的历史事实也作为神圣之物被融入神话之中，而被视为神灵的造化。

其实，在日本人的世界观与自然观中，自然界万物皆可为神，有"八百万神"之说。江户中期的国学者本居宣长在其代表作《古事记传》中称：凡迦微（神）者，以古典等中所见的天地诸神为始。又有人云：迦微为鸟兽、草木、山海等一切不寻常之物，且具有卓越之德的可畏之物。所谓卓越者，并仅非尊贵者、善良者、有功者，凡凶恶者、奇异者、特别可畏者亦称为神。按照本居宣长的说法，神对于日本人来说存在于世界万物之中，亦为世界万物，尤其是不寻常的、可畏之物均被视为神。不言而喻，日本人的自然信仰源于日本列岛特殊的自然环境——四周被浩瀚无垠的大海环绕，列岛如一叶孤舟；陆地上高山耸立、大河纵横，森林密布，将人们封闭于一个个密闭的生存空间之中；时而火山喷发，地震爆发，时而台风、大雪、山洪肆虐，遮天蔽日如同地狱。如此不可思议、变化无常的自然环境，令人产生惊悚的敬畏之感。日本人生存其中只能相信、依靠神灵存在，并顶礼膜拜。

神就是大自然，无处不在。所谓"八百万神"只是一个概念，实际上是无穷无尽的意思。如此众多的神是如何产生的呢？按照日本著名学者丸山真男的说法，世界上所有的神都可以用"造""生""成"三个动词来划分。"造"是为了某种目的的创造，"生"是阴阳二元结合的结果，而"成"则属于自然出现和生成。日本神话中的众神无一是创造的，而都是"自生""化生""所生""依生"的结果。这种自然生成众神的文化现象在世界神话中十分少见。据丸山真男统计，在《古事记》神话中，反复使用了"先生……，次生……，其次生……"这样的叙述方式，从国土生成到伊邪那美命死去，"其次生……"共反复出现了47次，而自伊邪那岐命从黄泉国逃回至"三贵子"出现的一段中，又出现了21次。❶ 也就是说，在日本神话中，诸神如同世界万物一样是自然而然出现的，它们之间的区别只在于"先出现""接着出现""再接着出现"这种先后关系，因此它们的生成是不间断、不停歇的，是延续性的、多重性的，也是包容性的。实质上，日本神话反映的是日本人对世界与自然的认识，亦是对自然的理解与信仰。当然，这种理解与信仰又通过神话的传

---

❶ 丸山真男. 丸山真男集 第10卷［M］. 東京：岩波書店，1996：22-23.

播影响了日本人的精神世界与日本文化性格的形成。

## (三) 自然崇拜与祖先信仰

1984年，日本文化厅曾经做过一次日本社会宗教调查，其结果显示，在日本，有神道系统的神社8.8万处，神职从业人员9.3万人，信徒9550万人；有佛教系统的寺院8.1万处，僧尼等职业人员18.4万人，信徒8270万人；有基督教系统的教会7500处，司祭、牧师等神职人员1.7万人，信徒116万人；有其他诸教教堂4.8万处，教职人员35万人，信徒3770万人。合计来看，日本当年共有宗教团体组织约22.6万个，教职人员约64.5万人，信徒约2亿人。❶ 这组数字提供的信息是，首先，日本是一个宗教开放的国家，本土宗教、外来宗教等各类不同性质的宗教相互包容、共存、共生；其次，日本人信教者人数几乎接近日本人口总数的二倍，说明日本人宗教信仰情结很深，但并不专一，并非笃信；最后，日本人几乎都信奉神道，即本土宗教。

神道原本是中国道教与日本神灵信仰结合的产物，因为神话的出现推进了它向宗教方向的发展。通过日本神话可知，基于万物有灵论的原始信仰，日本的神原本是空灵的存在，并不需要神体、神像，自然万物便是神。神社是神灵存在的标志，但是并不存在初始神社。日本人在祭拜时只是选择一处清静的空地或找有岩石处，竖立几株常绿树以标识神灵之所在，这称为"神篱

---

❶ 梶村昇. 日本人の信仰 [M]. 東京：中央公論社，1988：4-6.

或"磐境"。神篱是神灵降临时的依附之物,而磐境是祭神时用作祭台的岩石。在此基础上,大约从三四世纪开始,出现了专门用于祭神的"社""宫""祠"等固定场所。在神灵降临的区域围绕起栅栏,入口处立起两根树干,上面横挂稻草"连注绳"以示为神域,再用两根横木加固在两根立柱上部——这便是今天凡神社必定可见的"鸟居"。但进入平安时代之后,这个类似于中国牌楼的素朴的门才被称为鸟居。至于为什么叫鸟居,据大槻文彦《大言海》中称:为鸡栖之义。古时以鸡为一种币帛祭于神前,故为鸡之栖木。这使人想到日本神话中众神为诱使天照大御神走出天之石屋时曾经唤来长鸣鸟。由此可见,鸡作为迎神使者而居于神社之门的含义是不言而喻的。除神社之外,鸟居与稻草绳现在也用来标示一切圣灵神域。因此在一些大山的山脚下、森林的入口、村境的路旁都可以见到这样的标志。

日本神道的基础是原始宗教,而神社的出现被视为原始神道的产生,后来先后出现了神社神道、皇室神道、学派神道、民间神道、教派神道以及国家神道等诸种派系。其中,教派神道依据"记纪神话"及其有关天皇、皇室的记述阐释神道教义,奉神话中的天照大御神为日本民族的祖先,鼓吹以日本神道为统治思想建立世界秩序。1868年明治维新之后,日本政府为巩固皇权,又以神社神道为国家神道,将日本推向了侵略战争的深渊。"二战"之后,依据日本新的宗教法令,神道被确定为民间宗教。

在日本,原始自然信仰伴随着氏族社会的发展,在亲缘意识中萌生、衍化出对本族始祖先人的敬拜思想,形成了祖先崇拜。祖先崇拜是将祖先神化加以祭拜,成为令氏族共同体结合的精神支柱。因此,日本神话中出现的很多神,在氏族社会被奉为氏族的祖先神,而天照大御神实质上就是当时强大氏族(即后来的天皇家族)祖先的神格化,是"以氏族为中心的信仰(氏神),向维持所谓国家的广大地域的超氏族宗教(人神)进展,发生了质的形态变化"❶。祖先信仰具有鲜明的本族认同性和异族排他性,这也是神话中出现伊邪那岐命(所代表的一族)被驱逐的原因。

与此同时,在原始自然信仰中,日本人也认为生命的孕育、生死,万物的枯荣是神秘而不可思议的,由此认为孕育生命的女性、给予自然万物以生命力的太阳至高无上,是生命存在的源泉。因此,日本人崇拜女性,崇拜太阳,当女性、太阳的能量衰竭时,人们通过各种仪式为其注入新的生命和活力,使其精神振作。日本神话将女性与太阳神格化为一体——天照大御神,当她能量衰微,躲进黑暗的石屋时,整个世界便会陷入一片黑暗、灾祸横行。为此,八百万众神为其举行复活仪式,为其注入新的生命力量。这一系列举动延续到今天,就是神社每年定期举行的祭祀活动、祭礼。

祭拜神灵的活动集中于春秋两季,作为重要的民俗活动一直延续至今,具有祈祷、感恩之意。日本皇宫的惯例是每年春季5月举行插秧仪式,秋季11月举行"新尝祭"(现在为11月23日"勤劳感谢日"),天皇作为祭祀者亲自主持。另外,每一代天皇即位时都需要举行一系列仪式,而其中最为重要的一环是"大尝

---

❶ 堀一郎. 日本宗教の社会的役割[M]. 東京:未来社,1971:233.

祭"。大尝祭为宫廷秘仪，在专门设置的大尝宫，即神话中出现的"尝新殿"内举行，除天皇及宫廷女官之外，其他皇族一概不许入内。在隐秘而烦琐的大尝祭仪式中，有一个步骤是天皇需要在神座上的"真床追衾"中模拟与神同床共寝。对此，日本民俗学者吉野裕子解释说："日本古代的祭祀者为女性，而作为祭司的天皇具有巫女性格，以阴阳交合，受胎于神灵，最后作为神而再生。"❶ 这个仪式的实际意义，就是新天皇接受神灵附体，作为"天孙"延续神系。

祭拜神灵，"祓禊"是必要的形式。日本民俗认为，人死后的灵魂即"死灵"是肮脏的，需要通过祓除净化。这种观念反映在神话之中，就是伊邪那岐命逃离黄泉国之后来到日向国，脱去身上的衣物跳入河中洗涤，以清除从阴间带来的污秽之气。普遍认为这是日本祓禊仪式的发端。在日本人的祖先信仰中，人去世之后需要经过一定年月的供养，当灵魂变得洁净之后才能够成为祖灵，即祖先。供养实质上也是一种灵魂净化，时间一般是33 年。年忌结束之后，祖灵来到后代居所附近可以被仰望到的青山或海面上栖息，守望着子孙后代的生活。实质上，祖先的灵魂已化为大自然。在这里，祖先神与自然万物是一致的，他们仍然与活着的人存在于同一个空间，既没有升天堂，也没有下地狱。不仅如此，他们还兼具农耕神的特点，如同季节变换一样具有移动性，春天作为田神回到田间帮助农耕，秋收过后作为山神返回大自然，与人们的生活息息相关。

---

❶ 吉野裕子. 大嘗祭［M］. 東京：弘文堂，1989：144.

在祭祀活动中，祓禊仪式的目的是清除身体上的污秽，净化精神上的罪恶，以身心"明净正直"的境界面对神灵。在现代民俗中，祭拜过程中的很多行为都具有祓禊意义。例如，在日常参拜神社时都要在入殿前用"手水"净手、漱口，领受祓除不祥的"御祓"，还有作为祭祀活动一环的冷水浴、海水浴、冰水浴、瀑布浴等都意在净化。在祓禊观念的影响下，日本人十分重视水的净化作用，进而形成很多关于水的生活民俗。日本人喜欢洗澡、泡温泉，喜欢在门前院内洒水，扫墓时往墓碑上洒清水，等等。这些习以为常的习惯背后都隐含着他们对水的信仰，即他们希望通过水来净化身心和环境，振奋精神，以崭新的姿态面对生活。

# 第二章　从历史看日本文化（一）

　　日本历史始于日本列岛形成期的绳文时代。从进入农业文明社会开始，日本经历了氏族制时代和律令制时代，前者相当于日本史中的弥生时代、大和时代和考古史上的古坟时期，是欧亚大陆文化由高向低自流涌入的时期；后者起始于推古朝，经过奈良时代至平安时代结束，相当于文化史上的飞鸟、白凤、天平时期，是日本倾国家之力全面学习、摄取中国隋唐文化的时期，体现了日本古代天皇制国家建设的过程和王朝贵族文化的形成，日本由此进入了古代制度文明社会。

## 一、史前时代：日本历史的发端

　　在2万年前的冰川时代，原亚洲人迫于人口压力，开始从广阔的东亚向各地迁徙，在这个浪潮中绳文人的祖先来到日本列岛。[1] 伴

---

[1] 埴原和郎. 日本人の誕生：人類はるかなる旅 [M]. 東京：吉川弘文館，1996：137.

随着日本列岛的形成，日本历史被拉开了帷幕。

绳文时代是日本历史上的第一个时代，大约始于 1.2 万年前，公元前 3 世纪结束。"绳文"其名源于这个时代出现的土器（粗陶器），因其表面饰有近似草绳花纹一样的图案，故被称为绳纹式土器，这种土器存续的时期也被称为绳文时代，而具有这个时代特征的文化便被称为绳文文化。

绳文时代被视为日本历史的起点，原因在于这个时代日本列岛初成，结束了与欧亚大陆相连、互通的状态。由此，列岛上的原住民开始了独立发展的历程。早期绳文人可能来自列岛分离之前的欧亚大陆，后来在与外界隔绝的自然环境中生存、发展，进化成不同于同一远祖后代的人种，即绳文人。有研究表明，约 8000 年前，日本列岛上的原居民人口数量大约为 2 万人，这些人就是日本人的祖先。❶ 另外，关于日语起源的研究也表明，现代日语的核心元素产生于绳文时代，然而迄今为止，除朝鲜语与日语之间存在较多相似之处外，还没能确定日语源于何处。假如日语与朝鲜语是亲属关系，那么据语言年代学研究，这两种语言脱离其共同祖语的时期至少应该在距今约 3500 年至 5000 年之前，相当于绳文时代中期。

绳文时代延续时间长达 1 万年左右。依据绳文土器的形状、花纹变化以及分布情况，可以将绳文时代大致划分为草创期（12000—10000 年前）、早期（10000—7000 年前）、前期（7000—5500 年前）、中期（5500—4500 年前）、后期（4500—3300 年

---

❶ 鬼頭宏. 人口から読む日本の歴史 [M]. 東京：講談社，2004：28.

前）和晚期（3300—2300 年前）6 个阶段。

绳文文化遗址分布广泛，几乎遍布日本列岛。其中，规模较大且具有代表性的是三内丸山遗址，位于东北地区青森县境内，属于绳文时代中期文化遗存，距今约 5500—4000 年。三内丸山遗址面积约 35 公顷，遗址中有竖穴式房屋遗存 580 处，柱穴式建筑遗存约 100 处，成人墓 100 个和儿童墓 880 个，另有石器、土器、土偶、木制品、骨角器、动物遗骸、植物等遗存出土，多达 4 万纸箱以上。❶ 根据对房屋和墓穴挖掘考察，推测该村落遗址同期居住人口多达 500 人。遗址中有数栋长 10—32 米的大型房屋遗迹，推测为共同作业或集会场所。另外，遗址中还遗存大型立柱式建筑，从粗约 1 米的立木柱残存来看，其建筑物可高达 16 米，推测是作为瞭望台或祭祀设施而建造的。❷

据考古研究，绳文时代原居民以自然采集、狩猎、捕捞为生，由早期开始使用弓矢，前期开始驾驭独木舟，但是未确定有农业、畜牧业存在。绳文时代早期出现聚落，但规模较小且很不稳定，进入前期以后聚落规模渐大，且多位于沿海的台地之上。从中、后期开始，聚落逐渐离开山地，向平原附近移动，规模也进一步扩大，且在居住地的贝塚中发现石器、骨角器、渔具等劳动工具类物品。经绳文时代各个时期，聚落的居住场所为方形或

---

❶ 梅原猛．安田喜憲．縄文文明の発見［M］．東京：PHP 研究所，1996：33 - 34.
❷ 国立歴史民俗博物館．縄文文化の扉を開く［M］．東京：歴史民俗博物館振興会，2001：54.

圆形竖坑，条件简陋，没有明显的优劣之差。人们死亡之后葬于共同墓地，且墓穴形制没有差别，亦无陪葬品。由此可见，当时尚处于没有贫富贵贱之差的平等社会。

中日两国考古学研究成果证明，绳文文化在文化形态方面与中国红山文化之间存在诸多类似性。例如，日本环境考古学者安田喜宪教授认为，绳文土器的器形与同时期的东北亚大陆红山文化陶器十分相似，放在一起甚至难以分辨，并且认为受气候寒冷化影响，红山文化或传到日本列岛，构成了绳文时期文化发展的契机。❶ 依据安田喜宪的观点，红山文化消失后，其中的一支很有可能经过东北平原和朝鲜半岛或北部库页岛来到日本列岛，因为从地理地势上看，这条北部路线相较于长江下游路线，其可能性更大。

另外，三内丸山遗址中存在较多翡翠玦状耳饰和用于制作石镞和石刀等工具的黑曜石。日本文化学者梅原猛教授通过研究认为，翡翠和黑曜石均非本地产物，进而指出三内丸山时代的日本受到中国文明的影响很大。也有学者提出假说，称绳文文化是冰川融化之前日本列岛与欧亚大陆文化交流的产物。也就是说，在日本列岛形成过程中，或者说在绳文文化发生、形成前后，可能存在欧亚大陆文化与日本列岛交流的可能性。因此，绳文时代的文化并非在孤立的状态下形成。

包括三内丸山遗址在内，在绳文时代中、后期的遗址中均发现大量的人形土偶且多为女性土偶。研究者由此认为，绳文时代

---

❶ 安田喜宪. 神话、祭祀与长江文明 [M]. 蔡敦达，等，译. 北京：文物出版社，2002：7-8.

的社会是原始母系部族的共同体社会,并且存在母祖崇拜,绳文人认为女性具有掌控人类命运的超自然力量。

## 二、氏族制时代:农业文明的涌入

### (一)国家形态的出现

明治十七年(1884),日本考古学者在现今东京都文京区的弥生町等地发现了一种不同于绳文时代的土器,推测为公元前300年至公元300年的文化遗存,并将其命名为弥生式土器。由此,历史学家把这种土器存续的时期称为弥生时代,把这个时代的文化称为弥生文化。弥生时代相当于中国的战国末年及秦汉时期。除弥生土器之外,弥生文化遗址中还出土了大量的铜剑、铜鉾、铜铎等青铜器物。日本学者认为,加工这些器物的材料和技术来自中国,并认为日本象征天皇神权的八尺琼勾玉、八咫镜、草薙剑三种"神器"亦为"秦制"。

弥生文化的典型特征是弥生式土器、以青铜器为代表的金属器、水稻耕作。历史学者家永三郎指出,创造出这种土器的弥生文化主体,可能是从海外移居而来并征服了绳文文化的民族。[1]也就是说,弥生文化并非绳文文化的延续,而是属于一种崭新的外来文化。目前的学界共识是,大约在距今3200年前开始,地

---

[1] 家永三郎. 日本文化史[M]. 赵仲明,译. 南京:译林出版社,2018:23.

第二章　从历史看日本文化（一）

球处于气候寒冷期末期的最寒冷期，当时寒冷干燥的气候致使海退，导致东亚大陆和朝鲜半岛与日本列岛之间的交通变得便捷。在这期间，伴随着中国大陆越国的兴衰，越人逐渐将吴越文化传播到山东、辽东、朝鲜半岛乃至日本列岛，其中便包括稻作文化。这就大约构成了稻作农业最终在公元前300年前后传到日本的客观条件。

进入弥生时代之后，在中国开始出现有关日本列岛的信息。《汉书·地理志》记载：夫乐浪海中有倭人，分为百余国。《魏志·倭人传》载：倭人在带方东南大海之中，依山岛为国邑。旧百余国，汉时有朝见者。由此可知，到弥生时代中期，日本列岛上存在很多部族小国，其中较为强大的"奴国"王甚至在建武中元二年（57），派遣使者远赴洛阳奉贡朝贺，接受光武帝赐予的"汉委奴国王"金印（由一名身为勘兵卫的农民在1784年发现），以臣服于中国皇帝的形式获得政治庇护。此后，这些小国与中国朝廷之间往来不断，安帝永初元年（107），又有倭国王帅升等献生口（奴隶）160人。❶ 然而，公元2世纪"倭国大乱"，在3世纪前期日本列岛上出现了一个较大的"邪马台国"。研究者认为，邪马台国是日本列岛上出现的第一个国家。

据《魏志·倭人传》记载，邪马台国是一个统领30余国的大国，"其国本亦以男子为王，住七八十年，倭国乱，相攻伐历年，乃共立一女子为王，名曰卑弥呼"。邪马台国是一个部族联盟共同体，当时尚处于母系部族社会向男权社会转变的过渡期，

---

❶ 《后汉书·倭传》。

因此王位时常在男女王之间更迭。当以军事能力见长的男性王不足以掌控政权时，仍然需要由具有宗教性格的女性王来安定时局。女王卑弥呼"事鬼道，能惑众"，并且"年已长大，无夫婿，有男弟佐治国。自为王以来，少有见者，以婢千人自侍，唯有男子一人给饮食传辞出入，居处宫室楼观城栅严设，常有人持兵守卫。"由此可见，卑弥呼是一位神秘的巫女祭司，通过与神灵交流维持其权威性。事实上，卑弥呼的日语假名为"ひみこ"，而"ひ"（可写为"日"）的意思是太阳，"みこ"（可写为"御子"）即侍奉神灵的"巫女"，因此邪马台国是以太阳为信仰的一族。至今，"巫女"一职在神社仍然由未婚女子担任。

卑弥呼为王期间，邪马台国曾经于239年派遣大夫难升米出使中国魏国都城洛阳，获赠"亲魏倭王"称号和金印以及各种丝织品、大刀、铜镜等珍稀物品。此后，邪马台国还分别于243年、247年和248年遣使中国，但在泰始二年（266）有倭女王入贡的记载之后，至义熙九年（413）约150年间，中国史书中鲜见关于日本朝贡的记载，原因不详。3世纪中叶，卑弥呼死去（推测为247年）之后，邪马台国"更立男王，国中不服，更相诛杀……复立卑弥呼宗女臺（台）与，年十三为王，国中遂定"。[1]

在部落联盟性质的邪马台国，掌握祭祀权的部族在国家统治中占有绝对优势，因此其首领可成为王。王利用他们手中的祭祀权统合其他部族，协同"大人"（贵族）一起统治"下户"（平民）。然而，在部族之间相互征伐、兼并激烈的时代，仅依靠祭

---

[1] 陈寿. 三国志［M］. 邹远，等点校. 北京：团结出版社，2005：871.

祀的精神统合权威已经远远不够。因此，邪马台国开始建立维护王权的军队，设置刑罚、课税和"检察诸国"等国家权力制度，并且女王卑弥呼以其弟为"摄政"，辅佐自己处理政务、掌控国家运转。

从弥生时代开始，伴随着农耕文化的发展，日本已经出现了贫富差别，而至邪马台国时期，甚至形成了比较严格的等级制度，女王卑弥呼在世时拥有千名奴婢，死后有百余名奴隶殉葬。位于福冈县的须玖遗址是弥生时代的遗存，是《汉书》中所谓"奴国"的属地。研究人员在遗址的共同墓地中发现一个非同一般的墓穴，其陪葬品中有青铜镜、剑、玻璃制的勾玉等，当属同时代舶来品中的最高级宝器，说明死者在共同体中有特别尊贵的地位。

邪马台国地处何处，众口不一。一说在北九州，另一说在近畿地区的大和。笔者认为，稻作农业在日本的北九州登陆，并由此向九州内陆及本州方向传播、发展，因此推断邪马台国位于稻作发源地北九州的可能性较大。日本神话"天孙降临"之后，天津彦彦火琼琼杵尊的曾孙神日本磐余彦尊15岁时被立为太子，45岁时起兵东征，他从九州北上，经濑户内海至亩傍的橿原（奈良盆地南部）建立新都即位，成为日本第一代天皇——神武天皇。暂且不论神话传说的可靠性，但从九州经濑户内海至奈良盆地的这条路线，应该可以认为是弥生文化传播、发展的途径。

自弥生时代后期的3世纪开始，从濑户内海沿岸一直到近畿地区一带陆续出现了很多大型坟墓。这些坟墓与此前利用自然丘陵在其上埋棺的坟茔不同，是人工在平原上堆起的像小山一样的

"前方后圆坟"。这些古坟规模巨大，其中位于近畿地区的超大型古坟竟长达475米，高27米，前部宽300米，四周被三重沟壕环绕，陪葬品中存在大量铁制农具，还有象征权力的青铜镜、勾玉、铁剑等。古坟形制的大小和陪葬品的等级、数量表明了墓主人的地位区别，而坟墓的构造、陪葬品等也成为了解当时社会形态及生产技术水平的重要依据。这种类型的坟墓大约存续到7世纪，日本考古界将其存续的时期称为古坟时代。

从3世纪中叶开始，在以大和为中心的近畿地区兴起了一个更大的国家，被称为大和国，又称倭国、大倭国。大和国家的势力在4世纪中期已经延伸到九州地区的北部、关东地区的西南部，而到5世纪初基本征服了日本除东北地区以外的大部分部落，建立了日本历史上第一个具有一统国家性质的政权。

大和国是一个氏族联盟君主制国家，形成初期以近畿大和地区为中心，通过致力于建设政治体制和制度不断强化国家统治。大和朝廷的君主被称为"大王"，他将豪族的同族集团称为"氏"。氏族首领（氏上）统领本氏族的"氏人"和隶属民，并分担、世袭朝廷及其属地的具体政务。对于纳入朝廷和地方管理机构的氏上，按职务被分别赐予"臣、连、君、公、造、直、首、别"等"姓"。这种以氏姓表示政治关系的"氏姓制度"，是大和朝廷的政治特征，而对于氏族来说，则代表其身份、地位和等级。大王以这样的政治制度与畿内豪族葛城臣、平群臣、苏我臣、大伴连、物部连等联合组成中央统治机构，臣、连等豪族分掌国家祭祀、军事、外交、财政等政务，属于中央贵族；在地方设立国（以国造为长）、县（以县主为长）、村（以稻置和村主为长),国造、县主、稻置等称呼也属于姓,连同"君、公、造、直、首、别"等中小氏族属于地方贵族。中央贵族和地方贵族被合称为氏姓贵族,而他们统领的氏族被称为氏姓集团。

在致力于国家制度建设的同时,大和朝廷积极开展对外交往,以巩固王权的统治地位。其具体做法是积极寻求与中国建立册封关系,并以此为前提实现以大和国为核心的地域性小册封体制,即建立包括日本列岛和朝鲜半岛南部在内的"倭本位"册封体制。据《日本书纪》等记载,从4世纪中期开始,大和朝廷为了把朝鲜半岛南部的新罗、任那纳入自己的势力范围,不断运用武力对上述地区进行侵扰,胁迫其政府对自己俯首称臣,导致新罗国表面上屈服于大和国,而背地里却与半岛北部的高句丽结成军事联盟,形成双重外交。为抗衡新罗、高句丽的军事联盟,大和朝廷对位于高句丽和新罗之间的百济国采取友好政策,与其建立了军事联盟。大和朝廷一方面对朝鲜半岛诸国以宗主国的姿态出现,另一方面在与中国的交往中以臣属国自称,这种局面一直延续到7世纪初。据中国史书记载,在中国南北朝时期,"倭国王"赞、珍、济、兴、武5代大王曾先后遣使中国南朝请求册封,并要求承认其在朝鲜半岛的统辖权。

大和国的经济基础是稻作农业,同时手工业也得到迅速发展,并且出现明显的行业分化。从5世纪后期开始,大和朝廷效仿百济采用"部制",把被征服的部落民组织起来实行"部民制"管理,使其作为"田部"在大王直辖领地"屯田""屯仓",在氏姓贵族的私有领地"田庄"进行农业生产。"田部"主要为朝廷、贵族生产粮食,同时也生产绵、丝等手工业原料。

除"田部"之外，还有专门从事山林管理的"山部"，从事陶器制作的"土师部"，从事铁器制造的"锻冶部"，从事织锦的"锦织部"，从事弓箭制作的"弓削部"，甚至还有专门负责朝廷膳食的"膳部"、专门养猪的"猪饲部"，等等。这些部民几乎涵盖了大和国朝廷、贵族所需的所有生产领域，他们主要是使用朝廷提供的原料和工具生产为其生产所需产品，同时也生产自己食用的粮食。专业从事手工业生产的"部"多由地位较低的豪族担任首领，被称为"伴造"。伴造与其部民之间即使没有血统关系，也往往被视为出自共同祖先的群体成员，因而伴造被视为氏上，而部民亦被视为氏人。

大和国时期的政治治理与社会生活相对稳定，稻作农业发展迅速，不但有大块水田得到开发，还有相当长度的灌溉水渠、生活水井和仓储设施出现。另外，冶炼、制铜、制铁技术和机织等手工业技术也有长足发展。先进的生产技术和丰富的物质生产在促进社会发展的同时，加快了社会阶级分化，财富和权力不断聚集向少数人手里，这也是那些大型古坟在这个时期集中出现的直接原因。

## （二）渡来人与文化传播

一般认为，以稻作农业为代表的中国文化传入日本的时期，不晚于公元前3世纪。在公元前3世纪至公元7世纪，曾经有大批欧亚大陆人或主动（也有被派遣的）或被动（被俘人员、被赠送人员），或以个体或以群体方式，携带欧亚大陆文化直接或间接地、连绵不断地来到日本列岛，并定居下来成为文化的传播者，其持续时间长达千年之久。按现在的流行说法，这些人就是文化移民，日本学者将他们称为"归化人"或"渡来人"。

关于渡来人群体东渡的历史，最早见于司马迁的《史记》，其中称：东海之中有三神山，岛上有神仙和仙草。秦始皇闻讯大喜，便派徐福率数千童男童女入海求仙。但是，徐福竟然一去不返，找到一片平原广泽，自立为王。关于徐福所到之地为何处，在五代时期义楚和尚所撰的《六帖》中说是到了日本，而且说那里有座富士山，亦名蓬莱。日本人也认同这种说法，并在各地修建徐福登陆遗迹、墓、祠庙等多达50余处，甚至有人把徐福作为先祖加以奉祀，传颂关于徐福的故事，定期举行关于徐福的祭祀活动。

徐福传说的真伪无从考证，但是其发生的时间却与渡来人开始东渡日本、传播稻作文化的时期吻合。如果说公元前3世纪前后将稻作文化带入日本的大陆渡来人为第一波浪潮，那么，以群体形式大量涌入日本的第二波渡来人浪潮则发生在2世纪末至3世纪初，时值中国汉朝统治衰微，战乱连绵不断，大量难民迁徙到朝鲜半岛并由此来到日本谋生之时。这个时期涌入日本的渡来人是传播和发展稻作农业以及金属器制作技术的主力。第三波浪潮发生在4世纪，他们是经由高句丽迁徙而来的大陆移民。相传在应神天皇（270—310年在位）时期，有弓月君率"一百二十县百姓"来到日本，自称秦朝后嗣。又有阿知使主率"党类十七县"来到日本，自称汉朝后嗣。第四波浪潮发生在5世纪后期至6世纪。据《日本书纪》雄略记载，这一时期有大量新工艺、新技术传入日本，为日本带来了技术上飞跃性的进步。第五波浪潮发生在7世纪后期，继百济在663年、高句丽在668年先后灭亡之后，朝鲜半岛产生了大量难民涌入日本，形成了史上最大一批群体迁徙的渡来人。据可查资料记载，665年百济男女400人迁居至近江（滋贺县）神埼郡，次年百济僧俗2000余人迁居至东北地区；669年又有男女2000余人迁居入近江蒲生郡；而716年有散落各地的高句丽难民1799人移居至武藏国（琦玉县、东京都），并为其设立高丽郡。至今，各地凡有高丽神社之处均为当时高句丽难民的移居地。这些难民之中不乏百济、高句丽的没落王族、贵族以及拥有很高学识、技能的专门人才，他们为日本列岛注入了新的文化传播动能。❶

据埴原和郎基于DNA等研究的推测，绳文时代晚期至7世纪的近千年期间，迁入日本列岛的大陆外来人口多达150万人，数量之多超出想象。据推测，在绳文时代晚期，日本列岛的人口数量为7.6万人，到弥生时代增加到59.5万人，而在8世纪初的奈良时代，竟然达到600万~700万人。这期间，渡来人的大批涌入及其在日本列岛上的繁衍是人口发生暴增的重要原因之一。埴原和郎认为，从血统上看，奈良时代初期人口的8成或以上是北亚族系的渡来人与当时占2成或以下的绳文人混血的后代。❷ 也就是说，从绳文时代晚期开始，把新文化传到日本列岛的新人种并不是消灭了绳文人，而是通过"混血"方式与绳文

---

❶ 冈田英弘. 日本史の誕生［M］. 東京：弓立社，1994：205.
❷ 鬼頭宏. 人口から読む日本の歴史［M］. 東京：講談社，2004：72.

人融合，并在奈良时代初期"合成"了日本人。

  不言而喻，不断发展的稻作农业生产是支撑日本古代人口迅速增长的重要因素。弥生时代初期的人口增长首先反映在西日本，其原因在于西日本距离欧亚大陆较近，气候温和，适合水稻生产。因此，渡来人首先来到北九州和本州西部，以部落形式开展稻作农业的生产和推广活动，导致聚集部落急剧增加。依据对《日本书纪》《新撰姓氏录》等的研究表明，位于7世纪大和国中心平原地带的几乎都是秦人、汉人、高句丽人、百济人和新罗人等渡来人，而原住民的大和人都被赶到了边缘地带。❶。

  渡来人不但是文化的传入者，更是重要的传播者。通过他们对文化的传播，使日本结束了长达万年之久发展缓慢的绳文时代，把日本带入农业文明社会。同时，促使日本原始母系部族社会迅速崩溃，开始向父权制氏族社会转变。

  渡来人传播的欧亚大陆文化，首先是稻作农业。弥生时代早期，稻作农业始于九州地区北部，但是规模有限，产量不高，此后依次向本州的关西地区、关东地区发展。从弥生时代中期开始，稻作农业已经发展成为日本列岛上的主要产业。日本列岛上的耕地面积不断扩大，稻作生产技术也得到迅速提高。例如，在静冈县发现的弥生时代中期的"登吕遗址"，是将面积达400～600坪（1坪约3.3平方米）的土地整齐地开拓为每块约40～50坪大小的稻田，上下水田的差距不足5厘米。只要上流放水，整片田地都会得到充分灌溉，而且不会出现滞流现象。另外，田埂

---

❶ 鬼頭宏. 人口から読む日本の歴史［M］. 東京：講談社，2004：63.

上装着具有保护作用的木板"畦板",田埂底部也铺设木板,以维持底面的倾斜度不变化。对此,历史民俗学者樋口博之称:这样的水田,绝不是某个人突发奇想、扛着一把锹或锄便能够整治得了的,这要依靠很多人的共同劳动、运用成熟技术和统一的组织才行。而具有这样成熟技术和统一组织的共同体唯渡来人莫属。樋口博之还称:我想强调的是,日本之所以能凭借水稻栽培文化而很快成功地建立国家,是因为其能力已经能够做到了这些。❶

伴随着稻作农业技术传入日本的,还有金属器及其制作技术。考古学研究发现,日本在弥生时代早期就出现了青铜器、铁器,但都属于外传而来的成品。起初传来的镜、剑戟之类青铜器数量有限,均为用于祭祀、仪式的珍品。随后在日本出现了将其重铸为铜铎的技术。但是,从登吕遗址出土的文物来看,弥生时代中期的农具仍然还是木质的锹、锄,说明当时铁器还没有作为农具传入日本。随着采矿、冶炼和制造技术的发展,铁制农具从大和国时期逐渐替代了石制、木制农具,从而在根本上改变了日本的农业生产状态。

渡来人迁徙到日本之后,或以相同祖先,或以相同地域,或以相同职业技能而集聚到一起,形成部落群体,并以一技之长垄断经营某一专门产业。经过发展壮大,渡来人群体几乎把持了所有称为"部"的专业技术行业,氏族集团在伴造的统领下服务于朝廷。例如,前述以弓月君为祖先的秦氏集团在日本聚居于山

---

❶ 山本七平. 何为日本人[M]. 崔世广,等,译. 北京:国际文化出版公司,2010:19-20.

背地区（现京都府南部），以稻作生产、养蚕、机织等为业，并作为伴造统领渡来人"秦民"参政，6世纪时甚至有人官至主管大和朝廷财政的官员；视阿知使主为祖先的东汉氏集团，到日本之初以近畿大和的高市郡为中心居住，后来随着人口增加而逐渐分散到其他地区。在雄略朝（456—479，"雄略"疑似"大王武"）时期，东汉氏还统领锦部、鞍部、金作等百济系的手工业者集团以及从事冶炼、锻造、武器制造、纺织生产的新渡来人。相传阿知使主亦被称为阿知吉师、阿直歧（"吉师"为尊称，亦有略称为"歧"），也被称为"倭汉直"或"东汉直"（"直"为姓）。因其世职为"史"，意为"书人"，故亦被称为"阿直史"，在朝廷中执掌文书、国史、地志等重要的文职事务。

以"部"为核心的渡来人群体，不仅垄断了稻作农耕技术、养蚕技术，还通过掌控陶工、鞍作工、画工、织工、金工、木工、革工、漆工等手工业者集团，在朝廷中占据重要的职位，在日本古代国家的形成和社会发展过程中发挥了不可替代的推动作用。而且，他们在接纳和传播佛教方面亦起到决定性作用。朝廷重臣苏我氏本身就是渡来人，这个氏族依靠渡来人的势力，从6世纪中期开始控制大和朝廷长达近百年之久。

自弥生时代开始的近千年期间，中国大陆文化通过渡来人对日本产生的影响，宛如"大水漫灌"一样覆盖整个日本列岛，播下文化的种子，形成日本社会发展的动力。"大水"过后，日本列岛焕然一新，开始在古代中国文化圈的东端踏上制度文明的道路，而其标志始于"推古朝改革"。

## 三、律令制的时代：制度文化的全面吸收

### （一）推古朝改革

早在6世纪，因为扩大屯仓与田庄以及占有部民，大王与中央大贵族之间、朝廷与地方豪族之间以及各个大贵族集团之间的矛盾与纷争愈演愈烈，地方豪族则凭恃所在地的地位和实力"各置己民，恣情驱使"，并"割国山海林野田池，以为己财，战争不已"。至6世纪中期，旧豪族葛城臣、平群臣、大伴连等逐一失势，而具有渡来人背景的苏我氏成为新兴利益集团在朝廷的代表。苏我氏在佛教引入问题上旗帜鲜明、态度积极，在552年佛教经典、金铜释迦像等经百济传入日本之后，在佛教可信与不可信以及天花流行等问题上，与旧豪族物部氏发生严重冲突，最后因皇位继承问题而于587年铲除物部氏势力，成功地将本氏族嫡亲立为天皇（崇峻天皇，587—592年在位）。然而，崇峻天皇因难以忍受苏我氏专横跋扈、滥杀无辜，被苏我马子派人暗杀。之后，苏我氏又拥立自己本族皇女为天皇（推古天皇），立圣德太子（574—622）为摄政。

592年12月，推古天皇即位（592—628年在位），其父为钦明天皇，其母为苏我稻目之女。次年，厩户皇子被立为皇太子总摄国家大政，即圣德太子。为了制衡旧豪族势力，圣德太子当年

与苏我马子联合铲除了物部守屋,他摄政后继续倚重苏我氏的政治势力,积极汲取中国的封建制度和思想文化,实行一系列改革,力图加强王权,提高日本在东亚的国际地位,史称"推古朝改革"。

除苏我氏之外,圣德太子身边还有三位重要人物——慧慈、觉哿、秦河胜为其出谋划策。慧慈是高句丽人,为太子的佛教之师;觉哿是百济人,为太子的儒学之师;秦河胜则是渡来人豪族秦氏的代表人物。这三位与东亚关系密切、通晓政治形势,能够及时、准确地为朝廷提供国际信息,分析政治态势,提出改革建议,辅佐朝廷推动改革。

推古朝改革的重要举措。其一,于603年制定了"冠位十二阶"。冠位十二阶是根据个人才能和功绩确定身份地位,分别授予12种官位的制度,其核心内容贯穿了中国"德治"思想理念,即以儒家的德、仁、礼、信、义、智表示冠位的高低,各分大小为大德、小德、大仁、小仁、大礼、小礼、大信、小信、大义、小义、大智、小智12个等级,并以紫、青、赤、黄、白、黑6种颜色,各分浓淡的冠帽来区分位阶的高低。此项制度的主旨在于抑制氏族门阀势力,打破豪族世袭官职的氏姓制度,导入竞争机制。冠位十二阶的制定从根本上撼动了大和朝廷的政治体制,但是在实施过程中,传统的氏姓贵族仍然占据和世袭了朝廷和地方的重要职位和身份。

其二,于604年制定了《十七条宪法》。这是日本历史上首次提出的较为完整和具体的政治纲领,它以建立中央集权统治为目的,从思想和理论上阐述君臣关系,并规定了各级官吏的权力与义务。《十七条宪法》依据儒家伦理观,即"礼之用,和为贵"的思想,强调"礼治"。"治民之本,要在礼乎。上不礼而下非齐,下无礼以必有罪。是以,君臣有礼,位次不乱;百姓有礼,国家自治"❶,而实现礼治的要旨在于"和"。《十七条宪法》尤其重视吏治,17条之中有14条涉及各级官吏的行为准则。

其三,重视僧尼纲纪,淡化神道与佛教之间的矛盾。佛教在传入日本之初被认为是"蕃教",与原始神道信仰有冲突。虽然在推古朝以前,朝廷已经进行了促使两者并存的努力,但是真正实现则是在推古朝之后。其努力主要表现为皇室在率先推崇佛教的同时,宣布"群臣共为竭心,宣拜神祇"。与此同时,为了减少推行佛教的阻力,朝廷于624年建立了僧官制,并在全国范围内进行寺院、僧尼清查登记。

其四,开始编撰史书。推古朝期间,在圣德太子和苏我马子的主持下,"录天皇记及国记、臣连伴造国造百八十部并公民本纪",这是以中国正史为典范的史书编撰尝试。

其五,积极开展对隋外交,主动汲取欧亚大陆先进文化。推古朝期间,朝廷一改对欧亚大陆文化单向接受的被动状态,主动采取措施向隋朝派遣官方使节团。从600年开始,先后于607年、608年和614年派遣遣隋使4次。在以小野妹子为大使的第三次遣隋使呈递给隋炀帝的国书中提到"东天皇敬白西皇帝",这是日本历史上第一次使用"天皇"一词自称。从此可以看出,

---

❶ 中国社会科学院. 简明日本百科全书[M]. 北京:中国社会科学出版社,1994:41.

推古朝在与中国的交往中，与倭五王时期的使者向中国皇帝"卑辞"以寻求政权支持不同，在主动向中国学习的同时，已经显露出寻求自主、平等的独立皇权意识。

## （二）大化改新

在隋衰唐兴的转换时期，622年圣德太子去世，苏我马子于626年去世，而推古天皇亦于628年在位期间病逝。这三位推古朝改革核心人物的相继去世，标志着一个时代的结束。推古朝结束之后，苏我氏权势急剧扩张，其篡位之心暴露无遗。于是，皇极天皇（642—645年在位）决意铲除苏我氏势力，策划由中大兄皇子（舒明天皇与皇极天皇之子）联合中臣镰足等伺机将苏我入鹿骗入朝堂，以妄图篡位的罪名将苏我入鹿杀死（645年6月12日），而其父苏我虾夷于次日焚宅自杀。权倾朝野长达百年之久的苏我氏专权自此结束，为著名的"大化改新"奠定了政治基础。

经历了这场惊心动魄的宫廷政变之后，皇极天皇身心疲惫，于645年6月14日宣布退位，将皇位禅让给其弟孝德天皇（645—654年在位），立中大兄皇子为皇太子辅政。新政权聘用曾经随同第三次遣隋使到中国学习多年的高向玄理和僧人旻为国博士（政治顾问）参政，在留学归国人员的协助下全面效仿大唐体制，开启了史称"大化改新"的一系列政治改革。

新政权效仿中国传统，在日本第一次采用年号制度，将645年确定为大化元年。至645年年底的约半年时间，新政权先后采取措施加强对地方豪强势力的控制,派遣"国司"赴要害地区掌控军政实权;宣布各级官吏不得任意侵占国有山海林野田池和兼并百姓土地;广开言路,"设钟匮于朝",以防止官吏腐败,等等。646年元旦,孝德天皇宣布《改新诏》,正式开启了以建立古代天皇制为目标的历史性改革。大化改新的主要内容有:第一,废除皇族以及诸豪族拥有的私人领地和部民,将全国土地、庶民归为公地、公民(手工业部民没有废除),即建立公地公民制;第二,建立中央集权的行政机构,将全部国土划分为首都及周边地区,设置国、郡、里等行政区和组织机构;第三,制定所有公民的户籍,建立记账制度,实行班田收授法;第四,实施统一税制,即定额的租、庸、调、杂徭等。以上即以公地、公民为基础,建立中央集权制的官僚统治体系。

661年,中大兄皇子执掌朝政,667年迁都近江大津即位为天智天皇(668—671年在位)。天智天皇在位期间制定朝礼,增设更改冠名位阶,编纂户籍(史称《庚午年籍》)、制定法典(《近江令》)等。669年其心腹大臣中臣镰足去世,671年天智天皇去世,其弟大海人皇子在争夺皇位的过程中,在"壬申之乱"(672)中获胜,于飞鸟地区的净御原宫即位,是为天武天皇(673—686年在位)。天武天皇原本就是大化改新中的主要成员,因此他即位之后继续深入推进改革,整顿身份等级秩序,确定"八色姓",着手编撰国史,并制定、颁布了成文法《飞鸟净御原律令》,使部民制度解体,律令国家出现。该律令虽然没有传世,却是文武天皇(697—707年在位)时期开始推进并完成的《大宝律令》的基础。因《大宝律令》完成之年是701年,这一年被定为大宝元年。

此后,朝廷又于718年(养老二年)依据唐的《永徽律令》对《大宝律令》进行了部分修改,成为《养老律令》。由此,以大唐为典范的古代天皇制国家法制建设宣告完成,日本社会迈入律令制时代。

## (三) 神话与史实

自推古朝开始,日本天皇之所以不遗余力地推行政治改革,其主要原因在于,天皇家族作为豪族之一在大和朝廷之中并非一家独大、拥有绝对权威,而且时刻面临着被替代甚至被迫害的危险。所以,为了抑制豪族势力,确立天皇的绝对地位和权威,天皇家族必须采取一切必要措施进行改革,而编纂天皇氏族系谱以证明皇权的正当性,便是其重要一环。

为此,朝廷早在推古朝时期就开始组织人力编撰史书,"录天皇记及国记",据说在钦明天皇(539—571年在位)时期已经形成了《帝纪》和《旧辞》,其中记述了天皇家族的起源和国家形成的过程。天武天皇登基之后,曾下诏曰:"朕闻诸家之所赍帝纪及本辞,既违正实,多加虚伪,当今之时,不改其失,未经几年,其旨欲灭,斯乃邦家之经纬,王化之鸿基焉。故惟撰录帝纪,讨核旧辞,削伪定实,欲留后叶。时有舍人,姓稗田名阿礼,年是廿八,为人聪明,度目诵口,佛耳勒心。即敕语阿礼,令诵习帝皇日继,及先代旧辞。然运移世异,未行其事矣。"❶这便是日本第一部官修史书作者安万侣所记述的编撰《古事记》的发端。

然而,至天武天皇去世时,编纂工作仍没有完成。时至元明天皇(707—715年在位)时期,天皇"于焉惜旧辞之误忤,正先纪之谬错,以和铜四年九月十八日诏臣安万侣,撰录稗田阿礼所诵之敕语旧辞,以献上者。"❷即安万侣于711年9月18日受命协助稗田阿礼,至和铜五年正月二十八日安万侣作此"序",仅用时4个多月时间便共同完成了《古事记》的编纂。大约在同一时期,天武天皇还创立了一所历史编纂馆,命人仿效中国的《史记》《汉书》等撰写方式,广搜数据,以编成一部完备的国家记录,即于公元720年完成的汉文编年体正史《日本书纪》。

由此可见,这两部史书是在多位天皇的督促之下诞生的,而日本神话是其中的一部分。在其他民族,一般是先有神话后有历史,而在日本是先有历史后有神话,因此日本神话中杜撰的痕迹明显,政治目的突出。日本神话涉及从开天辟地到国土诞生,又到国土开拓、出让的各种传说,环环相扣、互为因果,最后将天皇定为天照大御神的子孙,将天皇的统治演绎为皇权神授,替神行道。日本神话这种基于高度政治化和国家化考虑的特点,在其他民族神话中很罕见。

日本神话为了烘托皇权神授的气氛,不但把日本列岛先民的民间信仰、历史记忆和传说糅合到一起,还把现实世界中的人

---

❶ 安万侣. 古事记[M]. 周作人, 译. 北京:国际文化出版公司, 1990:序.
❷ 上田正昭. 日本の女帝:古代日本の光と影[M]. 東京:講談社, 1982:62.

物、事件作为神的故事搬到神话舞台上进行演绎，令人产生一种神、人社会融为一体的虚幻感。在神话与历史的衔接上，有研究者指出：天照大御神事实上就是日本历史上邪马台国的女王卑弥呼。❶ 而在高天原上发生的故事实质上就是以弥生时代，尤其是以邪马台国时期为中心的社会映照，女王卑弥呼原本是以太阳为信仰的部族首领。日本神话以弥生时代以后的邪马台国、大和国社会为背景，对流传于各地的传说进行整理加工，创造出以太阳女神天照大御神为始祖，以第一代天皇——神武天皇为其子孙的主次井然、上下有序的庞大神话系谱，并通过"神人一体"的转化，构建起一个以天皇为绝对权威的"万世一系"皇室家族体系。在明治时期以后，日本皇室以其神圣的起源说受到狂热追崇，甚至将上述神话作为历史事实融入学校教育之中，故而奠定了日本神道形成和发展的理论根基。

自神武天皇（前660—前585）为第一代天皇，日本天皇系谱延续至今，到令和天皇（2019年即位）为第126代。然而，据研究考证，从神武天皇至推古天皇的33代天皇之中，只有15位是历史上真实存在的，其余都是杜撰的人物。而且，历史上存在的这15位天皇又分别隶属于三个不同始祖的王朝。这三个始祖王朝的开创者分别为第10代的崇神天皇（前97—前30年在位）、第16代的仁德天皇（313—399年在位）和第26代的继体天皇（507—531年在位）。并且，他们存在的真实年代分别是：崇神王朝为4世纪，仁德王朝为5世纪，而继体王朝为6世纪以

---

❶ 上田正昭. 日本女帝：古代日本の光与影[M]. 東京：講談社，1982：62.

后。[1]按水野祐的观点,在崇神天皇之前,日本列岛上曾经存在由祭司王统治的部族国家,并延续了数代。也就是说,日本皇族的祖先在观念上可以追溯至邪马台国的卑弥呼,而在史实上可以追溯到大和国时代,但是名副其实的天皇应该还是始于推古天皇。笔者认为,日本神话的历史背景设计应该是,天照大御神出现之前为关于绳文时代的记忆,其后则是对弥生时代、大和国社会现实、传说的神化。

为了保持皇权神授的神秘色彩,日本皇室至今依然固守着神话传说中的各种古仪。如前述的"真床追衾"秘仪。由此,新天皇由人转变为"现人神",并以三种"神器"君临天下。日本天皇能够作为"天孙"延续至今,最为重要的是其作为祭司的宗教性格及其精神统合作用。

受传统信仰与社会文化影响,日本女性王权在古代社会时隐时现,在多个历史时期发挥了重要作用。其中,卑弥呼是开创日本第一个具有国家形态的邪马台国的女王,而后由其宗女臺(台)与继承王位。在女王卑弥呼前后,日本还有一位大有作为的传说性人物出现,被称为神功皇后。据传,神功皇后是仲哀天皇(192—200年在位)之妻,为平定熊袭而赴九州,某日神灵附体,获得神谕称可以出兵征讨新罗。然而天皇却怀疑神谕,因此死于橿宫。于是,皇后亲自起兵远征,降伏新罗、百济胜利而归。回到九州之后生下应神天皇(270—310年在位),一同返回

---

[1] 水野祐. 増訂日本古代王朝史論序説[M]. 小宮山書店, 1952: 72.

大和，后来立应神天皇为皇太子，自己成为皇太后摄政。❶ 另据传说，还有一位叫作饭丰（青）的女王，相传在清宁天皇（480—484年在位）之后执政一时。由此可知，当时是一个女性王权辈出的时代。

后来，自推古朝592年至770年的不足200年期间，日本曾经陆续出现过6位、8代女性天皇，她们分别是推古天皇（592—628年在位）、皇极天皇（642—645年在位）、齐明天皇（655—661在位，为皇极天皇重祚）、持统天皇（686—697年在位）、元明天皇（707—715年在位）、元正天皇（715—724年在位）、孝谦天皇（749—758年在位）、称德天皇（764—770年在位，为孝谦天皇重祚）。上述女性天皇如此集中、频繁出现的历史时期，正是日本积极推动以强化皇权为目的的推古朝改革、大化改新的时期，也是积极推行遣隋使、遣唐使，主动摄取中国隋唐制度文化的时期，更是制定律令、建立律令制中央集权国家、将日本推向古代文明社会的时期。她们在日本推动氏族社会走向统一、集权的封建社会方面，在日本创造飞鸟文化、白凤文化、天平文化方面，都起到了积极而至关重要的作用。

上述6位、8代女性天皇的简要情况如下。

推古天皇是在地方豪族反叛、朝廷内强势豪族争权夺势，最终导致崇峻天皇被暗杀的背景下，临危受命登上王位的。推古天皇继承了女王卑弥呼"祭政王"的传统，将自己的侄子圣德太子立为摄政，一方面辅佐自己执政，另一方面由此杜绝了皇子之

---

❶ 上田正昭. 日本女帝：古代日本の光と影［M］. 東京：講談社，1982：40-41.

间的皇位之争。在她在位的 36 年里，皇室再没有发生争夺皇位的内乱，基本实现了政治、社会稳定。在圣德太子的辅佐下，推古朝时期广兴佛教，确立官僚"冠位十二阶"体制，制定日本历史上第一部宪法《十七条宪法》，明确了以天皇为君主的国家政治体系和等级制度以及道德规范，有效地抑制了贵族和豪族势力对君王的威胁。推古朝积极主张学习中国、朝鲜的先进制度文化，曾 4 次派遣使团访隋。随着欧亚大陆先进文化的输入及日本社会的快速发展，日本迎来了文化史上繁荣的飞鸟时代。

推古天皇于在位期间病逝，之后执政大臣苏我氏打击异己，强立舒明天皇，令皇权岌岌可危。舒明天皇去世后，其皇后宝皇女即位为皇极天皇。她即位后，苏我氏的权势急剧扩张，倒行逆施、专横跋扈，私立祖庙、滥杀无辜，篡位之心暴露无遗。在皇极天皇的支持下，其子中大兄皇子联合反苏我氏力量，伺机铲除了苏我氏，由此结束了长达百年之久的苏我氏擅权，为著名的"大化改新"政治改革奠定了政治基础。经历了这场惊心动魄的政治斗争之后，皇极天皇身心疲惫，随即宣布退位，将皇位禅让于其弟孝德天皇。

654 年，孝德天皇病逝。已经 61 岁的皇极天皇在危难之中重祚，成为齐明天皇。然而，再次登基后的齐明天皇大量征用民工，大规模修建亭台楼阁，加剧了国内的社会矛盾。661 年，她欲亲自统兵渡海攻打朝鲜半岛，但因旅途劳顿一病不起，病逝于九州。两年后，她的继任者派兵大举进攻朝鲜半岛，结果在"白村江战役"中被唐朝和新罗联军击溃。

持统天皇是中大兄皇子即天智天皇的第二个女儿、天武天皇的皇后。天武天皇在位期间大力推行改革，制定律令、编撰国史、改革法制，使天皇专制体制达到顶点。在此基础上，持统天皇继承天武天皇的遗志，在位期间组织实施了《飞鸟净御原令》，仿唐都营建藤原京并实现迁都。此后，她在文武天皇即位后称太上天皇，左右朝政，于702年去世。其间的701年开始实施《大宝律令》，终于完成了"大化改新"以来建立律令制国家体制的目标。

元明天皇，是天智天皇的第四女、持统天皇同父异母的姐妹，她将日本带入了王朝时代。元明天皇极富政治魄力，在位8年期间采取了一系列稳定政治、发展经济、繁荣文化的措施，成效显著。主要体现在：一是铸造银币和铜钱，推动货币经济和商品经济发展；二是任命能人作为重臣；三是下诏在奈良仿唐朝长安城建造平城京，并于710年3月从藤原京迁都至此，开启了奈良时代。元明天皇在位期间的712年完成了日本第一部正史《古事记》的编纂工作。该书对于巩固"大化改新"成果，加强以天皇为核心的中央集权制，向内外宣扬天皇的正统性具有深远影响。元明天皇是一位开明的天皇，于715年将皇位让给自己的女儿元正天皇，并于721年去世。令人感叹的是，她在死前的遗诏中豁达地表示自己死后必须火葬，坟墓要力求简朴，并且要求官员、百姓须照常工作。

元正天皇极具涵养，但是略显保守，在位9年期间秉承元明天皇的执政方略，积极推动与中国唐朝的交往，政治稳定，社会经济迅猛发展。元正天皇终生未婚，于724年禅让皇位给圣武天皇。日本的另一部史书《日本书纪》在720年问世时，元明太上天皇还在位。

奈良时代的最后一位女性天皇是749年即位的孝谦天皇，后于764年重祚为称德天皇。孝谦天皇是圣武天皇即位之前与藤原氏之女光明皇后所生，即位之前称为阿倍内亲王。孝谦天皇即位前后，日本朝廷外戚藤原氏专权，争强斗胜的政治事件频发。孝谦天皇虽然身为天皇却与外戚勾结、不务正业，先是与表兄藤原仲麻吕发生地下恋情，甚至借口宫殿维修搬到藤原家中公开同居。754年，唐朝高僧鉴真和尚为孝谦天皇授戒，她在青灯黄卷之中找到了精神寄托。一心向佛的孝谦天皇终于在758年将皇位禅让于淳仁天皇，自己成为太上天皇。然而，她一边念佛，一边不忘寻欢作乐，很快就找到了新的情人道镜和尚。764年，因宫廷内部的派系斗争，她废淳仁天皇，自己再次登基，改号称德天皇。道镜和尚也随之得势，被拜为法王，权倾一时。770年，称德天皇因患天花病死在宫中。随后，道镜也被赶下法王宝座，并于772年去世。关于孝谦（称德）天皇的性格及作为，有研究认为她在一定程度上受到女帝武则天的影响。

日本女性天皇的集中出现，首先反映的是当时日本还没有完全脱离原始母系部族社会，母权与父权尚处于相互交替时期。继邪马台国之后，经过大和国的建立到倭五王的交替统治，日本社会经历了由分散到统一的整合过程，王权之争尤为频繁、激烈。从结果上看，女性天皇对于平定外忧内乱、稳定政治时局都起到积极作用。其次反映了日本古代是"祭政一致"社会，祭祀即政治，而女性天皇具有萨满教巫女即"巫女王"性格。例如，推古天皇"以天为兄,以日为弟。天未明时出听政,跏趺坐。日出便停理务,云委我弟"❶。据《日本书纪》皇极天皇元年八月条记载:"天皇幸南渊河上,跪拜四方,仰天而祈,即雷大雨。遂雨五日,溥润天下,于是天下百姓俱称万岁。"❷ 由此可见,通神的超自然性格是女性天皇临危受命、确立统治权威的重要政治基础上。最后还反映了以天皇为中心的国史编纂,以及以天照大御神为祖先的天皇家族神话系谱的构建,进一步强化了古代天皇巫女王、司祭王的神秘性,为女性天皇的出现提供了文化土壤和合理性,而女性天皇此前或为皇女或为先帝后代的身份,亦体现了女性天皇作为神女、神妻继承和维护皇权的必然性和正当性。

称德天皇之后,日本历史上至今为止仅出现过两位女性天皇,一位是江户时代的明正天皇(1629—1643年在位),另一位是后樱町天皇(1762—1770年在位)。

## (四)遣唐使与文化摄取

在日本在古代政治、制度文化建设过程中,通过遣隋使制度赴中国学习后归国的留学人员发挥了重要作用。例如,在第三次遣隋使当中,曾经有8名留学生、学问僧随行,其中高向玄理、南渊请安、僧人旻等人在中国滞留二三十年,目睹了隋衰唐兴的

---

❶ 《隋书·倭国传》。
❷ 坂本太郎,家永三郎,等. 日本书纪(卷四)[M]. 東京:岩波文库,1995:192-194.

原因与过程，回国后又看到了大和王室受到大氏姓权贵集团的冷遇和挟持，甚至横遭废黜和杀戮，而地方豪族凭恃所在地区的地位和实力"各置己民，恣情驱使"，并"割国山海林野田池，以为己财，战争不已"的破败现状，深感建立大唐一样中央集权制国家的必要性和迫切性。因此，他们回国之后立即开设学塾，传授先进的中国政治、文化，致力于培养年青一代政治家。在参加学习的人当中就有共同参与策划、实施剿灭苏我氏行动的中臣镰足和中大兄皇子。中大兄皇子作为皇太子辅政期间，还作为国博士（政治顾问）将高向玄理和僧人旻等人吸收进朝廷参政，为大化改新的深入发展发挥了积极作用。

日本派遣 4 次遣隋使之后，朝野上下对中国文化更加仰慕，加之国内政治改革的需要，出现了学习、摄取中国文化的热潮。于是，为了更加直接有效地学习唐朝先进制度和文化，日本朝廷决定组织大型使节团，选派优秀人物为使臣，并携留学生、留学僧去唐朝。时值中国刚刚迎来盛唐，故使节团称为遣唐使团。从 630 年第一次派遣以后至 838 年的 200 余年间，日本实际上共计派出遣唐使团 12 次。这 12 次遣唐使团的历史可分为三个阶段：第一阶段为 630—669 年，共 6 次，特点是规模小，组织形式松散；第二阶段为 702—762 年，共 4 次，时值盛唐时期，使节团阵容庞大，仪容整齐，也是遣唐使团的极盛时期；第三阶段为 777—838 年，共 2 次，规模组织不弱于第二阶段，但此时逢唐朝安史之乱，文运渐衰，成员出使热情有所消退。

遣唐使每次驶帆船 2~4 艘，人数一般为 250~500 人，最多一次达 651 人（838）。每次使团出行之前，从任命使臣、选派随行人员，到造船、筹备礼品、衣粮、药品、费用等大约需要两三年时间，此外还要筹划航海路线、掌握季风规律等，准备工作之繁杂非同小可。遣唐使团一般包括大使、副使、判官、录事等官吏，以及翻译、医师、阴阳师、画师、乐师等专业人员和各行业匠人，此外随行者中还有留学生、学问僧等。使臣多为通晓经史、才干出众且汉学水平较高的一流人才，而留学人员则均为优秀青年。遣唐使得到中国朝廷的重视和周到的安排，他们在中国滞留期间如饥似渴地考察学习，博览群书，广泛交流，尤其是留学生们、学问僧们更是刻苦钻研，广结朋友，细觅穷搜经史子集各类文献典籍。其中，阿倍仲麻吕在717年入唐时只有16岁（另说19岁），727年完成国学士学业，在中国通过科举考试及第进士后在朝廷为官，受玄宗赐名朝衡，又称晁卿，擅长和歌、汉诗，与王维、李白等相交甚密。他曾官至安南节度使，770年于长安逝世，享年73岁。同期入唐的还有吉备真备，时年20岁，他广涉儒学、法律、礼仪、祭祀礼仪、军事、筑城等学问，735年回国后又于752年任第10次遣唐使团副使赴唐。他在日本朝廷任要职多年，81岁逝世之前曾官至右大臣。玄昉入唐后跟随高僧智周大师学习法相教义，735年回到日本后传布法相宗。

　　历经遣隋使、遣唐使等近350余年的学习、摄取和移植，到894年经菅原道真谏阻而遣唐使遭遇废止时，中国隋唐文化在日本已经处于饱和状态，而各项政治改革与制度也已经完成，加之耗资巨大、路途艰辛以及唐朝政局动荡不安等因素，日本朝廷对于继续派遣遣唐使已经丧失了曾经的热情和锐气。

　　遣唐使在对唐朝文化的汲取与传播方面的贡献是卓越的。他们引进唐朝的典章制度，输入大量经史子集各类典籍，或在日本朝中推动律令制度建设与实施，成为政治精英；或仿效唐朝教育制度，开设"大学寮"等各类教育机构，为加强官吏对律令的理解而培养政治人才。吉备真备等曾亲自为五位以上官吏及贵族子弟讲授纪传、明经、明法、算、音、书道等学问，令朝野上下竞相赞写唐诗汉文，令贵族社会以习得汉字、汉文为必备文化教养与社会地位的象征。正仓院保存的文书以及平城宫遗址出土的木简证明，当时由汉字行文的公文行政已经渗透到基层官吏。

与此同时，为了配合律令制国家体制建设，朝廷组织人力编撰各类史书。在全文为和式汉文、变体汉文的《古事记》和汉文编年体的《日本书纪》面世之后，又在平安时代初期促进了《续日本纪》（797）、《日本后纪》（840）、《续日本后纪》（869）、《日本文德天皇实录》（879）和《日本三代实录》（901）等一批汉文编纂的史书相继问世，包括《日本书纪》在内日本称其为"六国史"。此外，为了掌握地方情况，朝廷于713年令地方各国编撰《风土记》，内容包括地名的由来、自然风土、物产、古老传说等，虽然并非完全基于客观事实，但是在某种程度上反映了日本古代地方社会的状况。目前传世的有《出云国风土记》全本和常陆、播磨、丰后、肥前等风土记的部分内容，其中包含深受中国文化影响的"浦岛传说""羽衣传说"等著名的日本民间传说等。

除历史类书籍之外，文学类著作也开始出现。其中，日本现存最早的汉诗集《怀风藻》于751年面世，其中收录了大友皇子、文武天皇等64名代表性作者的120首汉诗，被誉为日本效仿中国六朝诗风的古诗精髓。与此同时，日本"倭歌"（和歌）吟诵亦渐成时尚，而日本文学史上最古老的和歌集《万叶集》大约于759年成书，其中收录了大化改新前后的和歌多达约4500首，作者涉及天皇、贵族、僧侣、农民、士兵等各阶层人士500余人，地域、题材分布亦十分广泛。《万叶集》全书虽然由汉字所成，但是与传统汉文不同的是，它其中掺杂大量用于表音的汉字。这种以汉字表音来反映日语特点的汉字用法被称为"万叶假名"，在日本文字发展史上具有里程碑式的特殊意义。从此时开始，日本人把用于表意的汉字称为"真名"，而把用于表音的汉字称为"假名"，即"借名"。

## （五）律令制时代的奈良

从推古朝推进政治改革至《大宝律令》的完成经历了100余年时间，而从大化改新开始，也已经过去了半个多世纪。经过如此漫长时期的改革，日本终于实现了对以天皇为中心的中央集权国家体制的确立，而其标志就是国家律令法体系的形成。所谓律令，是中国隋唐时期法律的基本表现形式，全称为"律令格式"。"律"是对各种违法行为的惩罚性法规，"令"是有关教化的制度、规章的行政法规；"格"是用来防止奸邪的禁令，是对律的补充和变通条例；"式"是官府机构的各种章程实施细则。概括起来，即"律以正刑定罪，令以设范立制，格以禁违止邪，式以轨物程事"。日本的律令法体系建设，正是效仿这样的隋唐律令，并结合自己的实际情况而完成的。

以元明天皇于710年迁都至平城京为标志,日本正式进入律令制时代。平城京地处奈良盆地,是朝廷为彰显天皇权威不惜耗费巨资和人力模仿唐都长安建造而成的。从迁都平城京开始至784年皇都由此迁离为止(另一主张是至794年迁都到平安京为止),日本历史上称这一时期为奈良时代。在文化史上,将飞鸟时代之后至奈良时代前期称为白凤时代,而将奈良时代后期称为天平时代。白凤时代和天平时代的文化分别反映了日本倾国家之力摄取中国初唐和盛唐文化的成果。

奈良时代是日本皇权鼎盛时期,朝廷全面效仿唐朝国家典章制度,构建以天皇为中枢的庞大官僚体制。这个官僚体制的特点是:中央机构,在天皇之下设立两官制。一是神祇官,负责祭祀天皇祖先及其他诸神,管理神社;二是太政官,又被称为太政大臣,下设左大臣、右大臣,负责统辖政务,其下设置行政八省以及监察官吏的弹正台等。另外,作为军事机构,中央设置卫门府、左右卫士府和左右兵卫府,而在地方各国设置军团以及筑前的太宰府防人,政府军事力量的主要任务是镇压针对天皇的叛乱。

除"京"(平城京)之外,全国地方设60余"国",国由中央直接派遣的"守"(长官)和地方官"国司"全权负责辖内的行政、审判、军事、警察等一应事务。在诸国之中,位于平城京周边的5个国被统称为畿内,享有特权。地方各国之下设郡,郡司及其官吏均由大化改新以前的国造中任命。郡之下设里,50户为一里,40里为大郡,34里以下4里以上为中郡,3里为小郡。里既不是自然村也不是以前的拟制氏族集团,而是国家行政末端，由其中大户担当里长，行使国家赋予的征税、警察、户籍权。

在奈良时代律令体制下，人分贵贱，五位以上被免除课税徭役者为贵族，是极少数。人民分为良民（公民）和贱民，贱民包括公家（朝廷）和私人的奴婢、家仆，以及隶属于朝廷各官厅从事手工劳动的杂户，贱民也属于少数。户是家族复合体，历史学上称其为乡户，是社会构成的基础细胞。国家针对乡户实施行政管理。政府规定每6年清查一次户口，按照人口将田地作为"口分田"分给各乡户耕种，受田者死亡后口分田收归国家所有，重新分配。耕种口分田是公民的义务，不允许弃耕也不容许弃村逃走。实际上，这是公民被捆绑在一块土地上对国家履行租庸调以及各种徭役、兵役义务。

日本的律令制是在保障天皇统治正统性、权威性的前提下，充分兼顾旧有大小豪族集团利益的国家官僚体制。因此，在律令制建设过程中，日本实际上没有成功采纳科举制度。其结果是，大化改新以前的畿内豪族摇身一变成了律令制国家统治阶级的中央贵族，构成了政权的核心，而此前的地方中小豪族则把持了地方政府的官职，豪族利益并没有受到影响，因此这也是他们支持天皇进行改革的原因所在。然而，"去除了科举的律令制，即相当于去除了选举的民主制"，❶ 体现了日本律令制的局限性。另外，日本的律令制采取太政官与神祇官并立的体制，应该说这也反映了律令制以前的形态。在这种体制中，太政官形同此前的摄

---

❶ 山本七平. 何为日本人 [M]. 崔世广，等，译. 北京：国际文化出版公司，2010：57.

政，原则上在天皇许可的范围内可以处理一切政务，但却唯独不能参与有关神祇的事务。神祇官的事务由天皇家独揽，如卑弥呼时代以来的传统一样，朝廷的祭祀除天皇之外其他人等一概不能涉足，祭祀几乎是延续皇权不可替代的手段。因此，可以说日本的律令制只是用来维护天皇集权统治即古代天皇制的形式。

平城京在奈良时代是政治、文化中心，它的设计、建设完全仿造长安城，只是面积较小，大约为长安的四分之一。平城京主体部分东西约4.3公里，南北约4.8公里，其北端中央为平城宫，面南为朱雀大道，大道东侧为左京，西侧为右京。东西两京均由笔直的大路纵横间隔，东西南北如同棋盘般井然规整。城外四周为丘陵环绕，城内是白壁、朱柱、青瓦的唐式官厅衙门、贵族宅邸以及大寺院建筑，鳞次栉比。京城周围不设城墙，与地方国府之间有街道相连，街道每16公里设一驿站，由地方向朝廷搬运租庸调物资，为城里提供各种生活物资与服务的农民络绎不绝。城内设有东西二市，各种生活物资甚至奴婢均可以在此交换。

奈良时代，平城京的常住人口大约20万人，均为皇族、贵族、官吏和僧侣，以及供其驱使的奴婢、护卫等，此外并无平民在此生活，因此平城京是皇家贵族的京城。由遣唐使带入的唐朝书法、绘画、雕刻、音乐、舞蹈等艺术，还有围棋、相扑、马球等体育活动等都集中在京城，引起皇家贵族纷纷效仿。中国的思想、文学、艺术亦弥漫于京城的各个角落，深入人心。对于日本上层社会来说，他们满脑袋都是"大唐国"，凡是属于中国的就迫不及待摄取，视唐朝的衣食住行、风俗礼仪为时尚，醉心效仿。不但官服、朝服、贵族服饰均模仿唐式，甚至引进正月、上巳、端午、七夕、盂兰盆、重阳等岁时节日以及风俗习惯，并适时在宫廷、京城举行节庆活动，由此炫耀此处也是如同中国一样的文明国度。对所谓唐朝文化"从典章制度到婴儿的尿布"的全面吸收、移植正是这个时代日本社会特色的写照。

相反，唐朝的舶来文化只是作为装饰品，在满足了皇家贵族的虚荣心之外并没有对日本地方社会产生影响，平民百姓依旧住着茅屋草房，穿着破衣烂衫，过着原始社会一样的贫穷生活。这与京城上层社会的奢靡生活形成鲜明的对照。

## （六）佛教文化的兴隆

奈良时代的平城京也是佛教的京城，奈良时代的文化也是佛教的文化。在整个律令制时代，佛教作为护佑天皇制安泰的"国家镇护"法器，尤其得到朝廷的重视和保护。在佛教兴隆政策的支持下，佛教寺院建筑及佛教文化至圣武天皇（724—749 年在位）时期达到鼎盛，成为天平文化的灵魂。在天平文化时期，平城京内佛教各宗齐全，除有被后世称为南都七大寺的东大寺、兴福寺、药师寺、元兴寺、大安寺、西大寺、法隆寺之外，还有著名的唐招提寺等大批寺院。作为南都七大寺之一的东大寺始建于 745 年，其本尊"奈良大佛"高约 16 米，最大宽度约 20 米，用铜约 250 吨，表面涂金约 58.5 公斤。据说建设东大寺与金铜大佛的用工多达 260 万人以上，极其恢宏壮观。而且，朝廷还命令地方各国修建"国分寺""国分尼寺"，佛教兴隆昌盛。

据《日本书纪》记载，钦明天皇 13 年（552），百济王曾经向日本天皇进献佛教经典、金铜释迦像等,此为佛教官传日本的最早记载。据传,当时钦明天皇曾就此询问群臣是否可以礼拜佛教,结果在朝廷内部引起激烈争执。以原始神祇信仰至上的旧豪族物部氏认为,引入佛教等于否定传统神灵信仰,是将"蛮神"凌驾于氏姓制度诸神之上,并称当时流行的疫病和饥馑正是有人崇信佛教所致,因此坚决反对;代表改革势力的新兴豪族苏我氏则主张引入佛教,认为新神(佛教)的威力可以抑制疫病和饥馑,消除社会不安。经过如此长期抗争,结果在用明天皇二年(587),以苏我马子为代表的崇佛派终于排除干扰,使佛教得以在日本立足。从推古朝时期开始经过飞鸟、白凤文化时期,佛教文化在奈良时代的天平文化时期达到鼎盛,构成了贯穿整个律令制时代的文化主色调。

圣德太子笃信佛教,是引入、传播佛教的积极支持者和推动者。他在摄政期间主持制定《十七条宪法》,其中第二条便提倡"笃信三宝",并说明:三宝者,佛、法、僧也。则四生之终归,万国之极宗。何世何人,非贵是法。人鲜尤恶,能教从之,其不归三宝,何以直枉?在日本确立起佛教的国家性地位后,圣德太子还亲自注释《三经义疏》,宣扬慈悲济世精神和一切众生思想,陆续从朝鲜半岛招来大批僧侣、寺工、瓦工、画工、雕工等,极力吸收佛教文化,移植佛教建筑、雕刻、绘画、工艺等艺术。

596年由苏我马子创建的飞鸟寺是日本第一座正式的佛寺,亦称法兴寺,718年迁移平城京后称元兴寺,成为国家"佛法兴隆"的中心。随后,圣德太子于607年在奈良斑鸠开基创建法隆寺，并为其母亲在法隆寺近旁修建了中宫寺，即斑鸠尼寺。此后，圣德太子又于623年在大阪修建四天王寺。这期间，佛教在日本迅速发展，大豪族也纷纷效仿建造属于自己一族的氏寺。例如，603年秦氏在京都太秦建太秦寺（广隆寺）供奉圣德太子赠送的佛像；当麻氏建立了当麻寺；葛木氏建立了葛木寺；等等。据统计，至持统天皇四年（690），日本全国寺院数量多达545所，仅京城的僧尼人数就超过了3000人，开创了佛教文化和佛教艺术的黄金时代——白凤文化时代。飞鸟、白凤时代大寺院的宏伟建筑和其中安置的各色佛像雕刻、墙壁，以及穹顶上五彩缤纷的佛画、使用的各种各样的工艺品都是艺术杰作。当然，这些作品都移植了中国样式的异国情调，其制作者消化中国技术的能力令人惊叹。

奈良时代的佛教文化是全面仿唐、国际色彩浓厚的综合艺术。除寺院建筑之外，唐招提寺金堂的卢舍那佛像、开山堂安置的鉴真夹纻坐像、东大寺法华堂的不空不空羂索观音夹纻像、三月堂泥塑的日光菩萨像、月光菩萨像等都是艺术价值极高的佛像。此外，药师寺的吉祥天画像、正仓院保存的"鸟毛立女屏风"绘画等也是艺术珍品。位于东大寺大佛殿西北位置的正仓院是一座木造大仓库，里面收藏东大寺的寺宝、文书以及圣武天皇生前心爱之物等珍贵文物多达9000余种，是反映七、八世纪东方乃至世界文化的一大宝库。

在日本佛教文化发展的过程中，唐朝鉴真和尚做出了重大贡献。鉴真和尚应入唐学问僧荣叡、普照等的邀请，历经千辛万苦于753年到达日本，次年在东大寺建坛，为圣武上皇、光明皇太后、孝谦天皇等400余人授戒，开日本佛教徒登坛受戒之始。鉴真和尚于759年创建唐招提寺，传布律宗，为日本律宗创始者。东渡时，鉴真和尚带去大批佛教典籍、佛像、法物，并将中国佛教建筑、雕塑、医学、书法等介绍到日本，为佛教文化在日本的进一步传播做出了突出贡献。763年，鉴真和尚在唐招提寺圆寂，终年76岁。弟子为其制夹纻坐像，至今供奉在寺中开山堂，为日本国宝。

然而，与从唐朝引入的其他文化一样，佛教也被利用为朝廷的统治工具，佛教信仰是皇家贵族的专利，与平民无关。至奈良时代为止，僧侣们既不面向平民传教，平民也没有朝拜寺院的权利。而所谓南都六宗的"宗"，在日本并非宗派教团而是佛教哲学的学派，僧侣们把在中国兴起的学说全部引进过来，完全如同唐代中国僧侣一样关在寺院的书斋里进行专研，当时引入以及抄写的佛教经典数量之多，据说可与中国唐代的数量匹比。

## （七）体制过渡期的平安时代

从奈良时代中期开始，在律令制时代被养肥的寺院，一方面占用了国家大量资源，致使朝廷财政不堪重负；另一方面大寺院势力开始介入政治，成为朝廷的压力团体，令朝廷深感不安。于是，恒武天皇（781—806年在位）为了躲避强盛的寺院势力，决定离开豪华的平城京，于784年迁都至京都附近的长冈京，并且禁止奈良的寺院随迁。然而第二年，天皇的心腹、迁都的负责人藤原种继遭到暗杀。在真相不明的情况下，恒武天皇的弟弟、皇太子早良亲王被认为是这次政变未遂事件的主谋而被流放，并于途中饿死。此后，接连发生了皇妃母亲病亡、瘟疫流行、皇太子患病等一系列变故，被阴阳师占卜称"原因在早良亲王亡灵作祟"。于是，恒武天皇慌忙准备再次迁都，遂于794年迁入在京都新建的平安京。从平安迁都至1185年镰仓幕府成立为止，这400年间被称为平安时代。

平安时代是一个律令制走向崩溃、皇权开始衰微、武士兴起的贵族时代，也是公武更迭的时代。基于此，平安时代可被划分为三个时期：794年至遣唐使废止的894年为初期，特点是庄园增加，土地公有原则开始瓦解，但朝廷仍然在努力维系班田收授法；10—11世纪为中期，特点是庄园继续增加，班田收授法无法实施，公田亦开始私有化，豪族藤原氏独揽摄政、关白要职，皇权旁落，地方武士兴起；12世纪为末期，特点是摄关政治衰微，武士阶级开始取代贵族登上中央政治舞台。其具体社会成因及其演化过程大致如下。

如前所述，律令制的根据是公地公民制和班田收授法。早在奈良时代早期开始，随着人口的增加以及可供再分配的口分田不足，越来越多的农民开始陷入贫困，因而不得不去开垦荒地以维系生存，或者流离失所。在这种情况下，一方面朝廷不得不默认土地开垦，另一方面皇族和大官僚也认为有可乘之机，便开始组织流浪民进行土地开垦以窃为己有。于是，朝廷于723年颁布《三世一身法》，允许开垦的新田可以在三代以内私有。此后又于743年颁布《垦地永世私有令》，因此激发了贵族、寺社、地方豪族、富裕农民等有权势者的开垦热情。由于中央和地方豪族、寺社竞相开垦和占有私有土地，导致天平年间（729—749）京畿附近地区有两成以上农民逃离村落，成为私有地上的劳动力，大化改新以来确立的公地公民制度开始动摇。

进入9世纪以后，私有地迅速发展，甚至开始侵吞公民的口分田，而到10世纪初班田制彻底崩溃。私有地带来的直接后果是庄园的出现和发展。日本的庄园指中央贵族、寺社和地方豪族在自己的私有地上建造房宅，形成包括土地和建筑物在内的私人领地。具体来说，庄园存在三种形式：一是"勅旨田"，指皇后、皇族以及退位天皇等皇室成员的私人领地，由天皇敕令设定。勅旨田由公民的徭役耕种，享有不上缴田租的"不输"特权；二是"自垦地型庄园"，指贵族、寺社等利用逃亡农民开垦、建立的庄园。庄园所有者差使管理者或使用当地人作为"庄官"经营管理，后来庄官演变成庄园实际支配者；三是"寄进地型庄园"。9世纪后期开始，庄园的情况开始变得复杂起来，政府为了制止公田继续减少，多次发出整顿庄园令，没收部分新庄园或课以重税。结果，地方豪族等庄园领主为了确保自己的土地支配权，获得逃避朝廷租税的"不输权"和避免行政干涉的"不入权"，而将自己的土地"寄进"（捐献）给中央贵族，并把他们奉为名义上的庄园"领家"（拥有者），自己则作为庄官仍然掌管庄园的实权，这便是所谓的"寄进地型庄园"。当领家自觉能力不足时，又将庄园进献给更有权势者，以寻求更为坚实的保护。如此一来，类似藤原氏这样的中央大贵族便作为"本所"在各地接受了大量的庄园进献，可以不劳而获地获得庞大收入。由于"寄进"，日本的庄园起到保护旧豪族势力的作用，变成了国家统治阶级——贵族的经济基础。

另外，在班田制难以推行的情况下，桓武天皇（781—806年在位）期间，为了保证朝廷财源便不得不采用新的租赋征课方式，即"田堵制"（负名制）。田堵制是让较殷实的农户每年承包一定面积的耕地经营，担负纳租责任。这样的承包人被称为"田堵"，所承包的耕地被称为"负名"。田堵承包耕地每年要向国家提出申请（"请文"）、订立契约。随着田堵制的推行，政府征课租赋已不再按照公民户籍上的人头，而是按照登记在册的田堵实际耕种的土地面积。在田堵对耕地的占有相对稳定之后，田地开始落实到经营人，按照占有人的名字登记为"名田"，而所有者被称为"名主"，承担纳税和徭役义务。于是，一块田地上便出现了名主、庄官、领家、本所等多重权力者。

随着公地公民制的瓦解和庄园制的发展，古代天皇制的政治结构也发生了变化。曾经在大化改新之时建立功勋的中臣镰足，其子孙藤原氏得到了此后历代天皇的重用。858年，藤原良房强立其女所生的年仅9岁的惟仁亲王即位，自己则以太政大臣与外戚的双重身份掌握朝廷实权，并于此后担任摄政，成为日本历史上非皇族出身者担任摄政的第一人。

藤原氏专权，并非皇室心甘情愿，清河天皇（858—876年在位，藤原良房的外孙）就曾经打算不再任命太政大臣而亲理朝政，但受到藤原氏的打击。887年，藤原基经迫使宇多天皇（887—897年在位）下诏宣布：万机巨细，百官总己，皆关白于太政大臣。从此至11世纪末的200余年间，日本皇权旁落，藤原氏独揽摄政、关白两职，即在天皇幼小时作为"摄政"，天皇成年后则作为"关白"掌控朝政实权,这种政治形态史称"摄关政治"。

摄关政治是一种门阀政治,由藤原氏专擅朝政如家政,一切政令出自藤原氏私宅,摄关家一族自然占据了朝廷的要职。这种现象引起了上自皇族,下至国、郡官僚们的不满。1068年,百年间唯一没有与藤原氏联姻的后三条天皇(1068—1072年在位)即位,他的政治目标是排除藤原氏独揽朝政,消除摄关政治之弊,谋求恢复皇室权威。后三条天皇借整顿庄园之机,停止和没收了藤原氏大部分非法庄园,给予其沉重打击。之后,白河天皇(1072—1086年在位)又为了彻底摆脱藤原氏势力而宣布让位于8岁的崛河天皇(1086—1107年在位),自己称"上皇",并在自己的邸宅内建立"院厅",开启了上皇"执天下政"的院政时代(1086—1192)。院政的开始,标志着朝廷的政治权力已由外戚藤原氏之手回归皇室。

早在平安京迁都之时,朝廷几乎已经丧失了军事力量,而自9世纪中期开始又几乎丧失了对地方豪族的统治能力。同时,伴随着庄园势力的不断扩大,各地庄园主、庄官和实力较强的名主纷纷把自己的属民武装起来,用于防止外力入侵,这便是武士的前身。当时,不堪重负而逃离土地的农民大量增加,其中一部分沦为盗贼,猖獗的盗贼甚至光顾皇宫,袭击国司,掠夺官物私财,令朝廷不安但又无力整治。于是,朝廷不得不把警察权委托给地方上具有相当财力和实力的人,受委托行使这种权力的人被称为"检非违使""押领使"或"追捕使",替代官府处理地方骚乱。

这些职务功能发展的结果，就是他们掌控了土地、农民、军队，壮大了自己的武装力量。他们通过"家子"（与主家存在血缘关系的同族子弟）集结"郎党"（与主家不存在血缘关系的家臣）、"下人"（隶属民）等结成从属关系的武士团。武士团由小到大不断发展壮大，结果在 10 世纪中期出现了平氏和源氏两大武士团。平氏原本是桓武天皇的后嗣高望王于 889 年获赐平姓的后嗣，而源氏原本是清和天皇的子孙，均为下沉到地方的皇亲国戚的后代和贵族。他们利用地方官吏的地位和权势，纠集地方大小武士团于麾下，分别在东国（畿内以东）和西国（畿内以西）一带扩大武装势力，变成大武士团的"栋梁"。

10 世纪中期，西海的藤原纯友、东国的平将门先后兴起叛乱，甚至公然与朝廷对抗，引起朝廷极大恐慌，最后朝廷不得不借助地方武士力量才得以平息。在平息叛乱过程中做出重大贡献的源氏获得朝廷器重，在 11 世纪的多次地方叛乱中屡屡出兵镇压，在东国建立起强大势力。相反，在平将门叛乱中受挫的平氏一门纠集近畿以西的武士，在西国巩固了自己地盘。12 世纪中期，平、源两氏分别为天皇和上皇所用，参与政治权力之争。最后通过"保元之乱"（1156）和"平治之乱"（1159），上皇院政所依赖的平氏击败了天皇派的源氏。由此，平清盛步入政治舞台，并于 1167 年担任太政大臣。这是武士做太政大臣的第一人。

## （八）贵族社会与国风文化

在公武更替的平安时代中期开始，皇权式微，武士出现。在

· 83 ·

这个过程中，贵族阶层成为上层社会的核心，是左右政治、社会走向的主体，是平安时代贵族文化的体现者。那么，平安贵族是一个什么样的群体呢？

前面讲到，日本在效仿中国律令制度的过程中，没有采纳科举制作为选任官吏的制度，而是保留了从中央到地方大小豪族的世袭性身份地位，并任用为朝廷官僚的制度。简单地说，在律令制国家制度下，贵族就职于各中央机构，相当于现在的国家高级公务员（官僚），被称为"官人"。据研究统计，当时律令官人人数约为1.3万人，他们分为30个位阶，即如正一位、从一位，正二位……正五位上、从五位下等，待遇依据位阶确定，相差悬殊。广义上说，贵族指这些官人中位阶在五位以上的人及其家族，其中公卿是贵族中的贵族，是摄政、关白、大臣、参议的总称，大约有20人；下一个级别是"殿上人"，指被允许登上天皇御座清凉殿的人，包括公卿以及三位以上和获得特许的四、五位者在内，总共约有数十人。以上这些人加在一起大约有100人，即使算上所有五位以上位阶的人也不过200人，这些超级官僚即贵族。然而，在律令制的"荫位制"下，皇亲、五世王之子、诸臣三位以上者的子孙、五位以上者的年满21岁之子，均被自动授予位阶。❶ 因此在平安时代，享受贵族待遇的人数不断增多，构成了一个庞大的特权阶层，他们的特殊生活方式即平安朝贵族文化的主流。

平安时代基于上述社会、政治变化，文化上也相应地显现出

---

❶ 武光誠. 日本史［M］. 東京：ダイヤモンド钻石社，2000：60.

多样性。按照井上清的观点,平安文化主要表现为三个特征:一是以天皇或国家为中心的文化转向贵族文化;二是从唐风舶来的文化发展为所谓的"国风"文化;三是地方武士、地主(农民)文化开始萌芽。[1]

以天皇或国家为中心的文化向贵族文化的转变,首先表现在佛教方面。在平安时代初期的 9 世纪初,曾随遣唐使入唐求法的最澄(传教大师,767—822)和空海(弘法大师,774—835)回国,他们在日本分别开创的天台宗和真言宗成为平安时代佛教的主流。虽然此二宗仍然以镇护国家为最高使命,但是已然开始脱离政治,出现了由国家佛教向贵族佛教转变的倾向。例如,奈良时代的寺院均建在宫廷或国府附近,而最澄创建的比叡山延历寺、空海创建的高野山金刚峰寺等大寺院,均位于远离人烟的深山之中。虽然他们也为镇护国家服务,但主要以念咒、祈祷为特色,为贵族个人祛病除灾,信众多为贵族。

另外,二宗成立了教团宗派,属于各宗派的寺院遍布全国各地,这意味着佛教文化开始由京城向地方渗透。随着佛教逐渐普及于一般世人,社会上出现了神佛融合动向,最终形成了神佛同体的"本地垂迹说"。平安时代末期,以空也(903—972)为代表的净土教开始流行起来,它通过信仰阿弥陀佛、希求来世往生极乐净土的说教,广为民众及没落贵族所接受。后来,净土信仰被上层贵族作为追求现世享受的手段。例如,他们采用贵族宅邸建筑样式,在京都宇治的平等院凤凰堂营造华丽的阿弥陀堂,其

---

[1] 井上清. 日本の歴史 [M]. 東京:岩波書店,1976:112.

中安置金光闪烁的阿弥陀如来像，四壁及门扇饰以极乐绘画，美貌美声的僧侣们在香烟缭绕、鼓乐齐鸣的伴奏下合诵经文，宛若置身于一场华美的音乐会。在贵族净土信仰的影响下，极乐绘画和阿弥陀像盛行，出现了极力摆脱唐风影响的独创要素，追求一种享乐的柔和之美。然而，在这种华美的背后，却难以掩饰贵族阶级没落和政乱世衰"没法思想"的涌动。

严格来说，本地垂迹说和净土信仰都是佛教文化在平安时代的变异，即外来文化的"国风"（日本）化转移之一。在大陆文化的国风化方面，可以称为最大创举的是平安贵族（包括僧侣）在汉字的基础上完成了日本文字——假名的创造。在假名文字形成时期的10世纪，虽然汉诗、汉文仍然是贵族必备的教养，公文书仍然使用汉字、汉文书写，但是在贵族的私人领域，使用假名文字及以和文体书写的文学形式已经蔚然成风。例如，在醍醐天皇的命令下，由纪贯之等4人编撰的《古今和歌集》（905）之中，假名文字开始登上大雅之堂。此后，由不知名作者创作的《伊势物语》《竹取物语》开创了日本"物语"类型文学，而紫式部以宫廷生活及贵族心理为中心展开的《源氏物语》（平安中期）更是达到了物语文学的顶峰。与此同时，日本出现了文学形式的日记，其开创者是纪贯之假托由女性使用的假名文字书写的旅行记《土佐日记》（935），之后陆续出现藤原兼家之妻描写贵族社会女性对于一夫多妻之苦闷的《蜻蛉日记》（974）、紫式部记载宫廷女官见闻、感想、处世观的《紫式部日记》（1010）、菅原孝标女的《更级日记》（1059）等一批优秀作品，将平安时代女性文学推向巅峰。此外，清少纳言描写宫廷内外生活及自然景色的随笔《枕草子》(平安中期)作为日本第一部随笔而独树一帜。

全盛时期的贵族文学舞台、人物都是京城及其周边的贵族,反映了平安贵族沉溺于享乐之中的社会生活。在这样的贵族社会,受到优雅生活熏陶的女性们比男性更具有响应文学时代要求的条件。这些身居宫廷、身怀才艺的皇女、女官们虽然物质生活优渥,但是作为中下层贵族家庭之女而无缘问鼎皇妃、皇后,致使她们把自己所有的才能和热情倾注到文学之中。同时,因为没有经受过严格的汉文、汉学的学习和训练,使她们能够随心所欲、自由自在地使用假名文字表达所思所想。从结果上看,平安时期的女性们在把贵族文学推向巅峰的同时,也促进了平假名文字的最后形成。可以说,平假名与女性文学的关系是相辅相成的。

另外,10世纪初的《三代实录》是继《日本书纪》以来由朝廷担纲编纂的最后一部正史,此后在11世纪中期相继面世的《荣华物语》和《大镜》虽然也以天皇为时代背景,但主要内容却是藤原道长的荣华史,而这标志着神权天皇制向贵族政治的转变。

随着庄园武士、地主阶级的兴起,反映地方民众生活的文化开始显露,甚至登上了文学的大雅之堂。在10世纪中期"将门之乱"发生之后,东国僧人用日本式汉文著述的《将门记》(940),描写了反乱的来龙去脉,开创了日本军记物语之先河。12世纪前期,日本最大的一部古代故事集《今昔物语集》(编者不详)面世,文中采用汉字和片假名混写的"宣命体",除佛教故事之外，其中的千余种故事有三分之一为世俗故事，生动地反映了日本古代社会地方领主、自耕农民等各阶层民众充满生活气息的故事。这是日本地方文化第一次通过语言文字展现在大庭广众面前，甚至引起了京城贵族对故事内容的关心。

自10世纪后期开始，平安贵族的宅邸建筑完全摆脱了唐式风格，流行"寝殿造"样式。所谓寝殿造，其正房是寝殿，由过廊与东西两侧的对屋、钓殿相连，庭院中建有池塘。建筑物内部为开放式，可根据需要用隔扇或围屏间隔。隔扇和围屏上描绘贵族们日常喜闻乐见的风物，笔法简洁素朴、色彩鲜艳。这种装饰画的题材和笔法与中国式的"唐绘"完全不同，被称为"大和绘"，而用这种画法在卷纸上绘制的情景故事被称为"绘卷物"（画卷）。在服装方面，"束带"取代了唐式风格，成为文武百官和贵族男子的正装；而繁杂、亮丽的"十二单"成为宫廷、贵族女性的礼服。

现存绘卷物的杰作是《信贵山缘起绘卷》（12世纪中期），故事内容以信浓出身的贫僧命连行善惩恶为主线展开，同时生动地反映了大名、普通百姓、贵族等社会各阶层人物、生活和生产场面。这种以民众社会为题材的画卷，反映了当时的社会文化正在由贵族时尚向新兴地主、平民阶层转变。这种转变在音乐、演艺方面亦表现明显，一方面，平安贵族将唐朝传来的管弦乐改良成符合贵族喜好的宫廷"雅乐"；另一方面，从11世纪开始，民谣"催马乐"，以及由艺伎歌舞表演的七五调"今样歌"广泛流行。此外，农村插秧仪式上的歌伴舞"田乐"开始在京都大为流行，甚至引起最上层的贵族们都在大街上大摇大摆地拿着田乐用的斗笠手舞足蹈。

## （九）从汉字到假名的形成

本来，日本列岛居民只有语言而没有文字，平安时代初期斋部广成在其编著的《古语拾遗》中称：盖闻上古之世未有文字，贵贱老少口口相传，前言往行存而不忘。日本人的文字生活是从汉字传入开始的。据记载，日本人在公元1世纪前后开始接触汉字，当时出现在日本的汉字是刻印在印玺等金石器物上的零星汉字，对日本人认识文字没有产生什么影响。据《古事记》《日本书纪》记载：应神天皇十五年（284）秋8月，百济王遣使阿直歧来到日本。阿直歧能熟读经典，受到天皇赏识，命皇太子菟道稚郎子向他学习。天皇问阿直歧："如胜汝博士亦有耶？"答曰："有王仁者，是秀也。"于是，翌年春王仁来到日本，开始为皇太子讲授诸经典。《古事记》还记载：王仁到日本时携《论语》10卷、《千字文》1卷等。从此中国汉字汉文、儒学经典开始系统性地在日本传播，而这也是日本宫廷教育即日本教育的开端。

自王仁献书之后，日本出现了很多关于儒学、佛教经典传入日本的记载。例如，《古语拾遗》记载，3世纪时来自秦、汉、百济的人数以万计，带来儒学典籍等贡物；继体天皇十年（516），五经博士高安茂等人赴日，带来《周易》《周礼》《礼仪》《孝经》《左氏春秋》等经典讲学，受到朝廷重视。到6世纪古坟时代后期，五经等均已传到日本。❶《日本书纪》称：阿直歧者，阿直歧史之祖也。王仁者，书首者之始祖也。相传阿直歧亦称阿知吉师（"吉师"为尊称，亦略称"歧"），也被称为"倭汉直"或"东汉直"（"直"为姓），世职为"史"，意为"书人"，故亦称"阿直史"，在朝廷中执掌文书、国史、地志等重要文职事务。与东汉直接对应的西文首（"首"为姓）则以王仁为祖先，初以近畿河内的古市郡为居住地，擅长文墨。这两个渡来人集团都以儒家学问和独特的知识、才能见长，对于大和朝廷的文书、外交事务，以及对于汉字汉学的使用和推广都起到重要作用。

不言而喻，汉字对于学习、吸收中国文化是不可替代的。然而，日语和汉语是两种完全不同性质的语言，通过汉字理解汉文相对比较容易，但是做到用汉字自由地表达思想感情却需要付出极大的努力。因此在古代社会，日本朝廷长期以来必须依靠渡来人承担文书、外交等文笔事务。604年日本的第一部宪法《十七条宪法》诞生，全文为古体汉文，应为在圣德太子主持下出自渡来人之手。在汉字汉文系统传入日本几个世纪之后，安万侣在编撰《古事记》时仍然深感语言受文字约束而不能自由表达，他在《古事记》的序言中写道，已因训述者，词不逮心；全以音连者，事趣更长。这说明了当时使用汉字书写日语的苦衷。安万侣采取的办法是以能够作为汉文读的"训书"为主，对于特别需要明确音读或训读的汉字以注的形式注明发音。这种注音的方

---

❶ 叶渭渠. 日本文化通史［M］. 北京：北京大学出版社，2009：50.

法与后来专门用来注音的"振假名"作用基本相同。

8世纪中叶,日本第一部和歌集《万叶集》问世,其中收录了大化改新前后至759年的和歌约4500首。《万叶集》在日本文字发展史上具有里程碑的特殊意义,全书虽然由汉字所成,但是与传统汉文不同的是,其中掺杂大量用于表音的汉字。例如,其中有一首持统天皇所作的和歌是这样写的:

春过而 夏来良之 白妙能 衣干有 天之香来山(原文)

春すぎて 夏来るらし白栲の 衣干しおり 天の香来山(现代日语译文)

(春天已过去,夏天正来临,碧空香来山之下,晾晒着洁白的衣裳)

其中,原文和现代日语译文里与平假名对应的汉字是用来表音的,而这种专用来表音的汉字被称为"万叶假名"。把表意文字的汉字用作表音来体现日语语法特点,是古代日本人经过长期努力的一大创举,而这样用途的汉字——"万叶假名"正是日本文字——假名产生的原初形态。然而,由于这样的"汉文"十分难以辨认和理解,于是在平安时代的天历年间(947—957),源顺等人在宫中为《万叶集》添注了平假名"古点",而标有这种假名的《万叶集》被称为"古点本",是现代《万叶集》的原本。

在"万叶假名"出现之后,为了解决文中用于表意的汉字和用于表音的汉字难以分辨的问题,出现了一种叫作"宣命体"的书写方法,即用小一些的汉字来表示助词和动词、助动词等的活用变化。"宣命体"的出现对于日语的文字记述具有重要意义,它一方面体现了日语的语法形态,另一方面为了小写方便而选择的一些形体简单的汉字在后来相对固定地用来表示一定的音节,从而又通过简化、省略而演变成独特的假名文字。

经过各种探索和实践,终于在平安时代中期的 10 世纪前后,日本假名文字摆脱了"万叶假名"汉字的束缚,脱颖而出。在现代日语中,假名共有 46 个,但是每个假名各有两种写法,一种叫"片假名",另一种叫"平假名",发音相同,形体各异,这与创造它们的群体背景有关。一般认为,片假名的"片"即不完整的意思,由汉字字体的一部分演变而来。起初片假名被称为"男手",原因在于日本古代汉字汉文的学习和传授都掌握在男性(尤其是僧侣)手中,他们在习得汉文经典时首先是音读汉字然后以训读解其意,需要在文本的字里行间进行标注。在适应"小写"需要(如"宣命体")的过程中,仅取汉字的一部分来表示的做法促使片假名的形成。因此,平假名当初只用于标音的功能,在现代日语中仍然得到了延续。平假名由汉字的手写体,即草书演变而来,从它最初也被称为"女手"来看,女性对于平假名的最后形成起到了至关重要的作用。平安贵族女性为了自由抒发情感而使严谨、庄重的汉字变得不拘一格、柔和舒展,促使假名文学达到巅峰。在这个过程中,平假名得到了完善和洗练,并走出了女性世界为社会所普遍认可和接受。

日本学者东野治之指出:"直至平安时代前期,日本几乎一直在接受中国文化。其中,能够真正称得上是创造的只有假名的发明。"❶ 在万叶和歌出现的推古朝时期，正值日本产生自我意识、开始确立国家根基的时期，从万叶假名的出现也可以窥视到日本人试图表现自我意识的苦闷与挣扎。到10世纪，日本不但完成了律令制国家体制的建设，而且日本人还通过假名的发明使自己从汉字的束缚下解脱出来，终于可以使用自己的语言文字，没有任何束缚地记录下自己的思考和文化了。日本人在这漫长的岁月里，经过艰苦卓绝的努力创造了假名。但是，在假名出现之后，日本人并没有放弃汉字，仍然称汉字为"真名"，而把自己发明的文字称为"假名"（即"借名"），体现了日本文化在拥有特殊性的同时仍然保留着普遍性的文化基调。

---

❶ 山本七平. 何为日本人［M］. 崔世广，等，译. 北京：国际文化出版公司，2010：31.

# 第三章　从历史看日本文化（二）

律令制时代结束之后，日本进入幕府制时代，其中包括中世的镰仓时代、室町时代和近世的江户时代，伴随着武士政权的产生和发展，日本进入了以幕府为主导、以地主阶级为主体的封建社会，这个时期由始至终体现了民众由下而上的自我意识的觉醒和大众文化的勃兴与发展，构成了日本传统文化的基本色调。幕府统治在商品货币经济的浸润下逐渐瓦解，最终在西方列强叩关的诱发下走向崩溃。

在风雨飘摇中诞生的明治政府将目光转向西方社会，选择了近代资本主义道路，通过一系列维新举措全面摄取西方制度文化，日本由此步入近代工业文明社会。

## 一、中世幕府制时代：政权转移与社会重组

### （一）武士政权的诞生

平清盛上位太政大臣之后，他并不想改变现存体制，而是选

择参与到权力体制之中。他认识到土地是政治力量的根本，承认庄园存在的合法性，同时极力夺取庄园，并将全国庄园的管理权据为己有。由此，律令制的核心——公地公民制彻底退出了历史舞台。与此同时，他让自己的女儿当上皇后，让自己的亲族、亲信占据朝廷高位、高官，引起社会恐慌。皇室和贵族对平氏一族的不可一世强烈不满，遂号召全国源氏起兵讨伐。于是，源赖朝、源义仲举兵响应，1183年将平氏赶出京城，又于1185年在如今的下关海峡令平氏全军覆没。

平氏政权是古代天皇制国家向幕府制转化时期的过渡性政权，如果说自推古朝以来的改革是自上而下的变革，那么，从平清盛开始，便开启了日本自下而上的无序时代。这个时代的转折点，是从1183年源赖朝（1147—1199）出任六十余州总追捕使开始的。追捕使本来是朝廷将警察权委托给民间而产生的"令外官"，相当于民间的自卫队团长，而非朝廷的正式官职。1185年讨伐平氏大功告成之际，源赖朝以防止叛乱为名，奏请朝廷获许在全国设置"守护"和"地头"，于是在追捕叛乱人员的名义下，无论是公领还是庄园，全国所有土地都被置于守护和地头的支配之下，还被课以相当于警备保护费的兵粮米。源赖朝将平氏侵占的庄园悉数返还给原来的主人，并设立"公文所"专门负责处理庄园返还事务，设立"问注所"负责处理所有权和地界纠纷，另外还设立了管理全国所有武士的"置侍所"。如此一来，源赖朝不仅控制了地方庄园的管辖权、民事裁决权，还掌握了包括兵权在内的一切权力，成为日本实质上的统治者。

1190年，源赖朝来到京城拜见天皇和法皇，被任命为权大纳言、右近卫大将，但他在第二个月就辞去了这些职务。但是，源赖朝在1192年接受了征夷大将军的任命，这个职衔表面上相当于前军总司令，实质上却是名正言顺的日本统治者。从这时开始，源赖朝将此前经营数年的地方政权"镰仓政厅"改称为"幕府"，日本历史上第一个武士政权正式诞生，至1333年镰仓幕府灭亡，近150年间被称为镰仓时代。

镰仓幕府是以将军为主君、以全国服从于将军的武士为家臣，在武士特有的"主从关系"基础上建立起来的庞大的统治体系。其中，直接隶属于将军的武士被称为"御家人"。武士根据功绩大小，作为"御恩"获得领地和保护，同时有义务效忠将军，在发生战事时须舍命"奉公"（效力）。这种基于"御恩"与"奉公"而结成的主从关系构成镰仓时代武士社会的统治基础。将军幕府在镰仓设置"侍所"（御家人的统率）、"公文所"（主管一般政务）和"问注所"（主管裁判）三个机构，侍所、公文所的长官被称为"别当"，问注所长官被称为"执事"。在地方各国设置"守护"掌握警察权，在各庄园和公领设置"地头"负责税收和行政管理，均由幕府下派到地方的御家人担当。

源赖朝创设幕府7年之后去世，幕府实权落入其妻子北条政子之父北条时政手中。北条氏联合部分御家人架空将军，在担任幕府政所首长别当时自称"执权"（即将军辅佐），替代将军掌政。1219年，北条义时派人暗杀了将军源实朝，镰仓幕府的源氏正统自此断绝。

另外，从源赖朝时期开始，镰仓幕府主要通过武士掌控土地实施统治，不但尊重朝廷的存在，还在形式上完全听命于天皇行事，而且幕府的治安管理也对公家、贵族、寺社的庄园起到间接的保护作用。这是公武并存的双重政权时期，然而，发生在承久三年（1221）的"承久之乱"改变了这种相安无事的状态。起因是后鸟羽上皇（1180—1239）的爱妃请求上皇发布院宣解除两个庄园的地头职务，而当时的执政北条义时认为这是朝廷在干涉幕府的人事权，遂拒不接受。于是双方产生激烈冲突，导致后鸟羽上皇发布院宣讨伐北条氏。北条义时对抗院宣，指挥关东地区17国武士举兵攻入京都，结果将上皇流放到隐岐（今岛根县），逼迫仲恭天皇（1221年在位70余天）退位，没收了上皇一侧贵族的庄园和西国武士的领地。从此，天皇不再拥有实权，表现为"君临而不统治"，令国家的实际权力彻底掌握在幕府手中。

随着武士阶级走上政治舞台，幕府于贞永元年（1232）制定了《御成败式目》（亦称《贞永式目》，以下简称《式目》），这是一部按照武家"道理"，将"武家习惯、民间法"成文化、体系化的武士法规。《式目》的"式"是"律令格式"的"式"，"目"是条目的"目"，即将武家的情理、社会常识法律化，成为一部与《大宝律令》等完全不同的民间法。《式目》共51条，第一条称：神因人敬而增威，人因神德而添运。这说明神人（武士）关系为相互利益关系，重视以同族氏神为中心的结合是"武家的习惯"。第二条提到"寺院、神社各异，但崇敬相同"；第三条及以后围绕守护、地头等御家人的身份、任务、权限、领地的继承、让与及其他处分等，对幕府的行政、民事、刑事、诉讼等做出了具体规定，核心目的是确立上下身份秩序，规范武士社会行为。

通过《式目》还可知，镰仓时代的武家社会采取分割继承制方式，即土地、财产自由继承或受让，不分嫡庶、不分男女，可以由一个子女继承，也可以分割给多个子女继承，还可以分割、转让给妻子，所谓"男女父母同恩"。这体现了农村社会男女平等的自然状态。子女依靠继承的土地继续组织开垦，之后再进行分割继承，如此反复，家族的领地不断扩大，家族不断发展。继承分立的家庭凝聚于一族之长"惣领"之下，这样的同族集团被称为"惣领制"。惣领继任幕府职位，奉仕于将军，在战事发生时则率领一族"郎党"冲锋陷阵。因此，镰仓时代社会相对稳定，农业得到迅速发展。

1274年与1281年，元朝军队两次攻打日本，但均以失败告终。但是，幕府无力承担为此付出的巨大财力，而家臣英勇奋战却得不到回报（没有作为战利品的土地等），反而因为无力返还战争所需的费用而丧失领地。这些矛盾引起御家人对幕府的不满，动摇了幕府统治的根基。同时，因为皇权复古派以及新兴武士的兴起，社会开始陷入泥沼。终于在1333年5月，由于东国强势御家人足利尊氏等的反叛，将镰仓幕府推上了断头台。

## （二）失序的室町时代

镰仓幕府灭亡之后，在公家（朝廷）和武家（武士）的共同拥护下，后醍醐天皇（1288—1339）于1334年在京都亲政，改元"建武"，谋求重建以天皇为中心的政治统治。建武政权是一个"公武合体"政权，后来由于公家和武家利益发生冲突，

## 第三章　从历史看日本文化（二）

导致掌握指挥和统制武士大权的足利尊氏举兵反叛，在京都拥立光明天皇（1336—1348年在位），而后醍醐天皇则逃至吉野地区建立了吉野朝廷，形成了吉野（南朝）与京都（北朝）对峙的"南北朝时代"（1336—1392）。在此后的半个多世纪里，由于朝廷分裂、足利尊氏（兄）与足利直义（弟）二人反目，致使各地大名无所适从，政治统治犹如一盘散沙。

足利尊氏从北朝政权获得"征夷大将军"称号，并以出身源氏为由标榜正统，在京都成立幕府。他给予守护以军事、警察权，并为他们争取到享受庄园地租一半（半济之法）的经济利益。于是，守护们利用手中权力广纳地头和新兴武士为家臣，管理自己的领地如同统治所辖之国，这样强势的守护被称为"守护大名"。"大名"源于平安末期的"名田制"，即把众多小名主统合到一起的人称"大名"。守护大名是由幕府任命并下派到地方的官吏，相当于从公司总部派下来的分部经理，所以他们与任地之间的地缘关系不深，导致后来被驱逐的现象频繁发生。

足利义满（1368—1394年在职）就任第三代将军之后，仿照宫廷风格在京都南部的室町修建壮观的居馆兼政厅"花御所"，从此时开始足利氏的幕府称室町幕府（1336—1573），而这个时代被称为室町时代。足利义满政治能力出众，他首先从上皇手中剥夺京都的行政、裁判权，又平息了守护大名之间的争斗；其次促成了南北朝统一，并想方设法加强将军的权威，甚至置天皇于不顾而称自己为"日本国王"；另外，他一改圣德太子以来视平等外交为国是的传统，在国书上署名"日本国王臣源道义"，称臣于中国明朝，并独占"勘合贸易"利益为己有。足利义满谋求王朝权威,在京都北山修建豪华别墅"金阁",效仿天皇、公卿沉溺于寻欢作乐,于1408年骤亡。

进入室町时代之后,日本社会发生巨大改变,亦可谓乱象丛生。主要有如下几方面表现。

一是货币流通日盛,高利贷行业兴起。早在律令时代的和同元年(708),日本已经开始铸造货币,被称为"和同开珎"。一条天皇也曾于987年下令促进钱币流通,但均以失败告终。此后到平清盛时期,他力排众议于1164年决定输入中国宋朝钱币,并且立即使其在社会上流通,日本由此进入货币经济时代。至1637年为止的约470年期间,日本社会上流通的货币之所以被称为"渡来钱",是因为都是由宋朝和明朝输入的钱币。

二是社会分化,幕府统治根基动摇。货币经济的发展带动了手工业、商业活动,并出现了农民脱离土地流向城市的现象。另外,随着"无尽"(集资放贷行业)、"土仓"(典当行业)等金融业兴起,使富者更富、贫者越贫,有钱可以换来土地,无钱会丧失土地。在御家人当中,有的因放贷而致富,有的则需要借贷维持生活,有的甚至失去了领地。在得不到"御恩"庇护的情况下,武士的"奉公"意识亦不复存在,于是基于血缘关系的"惣领制"、基于主从关系的武士集团开始松懈,甚至瓦解。这动摇了幕府统治的根基。为了遏制货币经济对幕府统治的蚕食,镰仓幕府后期曾经多次发布禁令制止货币在一定范围内流通,但是未能奏效。

三是地域社会出现了自发性的自治联合体。随着社会分化的加剧和幕府统治力的衰竭,进入15世纪之后,"国人"(地方小领主）、农民为了维护自身利益，开始自发地联合起来组成"一揆"。一揆是"团结一致、一味同心"的意思，一般是通过签约画押、在神前宣誓等形式结成这样的利益共同体。一揆的形式多种多样，有由同族结成的"一族一揆"、由农民结成的"土一揆"、由小领主结成的"国人一揆"等，其共同特点是跨越各村、地域的同业群体，是内部平等的横向联合，这一点与领主统治的纵向主从关系完全不同。他们以一揆组织为依托联合起来面向领主、守护、地头提出诉求，主张共同权益，有时甚至付诸武力抗争。同时，大众化的宗教势力活跃，通过念佛既可以达到极乐净土的净土真宗（一向宗），在室町时代以其简单易行的特点而被广大民众所接受。随着城市化的迅速兴起，越来越多的人离开农村而变成无根之草，他们以宗教信仰为精神依托形成"一向一揆"共同体，拥有广泛的民众基础和强大的社会影响力。

这种由下而上喷薄而出的民众一揆势力给幕府统治造成巨大威胁，致使社会秩序陷入紊乱。如果一揆的领导者们掌握了一国或多个领国的土地、货币和武装力量，便很容易建成实质上的独立国。1485年，山城国（京都府）发生一场武装起义，驻乡武士与农民联合驱逐了守护大名，在山城南部的广阔地域实施自治长达8年之久。另外，在一向宗势力强大的北陆、近畿等地区，"一向一揆"武装暴动频发，1488年在加贺国（石川县）发生的一向一揆推翻了守护大名，并统治加贺长达近百年时间。

总之，社会的剧烈变化导致幕府统治所依赖的主从关系瓦解，社会进入失序状态。这种状态加剧了守护大名之间的权势之争，并激化了足利氏一门内部本来就存在的矛盾，终于在第八代将军足利义政执政的应仁元年（1467）引发了"应仁之乱"，结果开启了群雄割据的"战国时代"。这个时代持续了百年，直至1568年为止。其特点是，幕府统治彻底崩溃，原本为辅佐守护大名的守护代、各地大名纷纷依靠武力割据一方，战争频发。这是一个用武力说话的乱世，他们今天与甲联合打乙，明天和丙一起打甲，为了扩大势力而不惜采取一切阴谋手段，但是自己又不知何时被谁用什么样的手段打垮，正可谓是"男は閾を跨げば七人の敵がある"，即男人一出门就会遇到很多敌人，武士刀不离手。在如此相互依附又相互兼并的过程中，弱小大名逐渐被强者吞并，强者因而更强，每个称霸一方的"战国大名"都有可能成为掌控日本的"天下人"。

在日本历史上，战国时代也被称为"下克上"的时代。在这期间，幕府将军能够统治的区域只剩下以京都为中心的一小块地方，而天皇、贵族和神社、寺院的领地也被强占。战国大名的最大愿望是率领其他大名进入京都，成为全国的统治者。于是，原本为尾张（今爱知县）出身的小战国大名织田信长（1534—1582），因于1560年打败骏河（今静冈县）的今川义元而崭露头角，又于1568年因援助将军足利义昭入京，并于1573年又将义昭驱逐出京都，由此终结了战国时代群龙无首的割据状态，同时也结束了存续200余年的室町幕府时代。

## （三）产业与文化的发展

"镰仓幕府虽掌握了土地，却不善于管理货币，并因此而倒台。而之后的室町幕府，虽然掌握了货币，却几乎无法支配其领国。"❶ 农业和货币体现了中世幕府时期的基本特征。尤其是在镰仓时代，社会基本稳定，土地耕种面积明显扩大，灌溉设施等农田基本建设以及农业生产工具得到了很大提高，是一个农业得到迅速发展的"小康社会"时期。到了室町时代，小农自营化和大土地领有化均得到发展。自主经营度的扩大致使植物种植种类多样化，并且开始显现农作物的地方特色，尤其是伴随着牛马耕作、农用水车的普及，出现了两季甚至三季作物，农业生产率得到了明显提高。白苏、芝麻等油料作物，茶叶、漆、桑、棉以及作为染料的蓝靛等经济作物得到广泛栽培，为手工业生产提供了原材料。14—15世纪，日本已经做到了棉麻、丝绸等衣料的生产加工，也出现了豆腐、酱油、酱等加工食品，同时开始食用砂糖、食油。

货币经济从镰仓时代开始萌发，促进了商品生产和商品流通。神社、寺院门前或交通要道出现了临时市场，并出现了一手负责运输、保管、贩卖、旅馆为一体的"问丸"，还出现了金融业雏形的"无尽"以及典当业雏形的"土仓"。到13世纪，京都已经不再是单纯的政治都市，而幕府所在地的镰仓更是商贾云集，人口达到约20万，市内有7条街道被指定为商业区。从室町时代开始，手工业生产已经不再是农闲时的兼职，手工业者和商人已经开始从农业脱离出来，日趋职业化、专业化。尤其是在战国大名的城下町，町人（工商业者）集居、市场繁荣，加之

---

❶ 山本七平：何为日本人[M]. 崔世广，等，译. 北京：国际文化出版公司，2010：198.

由海外贸易促成的港湾地区，形成了越来越多的城市雏形。

随着商品经济的发展和市场需求，室町时代在铁、铜、银、金等采矿、冶炼和金属手工业制造方面有了长足发展，各种农具、手工业工具、武器、生活用品等锻造物、铸造物供不应求。同时，京都的高级绢织品"西阵"，备中等地的楮纸、雁皮纸，尾张濑户的陶器，大和奈良等地的美酒等各地独具特色的名品辈出，享誉全国。

早在平清盛当政时期，日本就着眼于贸易利益而开始完善濑户内海的航道，修整神户港，为开展中（宋朝）日民间贸易提供方便。到了13世纪，日本每年有40~50艘商船往返于中国浙江，向中国出口砂金、硫黄、珍珠、木材、刀剑、扇子等，相反，从中国进口铜钱、香料、绫罗绸缎、书籍、陶器、茶叶、药种等。在日本的出口商品中，日本刀尤其受到欢迎。北宋诗人欧阳修曾特意作《日本刀歌》，赞美日本刀为"切玉"名刀。日本的"大和绘"也作为商品出口到中国，并且以高价出售。《皇朝类苑》编者（宋代江少虞）看到相国寺出售的日本扇，评价扇面上的山水画称：意思深远，笔势精妙，恐中国名画家所不及。并感叹因其价高而无力购买。

元军来袭之后，中日之间的贸易往来曾经一度中断，然而足利尊氏为筹集创建天龙寺的费用，官许与元政府开展贸易，向中国派遣"天龙寺船"。足利义满时期，幕府以取缔海盗为条件主动与明政府开展官方"勘合贸易"，一时间幕府、朝廷、寺院、神社和守护大名等纷纷参与勘合船的制造，但实际贸易则由京都、博多、堺等地的商人负责运营。与明政府的贸易增加了幕府的财政收入,富裕了商贾。在日本进口的商品中,尤其是钱币对于日本货币经济和商品经济的发展起到了至关重要的作用。自平清盛于1164年决定进口宋钱至1637年为止的470余年间,日本社会流通的货币都是由宋政府和明政府进口的"渡来钱"。

日本与宋、元、明政府之间的贸易交往同时也促进了日本新产业的诞生。例如,在陶器制作方面,尾张的加藤藤四郎曾在宋代随同僧人道元入中国学习,归国后在濑户烧制陶器,其子孙名匠辈出,故日本陶器被称为"濑户物"。又如,日本临济宗之祖荣西(1141—1215)于1168年、1187年两次入中国,将茶种带回日本栽培,并著《吃茶养生记》,推广茶叶种植产业和饮茶文化。

在思想、文化方面,伴随着政权变更与社会动荡,中世的思想文化出现多元态势。在著述方面,表现为没落的朝廷贵族文化与新兴的武家文化的相互交织。例如,鸭长明以佛教无常观为基调的随笔《方丈记》(1212)、记述镰仓幕府事迹的武家历史书《吾妻镜》(镰仓后期)、藤原定家等接受后鸟羽上皇院宣选编的《新古今和歌集》(1205)、《日本书纪》的注释书《释日本纪》(约为13世纪后期)、《万叶集注释》(1269)等都是镰仓时代的代表性作品。另外,描写平氏从全盛走向没落的《平家物语》(原本出现于1219—1243年)是日本"军记物"的巅峰之作,据说是由贵族出身的信浓前司行长撰写,由被称为"生佛"的盲琵琶法师说唱而成,作品中有贵族、武士、平民等各阶层人物出场,生动地表现了民众社会的生活万象,广受当时社会各阶层欢迎。在室町时代的代表性作品中,有以南北朝内乱为主题的军事物语《太平记》（约为1379年），以及吉田兼好表现当时社会现实的随笔《徒然草》（约为1331年）等。

另外，以第三代将军足利义满建有"金阁"的北山表现出的武家、公家与禅文化相融合的"北山文化"，以第八代将军足利义政建有"银阁"的东山表现出的建筑、庭院样式以及深受禅宗影响的"东山文化"生活样式，这些都在某种程度上反映了武士阶层对贵族生活的向往，以及对学问的追求。从镰仓时代开始，禅宗得到武士阶级的青睐，在室町时代尤其受到重视，足利尊氏甚至效仿中国（宋代时期）创建了禅宗的金字塔组织"五山十刹"，极尽保护。五山僧侣们不仅是宗教家，还是精通中国文化、技术的知识人，他们把朱子学介绍到日本，活跃在汉诗文、水墨画、枯山水庭园和建筑以及其他艺术领域。他们的文章称为"五山文学"，而在他们的影响下日本涌现出雪舟、雪村、狩野正信等一批中式水墨画画家。另外，禅僧们与幕府紧密结合到一起，利用留学获得的语言能力和知识为幕府担当外交文书制作、贸易实务，甚至有时还扮演官僚、贸易商人和金融业者的角色。

从中世幕府时期开始，地方大名、领主之间渐兴重视学问及教育之风。武将北条实时（1224—1276）曾在武藏国金泽（现横滨市）的称名寺建立"金泽文库"，广泛收集、保存和汉书籍，提供给好学武士、僧侣研学。著名的武家高等教育设施"足利学校"最初出现于栃木县的足利，后来在战国大名的保护下发展成为儒学、佛学的全国学问研究中心。1364年开始，日本兴起印刷、出版业，《论语集解》《论语》《医书大全》等典籍相继面世，满足了社会对学问、知识追求的需要。受此影响，地方武士、城镇町人等富裕阶层也开始重视教育，纷纷把子女送到寺院等教育设施学习文字、社会常识、道德伦理等各种知识。

室町时代末期，日本出现"书院造"和式住宅建筑，这是在平安贵族"寝殿造"的基础上与禅宗寺院建筑相结合的建筑样式，并设计出与其相匹配的庭园景观。书院造住宅里面有玄关、壁龛、多宝格厨架，室内下铺榻榻米，上有天花板，房间由隔扇、拉门间隔。这样的住宅建筑在当时还属于上层武士阶层，远非普通民众之所及，但是作为日本民间的传统建筑样式被延续至今，尤其是其室内的结构特色还促进了壁龛挂轴（字画）和插花艺术的发展。另外，在茶叶推广和禅宗的影响下，武士之间出现了斗茶游戏，并渐成饮茶礼法、茶室，追求简素寂静境界的"侘茶"经商人出身的千利休（1522—1591）促成了日本茶道特色的形成。

在农民出身的武士阶级的影响下，中世的民间文化如同地下水般喷涌而出。其中具有代表性的是"猿乐能"。它源于11世纪农村出现的"田乐"、杂耍、曲艺等相结合的"猿乐"，后来发展为"能乐"，其特点是无论在乡下还是剧场演出，都能够始终反映当地情况，保持民众性。在"能乐"场间演出的"狂言"也从猿乐中独立出来，使用日常生活语言演出的这种道白剧，幽默地表现当时民众对武士和领主的不满，反映领主阶层的愚昧以及各种社会矛盾，为民众所喜闻乐见。另外，"连歌"作为民众文艺的一种形式也开始从和歌中独立出来，数人或十数人围坐在一起，你一句我一句地一直把和歌接连吟诵下去，形成一种集体性的文艺创作,深受武士和民众喜爱。室町时代广受民众喜爱的还有反映当代思想和世态的短篇故事小说《御伽草子》,以及洋溢着淳朴、乐观人性风格的民间歌谣集《闲吟集》(1518),都体现了民众自我意识的觉醒以及平民大众的精神生活状态。

## 二、近世幕府制时代:大众文化的纯熟期

### (一) 丰臣秀吉一统天下

最后结束战国争乱,将室町幕府推向灭亡的决定性因素是火枪的出现。1543年葡萄牙人乘坐的船只漂流至日本南部的种子岛,他们携带的火枪"铁炮"立即引起战国大名的兴趣。他们买下火枪,并且收缴寺院的梵钟进行改铸,组建大规模常规军作战,推进了战争进程。据说织田信长擅长使用火枪战法,在1575年的长篠中之战中战胜无敌的武田氏骑马队,并于第二年建筑雄伟坚固的安土城,以此为据点开始了统一天下的进程。日本进入安土桃山时代(1573—1598)后,全国性战乱状况趋于缓和。

在这期间,织田信长烧毁延历寺,镇压各地民间的"一向一揆",平定了近畿及周边地区。之后,在征讨"中国"地区的毛利氏时,他遭遇家臣明智光秀的反叛而死于京都的本能寺,史称"本能寺之变"。织田信长的武将丰臣秀吉(1537—1598)听闻本能寺之变后立即讨伐明智光秀,并且继承织田信长的统一大

业，于1583年筑大阪城并以此为据点，先后征服了"中国"、四国、九州等地的大名，又于1590年平定了东北地区。他在继本能寺之变后，仅用8年时间便完成了平定全国的大业。

在这期间，丰臣秀吉利用天皇建立自己的权威，于1585年就任内大臣、关白，次年又兼任太政大臣，并获赐姓"丰臣"。1591年，丰臣秀吉把关白及丰臣政权家督之位让与养子丰臣秀次，自称"太阁"。早在1582年，丰臣秀吉为了整理以前复杂的土地拥有权，更新土地制度，开始在日本全国推行农地测量及收获量调查，即著名的"太阁检地"（因为丰臣秀吉自身喜好使用"太阁"称号，所以把1591年之前的检地亦称为"太阁检地"）。通过太阁检地，根据土壤的优劣，把耕地分为上、中、下、下下4个等级，确定各级耕地的收获量作为地租征收的基准。丰臣秀吉命令全国大名根据国郡的基准制作石高账本（一国御前帐），一律按收获量的三分之二现物征收地租。在太阁检地实施之后，名田和庄园制度被完全消除，而检地确定的各地石高为此后江户时代幕藩体制建立的石高制打下了基础。

不仅如此，丰臣秀吉还继承织田信长的政策，为防止民众随时可能联合起来发动"一揆"，于1588年颁布《刀狩令》，没收民间手中的刀剑、弓矢、火枪等所有武器。与此同时，为了掌握人口基本信息，丰臣氏政权于1592年发布《人扫令》，要求全国各地对领内每村的户数、人口、男女、年龄、职业等进行调查并统一上报。《人扫令》的实施，为丰臣氏政权以后在全国范围内实施"兵农分离"政策提供了基础。

所谓"兵农分离"，兵指武士，农指农民，而这两者在战国时期并未被截然区分。武士本来就是一块土地的"名田之主",本质上是属于把生命系于土地之上的"一所悬命"的农民。他们被动员起来参加战争,本身也是一种保护自己的行为。一些人在战争中脱颖而出,变成了村、郡政权的统治者甚至领主的家臣、大名,但是大量的中低层武士则是半农半兵,与富农、中农无异。在领主发出战争动员令之后,不但武士首当其冲,就连多数农民也必须变成低级武士(足轻)抬枪上阵。土佐大名长宗我部氏曾经在领内采取"一领具足"制,即除领主亲卫之外,主要军事力量来自半农半兵的在乡武士,而很多在乡武士只要拿得出一副铠甲(具足),就能在战争中成为中坚将领。萨摩大名岛津氏采取的政策是,将拥有一町以上土地的富裕农民称为"有足(具足)众",是经常兵役的对象,而那些"无足众"在爆发大规模战斗时也必须上阵参战。这种农兵不分的状态不但不能保证兵源质量,而且对农业生产影响巨大。因此,为了减轻对农业生产的影响,战国时代前期的大名甚至形成一种"秋收季节互不开战"的默契,绝大多数战争都选择在农闲期间进行。

后来,随着火枪的大量使用,各地大名开始组建常备军,进行职业化训练,因此战争烈度骤然增加。织田信长入住安土城以后,要求武士离开封地统一居住到安土城下町中,武士开始脱离土地和农业生产,走上专业化道路。在此基础上,丰臣秀吉于1591年正式发布区分武士和百姓的相关条例,彻底实行兵农分离,一方面令武士全部集中到大名的城下町,另一方面把农民牢固地束缚在土地上,专心为领主耕种、提供劳役,即通过兵农分离政策区别武士与农民身份，禁止相互之间转职，并主张各自安分守己，按照自己的身份生活。

实行兵农分离政策的前提，是各地大名有能力独立经营和一元化统治所辖领地。他们把居城建在交通便利、易于防御的地带，把家臣和工商业者集聚到城下建成城下町，对其属下将领拥有转移封地的绝对权威，从而才能够将足够多的武士与他们世代居住的土地剥离开来，令其成为城下町的消费群体。然而，大批在乡武士并不甘心以耕种为生，他们以其世代跟随君主建立的功勋为名，强要挤进武士阶层。于是，武士的数量多，他们却又无仗可打。这导致很多统一政权下的大名藩主既没有更多的俸禄可给也没有新的领地可分，为此捉襟见肘，濒临破产。最终的解决办法是，他们给予相当多的在乡武士以武士名分，却又要求他们继续回乡耕种，从而武士就形成了常备兵和预备兵两个阶层。因此，彻底的"兵农分离"，只是在织田·丰臣政权直接统治下的领地里才真正得到了实行。

另外，在对外政策方面，丰臣秀吉于 1593 年将作为虾夷之地的北海道纳入日本的统治之下，并图谋称霸亚洲。他曾于 1592 年、1597 年两次攻打朝鲜，皆以失败而告终。1598 年丰臣秀吉去世之后，他的近臣发生分裂。其中，雄踞关东 5 国的大名德川家康（1542—1616）趁机削弱丰臣氏势力，成为实力最强者，并通过 1600 年的"关原之战"扫平一切敌对势力，于 1603 年成为征夷大将军。由此，德川家康在江户（今东京）设立幕府。历史上被称为德川幕府、江户幕府，即江户时代（1603—1867）由此开始。

## （二）分而治之的幕藩体制

德川幕府实行"幕藩"体制，即政治统治由幕府和藩国双重结构构成。这种体制由江户儒家学者效仿中国古代的分封制而命名。幕府作为中央政权，在德川家康时代由直系家臣"家老""年寄"辅佐，将军独揽大权。第三代将军德川家光（1623—1651年在职）时期体制被逐渐完善：将军之下设大老（1人）、老中（4人）、若年寄（4人）负责政务运行，其下设置寺社奉行、江户町奉行、勘定奉行三职，均由谱代大名和旗本担任。

幕府将军将直辖领地以外的领地分封给大小不等的大名，即拥有1万石以上领地者。拥有3千石以上而不足1万石者被称为"交代寄合"，领地称为"知行所"。由大名领有土地和人民的小国即为"藩"。幕府视藩的大小与亲疏关系，将大名分为亲藩（德川家康以后的德川氏子弟任大名者）、谱代（自关原之战以前开始一直是德川氏属下的大名）、外样（关原之战之后归顺德川氏的大名）三类。藩政机构设置亦如同幕府的缩小版，各要职亦由各自的门阀、家臣占据，如同一个"小幕府"。各藩拥有相对独立的自治权，可以制定和推行藩内各项法规、政策。藩的数量在17世纪末为240个，1813年为252个，到1869年藩主改为藩知事时达到了284个。

幕府对领地拥有分配、予夺大权，经常以各种口实没收大名领地，进行重新分配或据为幕府的直辖地（天领）。幕府与大名之间为主从关系，各藩大名必须效忠将军。为了有效控制诸藩，削弱大名的军事实力,幕府于 1615 年发布《一国一城令》和管制大名的基本法《武家诸法度》,对各藩大名的城池修建、相互联姻等严加限制。另外,从德川家光时期开始,幕府实行"参勤交代"制度,即规定各藩大名(包括"交代寄合")定期到江户参谒将军。除关东地区的谱代大名每半年参谒一次外,其他藩主均须一年在本藩,一年在江户交替居住,而在大名回本藩期间,须将其家眷留在江户作为永久人质。幕府规定各藩参加参勤交代的人数,并要求队列保持战时行军队形,通称"大名行列",可谓浩浩荡荡、耀武扬威。这种制度不仅迫使各藩不得不为庞大的参谒队伍承担往返费用,还要支付家眷与家臣在江户期间的各种生活费用。另外,幕府还通过把修护江户城及其他大量土木工程分摊给大名等做法,有效地达到了削弱各藩财力、物力的目的,使其无力产生谋反幕府的动机。

幕府是名副其实的最高统治者,不但号令诸大名,还君临于天皇、寺社及其他一切领主之上。幕府专门颁发《禁中并公家众诸法度》,规定"天子当以艺能、学问为第一事",将天皇与政治完全剥离,并设置京都所司代予以监视。同时,削弱天皇的经济基础,限定皇室土地仅为 1 万石。由此,曾经作为最大氏族脱颖而出的天皇家族在江户时代完全丧失了政治、经济地位。与此同时,幕府还采取措施削弱寺院势力,针对当时具有领主性质的佛教各派寺院进行统一管制。

德川将军家族相当于日本诸大名中最大的领主,到 17 世纪末期,将军家的天领直辖地已达到全国土地总量 2800 万石的四分之一(当时最大的大名前田家为 102 万石)。除拥有大量而富饶的直辖地之外，幕府还直接拥有江户、大阪、京都、长崎、堺等重要工商业城市，以及全国的主要矿山、军事要地，垄断货币的铸造与流通。另外，幕府还将京都、长崎等地的豪商作为御用商人或顾问，大力开展商业贸易，从中获得巨大利益。在强大的物质和经济基础支持下，幕府拥有强大无比的军事力量。17世纪末期，包括旗本、御家人等幕臣以及他们所承担的军役人在内，幕府直属的总兵力在8万人以上，其军事力量可以轻松地压制三四十家大名的联合军。

## （三）士农工商身份制

德川幕府在对大名、武士、皇室、寺院进行强制性统治的同时，进一步强化了丰臣秀吉基于检地和刀狩令采取的身份制度，强制性地将社会按阶层、职业划分为武士（士）、百姓（农）和町人（工、商）等不同身份，即为"士农工商"，而且在此四民之下还有贱民身份的"秽多"和"非人"存在。在严格的身份制度下，身份具有世袭性质，不允许相互之间转换，不允许通婚，住所、职业、衣着均受到限制。不同身份有不同的道德、行为规范约束，而同一身份内部也由不同门第、年龄等构成严格的等级关系。这种尊卑有别、上下有序的身份等级制度浸透于社会的各个领域，对日本人社会意识的形成产生深远影响。

在江户时代的总人口中，各类身份的人口比例大约为：武士7%，百姓即农民阶层85%，町人5%，其他3%属于皇室、僧侣、贱民等。武士是"士",有贵族身份,居于四民之首,属于统治阶级。武士阶层上从将军开始,下到各藩的"足轻"(步卒)、小者(仆从)存在20多个级别。无论有无领地,武士都完全脱离原本安身立命的土地和农业生产,集中居住在江户或各藩的城下町,依靠恩赐的领地和俸禄生活,是纯粹的消费阶层。武士享有称姓(苗字)、佩刀等特权,即使是足轻也可以斩杀对自己无礼的平民。

在直接隶属于幕府将军家的家臣中,待遇不满1万石但有谒见资格以上者为"旗本",无谒见资格以下者为"御家人",都属于将军的幕臣。在17世纪末期,旗本和御家人的人数分别约为5000人和1.7万人。旗本原本是拥有恩赐领地"知行所"的小领主,后来幕府和藩厅为了对农民实施直接统治,知行所被逐渐取消,于是旗本与御家人一样都被编制为家臣团,依靠以禄米支付的俸禄生活。旗本、御家人的俸禄为世袭,因此亦称为家禄、世禄。

德川幕府以农业为立国之本,重农抑商,因此农民的身份仅次于武士。农民又分为"本百姓"和"水吞百姓",前者是持有土地且负有交付地租责任的农民,后者是没有土地、以耕作本百姓土地为生的农民。农民被严格束缚在领主的土地上,不允许迁移和从事工商业。按照检地帐规定的地产(按地定产),在幕府直辖地(天领)要将其50%(五公五民)作为地租上缴,而各藩的地租上缴比例往往更高。农民缴纳的地租是幕府和各藩的经济基础和主要财源,是领主、武士的生活保障,所以幕府与各藩对农村的统治十分彻底。幕府于1649年颁布法令《庆安御触

· 115 ·

书》，对农民的生产、生活实行严格、细致的约束，甚至具体指导农民"要早起割草，白天在田间耕作，晚上搓绳编袋"，"不要买酒、喝茶"，等等。

町人即商人和职人（工），也与武士一样被强制居住在城下町，因此他们被称统称为"町人"。町人的主要作用是为领主的城郭建设等提供技术和夫役服务，为武士阶层经办地租米、特产物质和非自给性物品，提供消费性服务。在城下町，武士与町人虽然身份地位不同，但却是相互依存的供需关系。各藩为了增强自己的财政收入和满足武士的生活需求，不但不贱视町人，反而给予各种优惠政策，甚至吸收拥有实力的商人作为"御用商人"参与藩财政的管理、建设。

所谓"秽多""非人"等贱民，在古代天皇制时期就一直存在，但是贱民制却是从丰臣秀吉时期开始出现的。贱民被强制居住在街村边缘地带或野外，主要从事皮革加工、罪犯引渡与执刑、埋葬尸体、低级娱乐等行业。其身份是固定的，其子子孙孙也都是贱民。

与身份等级制度同等重要，并构成幕藩体制支柱的是武士阶层的家父长制和实行长子单独继承家长地位及财产的"家督相续制"。武士按照家世世袭主君的俸禄生活。俸禄是家父长权力的基础，因此无论是在法律上还是在道德上，父、夫都是武士家族的"主人"，具有绝对权威。从《庆安御触书》法令颁布开始，这种源于武士的家族制观念对农民、町人阶层也产生了一定影响，只不过家长专权不如武士严重。

## （四）锁国与民众暴动

1543年，葡萄牙人携带火枪首先抵达日本之后，荷兰人、西班牙人等接踵而来，与日本展开交流和贸易活动。因为这些人从南方海路而来，当时的日本人将其称为"南蛮人"，又见其长相怪异，亦称其为"红毛碧眼"，后来把他们带来的文化、技术称为"南蛮文化"。除火枪之外，南蛮人还把天主教带到日本进行传播（最初为1549年），各地大名为了贸易利益，准许商船来港，准许其修建教堂、教会学校、医院等。初始，织田信长为了贸易利益及对抗佛教势力，对天主教采取保护方针，致使其迅速传播。至17世纪初，日本的天主教众已经多达约37万人。

德川幕府初期十分重视海外贸易，甚至为外国人建商馆、赐予领地、聘用其为外交顾问，为大名、商人发放贸易许可证——"朱印状"，开展"朱印船"贸易。从1604年至全面禁止日本船海外渡航的1635年为止，日本往返东南亚各国的朱印船多达355余艘，幕府因此获得了巨大的贸易利益。然而，天主教的迅速发展令幕府深感不安，于是从1613年发出禁教令，驱逐传教士、焚毁天主教堂、迫害天主教徒，同时禁止外国船只到大名领地，即断绝了传教士的来路也断绝了大名获得贸易利益的途径。这对于幕府来说，可谓起到了一石二鸟的作用。1637年，天主教徒因反对新领主的压制，在长崎的岛原、熊本的天草发起了一场大规模的"岛原·天草"暴动，导致幕府派出12万大军与其3.7万信众对抗，时间长达4个月之久。这次暴动震惊朝野，导致幕府下决心彻底实施禁教政策。自 1639 年开始，幕府禁止葡萄牙商船来航，除荷兰、中国船只可以进入长崎外，断绝与外国之间的一切往来，天主教以及西方科学的书籍也被列为禁书，从此日本进入闭关锁国时期。

伴随着西方文化的传入和商品货币经济的进一步发展，日本城乡差别和贫富差别不断扩大，如本居宣长（1730—1801）在《秘本玉栉笥》中称：其时，"贫人为富人增贫，富人由贫人添富"❶。加之农业歉收、饥荒与瘟疫交织，物价与地租连年俱增，致使广大农民陷入贫困破产的深渊。为政者没有能力从根本上解决这些政治和社会问题，导致全国各地频繁发生农民反对幕藩体制的暴动。据统计，从 1603 年的岛原之乱开始，江户时代发生的农民起义次数与年俱增，达 3000 余次，其中尤以 18—19 世纪为最盛。

江户时代多发大水、冷害、干旱等自然灾害，每次灾害都引发饥荒。其中 1732 年的天享大饥荒、1782—1786 年的天明大饥荒和 1833—1840 年的天保大饥荒是最为严重的三大饥荒，导致民不聊生，农民卖妻弑子，全国饿死者多达 10 余万人。在农村无法生存下去的农民纷纷离开土地涌入城市，引起城市物价暴涨，社会矛盾激化。从 18 世纪前期开始，城市出现以"打砸抢"富商为特色的贫民暴动，后来参加人数越来越多、发生次数越来越频繁。1781 年发生在大阪、江户等地的"天明打砸抢"暴动迟日旷久，令幕府束手无策。最为严重的一次是发生在 1837 年

---

❶ 叶渭渠. 日本文化通史［M］. 北京：北京大学出版社，2009：296.

的"大盐之乱"。当时作为阳明学者和大阪町奉行所官吏的大盐平八郎，率领门徒和贫民在大阪揭竿而起，导致各地民众纷纷高举"大盐救民"大旗响应，掀起起义、暴动的高潮。其规模之大创历史新高，撼动了幕藩体制的根基。

面对种种内外冲击和社会矛盾，幕府从18世纪开始先后推行了三次较大的改革：由德川吉宗主持的"享保改革"（1717—1719），由老中松平定信实施的"宽政改革"（1789—1793），由首席老中水野忠邦主持开展的"天保改革"（1830—1844）。但是，这些努力并没有从根本上改变幕府风雨飘摇的状况，反倒是由于幕藩财政的日益恶化、农民起义和城市暴动的频发和身份等级制度的崩溃，以及社会平等意识的增强等原因，加速了德川幕府的灭亡。

### （五）产业与社会发展

在江户时代的幕藩体制下，幕府不但采取农兵分离政策，同时也迫使农商分离，农民被束缚在土地之上务农，心无旁骛。同时，幕藩为了获取更多的地租，注重开垦土地、填海造田，全国耕地面积从丰臣秀吉时期的150万公顷左右，到17世纪末增加了近一倍，而且鼓励修建水利设施、改良农具、推广先进农业技术、增加农业作物品种，油料作物、棉花种植和桑蚕养殖也得到了迅速发展。

随着农业发展，原本作为农民家庭副业的零散手工业开始增多，其中问屋（批发商）制手工业迅速兴起，通过向农民预付资金收购原料等方法促进了商品生产。由此发展壮大起来的行业逐渐形成地方特色。例如，伊丹（今大阪府）和滩（今兵库县）的造酒业、京都的西阵锦缎、桐生（今群马县）的丝织品、尾张（今爱知县）的棉织品等特色产业层出不穷。同时，战国大名对火枪火药的需求促进了西方采矿、冶炼、铸造等先进技术传入日本。之后到了江户幕府末期，日本又通过兰学获得了实用性科学知识和技术。在此基础上，由江户时代开始，日本从西方引进技术人才和成套机械设备，修建了很多钢铁厂、蒸汽船厂、机械纺织厂、玻璃器皿厂等近代机械化工厂，从此日本由传统手工业生产时代步入机械工业生产时代。

一方面，各藩注重城下町的发展建设，为满足武士阶层越来越高的消费需求，鼓励和保护町人的手工业品生产和农产品流通。另一方面，本来依靠贡米和物物交换生活的武士们为了购买更为丰富的生活用品，必须把手中剩余的俸米换成货币消费。这又促进了货币经济的进一步发展。江户时代城下町等城镇发展迅速，其中江户、大阪、京都三地作为政治、经济、文化中心尤其盛况空前。18世纪，江户的人口数量已经超过100万人，其中包括"参勤交代"的武士在内，人口的半数以上为武士及其家属、奉公人。城内的大名宅邸、旗本宅邸鳞次栉比，江户成为当时日本最大的消费城市。大阪当时大约拥有人口35万人，是号称"天下厨房"的全国商品流通集散地。无论是幕府还是各藩大名，都不得不起用或利用町人在大阪设立的、被称为"藏屋敷"的仓库兼营业机构，用来保管、出纳、贩卖地租米及其他本藩的特产物品。商品经济把大阪变成了全国性大市场，将本来在政治上分立的300藩邦联系到一起。京都是朝廷所在地，神社、寺院密集，当时人口在40万人左右，以传统手工业闻名。此外，全国各地的城下町也都发展成为藩内的商品流通中心，其中名古屋、金泽等地的城镇人口也都超过了5万人。

在城市、商业、货币经济发展过程中，町人们利用自己手中的工商业特权迅速致富，不但涌现出问屋、经纪人和经营钱庄信贷的"两替商"等行业，还出现了三井家、鸿池家等大商人。在17世纪中期以后，日本豪商辈出，其手中的财富甚至超过了大名，以致大名都不得不向商人借款来维持藩政。武士阶层开始陷入贫困，而町人变成令人仰羡的社会上层。

另外，由于商品流通以及大名参勤交代的需要，江户时代的全国交通得到了迅猛发展。幕府致力于完善江户与地方之间的道路建设，以江户的日本桥为起点，修建了呈放射状通往各地的五街道：东海道（江户—京都）、甲州道（江户—甲府）、中山道（江户—京都）、奥州街道（江户—白河）、日光街道（江户—日光），途中设置关隘、驿站、旅馆等设施，可谓条条大路通江户。五街道主要为官用，而民间大量的商品运输主要利用海路和河川，因此沿岸航路亦很发达。另外，幕府在各关口配置传递书信货物的"继飞脚"、大名配置的"大名飞脚"等在后来发展成为"町飞脚"，承担了类似现在的快递业务。

### （六）新学术的诞生

早在天主教传入日本的时期，与航海相关的天文地理知识、航海术、疗病医术以及世界地图、地球仪、望远镜、风琴等新奇之学与精巧之物也随之传入，令日本人眼界大开。同时，西方的自然、社会、宗教艺术等科学文化知识、书籍以及活版印刷技术和设备也传到了日本。这时，使用罗马字编纂、印刷的各类日语书籍开始涌现，由此罗马字和大量西方外来语词汇亦进入日语。日本一度出现西学即"南蛮学"热。

在进入锁国时期之后，日本也没有彻底关闭国门。江户时代中期，当时参与幕政的儒家学者新井白石（1657—1725）等主张引进西方科学技术。1720 年，日本开始部分开禁洋书，很多荷兰语的近代科学书籍、知识通过长崎口岸进入日本。由此，日本出现以西方学术为潮流的"兰学"，成为日本近世文化发展的一种新态势。兰学从医学开始，随之各类自然科学、人文社会科学书籍陆续引入，并形成了科学体系。同时，幕府还在江户设立洋书翻译局，译介了大量西方书籍，而且社会上还出现了洋私塾。

新学术的又一动向是新儒学与日本国学的兴起。德川幕府倾向以儒家文化为背景的理想主义，支持儒学者建立学问所，传播和普及宋学。宋学开始以新儒学面貌成为江户时代占据优势地位的意识形态。其中，以藤原惺窝（1561—1619）、林罗山（1583—1657）为代表的儒学家认为，学问的根本是儒学，而儒学的精髓是朱子学，以朱子学为主导开创了这个时期的启蒙。这个时期的代表性学者有主张阳明学知行合一的中江藤树（1608—1706）、主张孔孟经典古学研究的伊藤仁斋（1627—1706）以及古学代表学者荻生徂徕（1666—1728）等。以新儒学文化为背景，武士修养书《叶隐闻书》（1716）问世，这是日本进入武士时代以来关于武士伦理道德规范的一部集大成著作，它主张忠诚、牺牲、信义、廉耻、礼仪、洁白、质朴、俭约、尚武、名誉、情爱等武士精神，从武士社会的主从关系出发宣扬忠君、大义和殉死的"生的美学""死的哲学"。虽然其目的是维护武家政权和社会秩序，但对于日本民族精神的形成具有很大影响。

新儒学思想对日本国学的古典研究产生直接影响，因此形成了通过《古事记》《万叶集》《源氏物语》等研究日本古代历史、制度、文化、文学、古语等的学术倾向，目的在于探寻和恢复日本固有文化传统。其代表人物有契冲（1640—1701）、本居宣长（1730—1801）、平田笃胤（1776—1843）等。另外，在自然科学方面，朱子学者贝原益轩（1630—1714）著的《大和本草》，安井算哲（1639—1715）通过观测天体运行而编制的"贞亨历"，都对日本本土自然科学的研究起到促进作用。

江户时代，"俳谐"从连歌中脱颖而出，前期作家以松尾芭蕉（1644—1694）为代表，后期作家以小林一茶（1763—1827）为代表，他们对于推动俳谐发展贡献巨大。松尾芭蕉被称为俳圣，他的作品以"闲寂"为基础，将自然与人生、艺术与生活结合到一起，赋予俳谐以很高的文学价值，深受广大民众喜爱。

## （七）大众文化的勃兴

在文化方面，江户时代是日本大众文化蓬勃发展的时代。织（田信长）丰（臣秀吉）时期至江户时代初期，社会以新兴大名和豪商为主体，在文化上反映出恢宏与豪华富丽，尤其是以安土城、大阪城、姬路城等为代表的城郭建筑体现了其时代特点。城郭主体天守阁样式在接受西方城堡建筑的影响下，表现出高超的建筑工艺水平，展现了日本建筑的新风格。在江户时代中，第一代将军德川家康至第三代将军德川家光期间被称为"武断政治"时期，此后则被称为"文治政治"时期。前者以构建幕府政治体制的强大军事实力为背景，而后者基于儒家思想、道德进行统治，分别呈现不同的文化风格。尤其是，第五代将军德川纲吉（1680—1709年在职）治下的元禄时期（1688—1704）文化以大阪、京都为中心，第十一代将军德川家齐（1787—1837年在职）治下的化政时期文化以江户为中心，形成了江户时代大众文化的巅峰，同时也勾勒出了日本传统文化的基调。

江户时代大众文化的主体是町人阶层。在商品经济的引领下，新兴町人的经济实力日益强盛，社会地位随之迅速提高。伴随着富裕町人阶层对现世享乐的追求，社会上弥漫着豪奢、享乐、纵欲之风，带动了庶民文化意识的觉醒，并迅速形成了贯穿于江户时代的文化主流。

在文学方面，"假名草子""读本""滑稽本""洒落本""人情本"等一大批新大众文学应运而生，名目繁多。其中，占据主导地位的代表性作家有"假名草子"类的井原西鹤（1642—1693）、"读本"类的上田秋成（1734—1809）和"滑稽本"类的式亭三马（1776—1822）。所谓"假名草子"，是采用假名且仿古文体写作的通俗读物，其作品涉及名胜游记、恋爱故事、历史战记、妓女品评以及训戒性、滑稽性等广泛内容，题材丰富，其代表性作品有《浮世物语》（1627）、《长者教》

(1627)等。假名草子较室町时代的《御伽草子》更为接近现实,佛教出世思想比较淡薄,被视为江户时代小说形成和发展的开端。在此基础上,小说家、俳人井原西鹤开创了近世人情小说《浮世草子》,其作品有三个主要主题:一是描写町人爱欲生活及男女爱情悲喜情节的所谓"好色小说",如《好色一代男》《好色一代女》之类;二是描写町人的经济活动、经商蓄财之术以及商海沉浮情节的所谓"町人经济小说",如《日本永代藏》《世间胸算用》之类;三是描写武士义理人情社会情节的"武士义理小说",如《武家义理物语》等。

"读本"是相对于绘本而言的读物,以上田秋成的《雨月物语》《春雨物语》为代表,主题内容主要包括历史类、民间传说类和真实故事类。读本类的另一位著名作家是曲亭马琴(1767—1848),他的长篇巨作《南总里见八犬传》是日本历史上最大的一部传奇小说,它虽然脱胎于中国的《水浒传》,但"以儒教思想为根本,鼓吹武士道精神,加之以佛教因果报应的思想来发展事件"[1]。"滑稽本"以滑稽为主题,用诙谐的笔法描写庶民社会的风俗、人情世故,情趣盎然。其代表作有十返舍一九(1765—1831)的《东海道中膝栗毛》、式亭三马的姐妹篇《浮世澡堂》和《浮世理发馆》等。此外,"洒落本"的代表性作家是山东京传(1769—1858),"人情本"的代表性作家是为永春水(1790—1843),二者均以青楼风流情怀、三角恋爱、一夫多妻的男女关系为主题,展示当时的社会万象。总之,江户时代各类通

---

[1] 晖峻康隆,等. 古典日本文学史[M]. 東京:筑摩書房,1967:357.

俗文学庞杂纷繁，泛称"江户戏作文学"，它们通过各种角度、方式以诙谐、戏虐的笔触反映市井社会的生活万象，无异于是对武家义理和家秩序的一种消极抗争。

江户时代日本大众文化的奇葩可谓是"浮世绘"。浮世绘是由桃山文化时期的风俗画发展而来的日本式版画，以其大众喜闻乐见的主题和画风，以及大量、廉价等特点风靡市井。浮世绘以菱川师室（1618—1694）为开山鼻祖，初始阶段以美人图、歌舞伎俳优画为主，其代表人物喜多川歌麿（1753—1806）创作的"大首绘"（美人大头画）开创了浮世绘的黄金时代。而葛饰北斋（1760—1849）的作品以名胜景物为特色，其代表作有《富岳三十六景》等；安藤广重（1797—1858）的作品以自然风物为主题，代表作有《东海道五十三次》《江户名所百景》等，他们开创了风景版画的新境地。

"净琉璃"是日本具有代表性的传统说唱艺术之一，起源于室町末期的"净琉璃姬物语"（当时使用琵琶和扇子），江户时代开始采用"三味线"（三弦）伴奏，并与同期的木偶戏、后来的歌舞伎相结合，成为江户时代大众喜闻乐见的娱乐形式。三味线前身是中国的蛇皮三弦，于室町末期永禄年间（1558—1570）经琉球传入日本。日本将蛇皮改用为猫皮其使音色增添了"融合人情"的感伤色彩，与净琉璃表现的主题背景形成了相互衬托的效果。净琉璃剧本的题材主要分为三类：一是反映武士忠勇和神佛保佑等悲剧性的社会世态；二是改编于历史故事，反映贵族、武士的没落命运；三是描写神佛救人于苦难、神佛灵验的奇谈故事等。

## 第三章　从历史看日本文化（二）

与此同时，"歌舞伎"也作为一种崭新的戏曲形式登上大雅之堂。歌舞伎起源于江户时代初期，由被称为出云大社巫女的阿国把混杂流行歌、念佛舞等内容的演剧"歌舞伎芝居"搬到京都演出后，成为"阿国歌舞伎"。自江户时代中期开始，歌舞伎吸收净琉璃、狂言等元素进行改革、创新，最终形成了由唱歌和台词构成的歌舞剧形态。歌舞伎主要反映历史故事、民间传说、武勇等内容以及工商业社会的人情世态。在推动净琉璃、歌舞伎的创新、发展方面，剧作家近松门左卫门（1653—1724）起到了极其重要的作用。他创作了《国姓爷合战》《曾根崎心中》《女杀油地狱》等多达一百数十部的剧本，被称为以当时世态、风俗、人情为题材，反映了町人道德意识和精神的"世话物"（町人戏剧）。

在町人的影响和带动下，江户时代的大众文化生活呈现出丰富多彩、生气勃勃的态势。富裕起来的町人们在金钱和物欲的驱动下，以出入游里、玩味珍器贵具、沉溺高雅茶道、观赏歌舞伎、净琉璃等为生活追求与趣味，男人们开始穿短外褂，女人们开始穿漂亮的友禅染和刺绣图案的长袖和服配宽腰带，这些无不展现出华丽、奢侈的元禄风俗。这种奢靡的现世享乐主义倾向甚至成为将军、大名、上层武士家夫人小姐们模仿的新潮。戏剧界和冶游界流行的名伎（妓）们的发饰、服饰、美容方式以及礼仪、举止等，变成她们追求的时尚。

从文政时期开始，神社、寺院盛行定例祭祀活动，民间流行桃花节、端午节、七夕、盂兰盆会、彼岸、春季赏樱、夏季观烟花等岁时节日活动。平民姑娘、妇女们出游也开始精心化妆打扮，头插红色丝绸花簪，穿上色彩斑斓、华丽的和服；城市里的平民百姓也开始住上过去连下层武士家都少见的榻榻米或地板房间，并且开始形成了一日三餐的饮食习惯，甚至观看歌舞伎、人形净琉璃，阅读《浮世草子》等通俗人情小说等，也变成市井平民文化生活的主要内容。

## 三、明治维新：内外交困中的制度选择

### （一）维新的起因与过程

在日本实行锁国政策150余年之后，西方资本主义国家开始向东方社会殖民扩张，同时觊觎日本。早在18世纪后半叶，俄国船只开始率先到日本北部沿海一带游弋。1792年，俄国使臣拉克斯曼等人驶至北海道根室，之后俄、英等外国舰船相继造访日本长崎、浦贺要求通商。幕府被逼无奈，于是在1825年颁发《外国船驱逐令》（1842年废除），命令各藩坚决以武力驱逐外国船只。随后，美国舰船先后于1837年、1846年来日本叩关，但未果。终于在1853年7月，美国东印度洋舰队司令佩里率领4艘涂黑漆的军舰驶入江户湾，以武力威胁日本开国。这一事件史称"黑船事件"。对此，日本朝野上下惊慌失措，幕府一反独断专行之惯例，不仅向一直无权过问国事的天皇朝廷报告，还将美国的国书传示各国大名，甚至允许各级武士自由上书，献计献策。在攘夷与开国论争僵持不下之际，幕府上层畏于西方列强的

武力威胁，于 1854 年先后与美、荷、俄、英、法等国签订"友好"通商条约，史称《安政五国条约》。由此，日本持续了 200 余年的"锁国"大门敞开，外国人由此自由出入日本，开展贸易，且享有治外法权。

一系列不平等条约的签订，使德川幕府暂时避免了与西方列强的武力冲突，但是激化了国内矛盾。开国反对派拥戴排外的孝明天皇，以开国未获天皇许可为借口迅速形成讨幕势力，号召"尊王攘夷"。1863 年，幕府被迫宣布攘夷，随之发生了美、法军舰进攻下关、英国舰队进攻萨摩藩等事件。在切实感受到攘夷已不可行的情况下，1865 年长州藩（今山口县）尊王攘夷派领袖高杉晋作决定放弃攘夷，提出开港讨幕战略，并与萨摩藩（今鹿儿岛县）结成军事同盟转向武装倒幕。与此同时，英国也改变策略，援助倒幕派，幕府遭受沉重打击。

1866 年孝明天皇去世，太子睦仁亲王（即明治天皇，1867—1912 年在位）即位，倒幕势力被积极集结。1867 年 10 月，天皇向萨摩、长州武装讨幕派下达《讨幕密敕》。同日，幕府将军德川庆喜（1837—1913）奏请"大政奉还"，同时却在大阪集结精兵，企图反叛。同年 12 月，天皇发布《王政复古大号令》，以天皇为中心组建新政府，废除幕府，令德川庆喜"辞官纳地"。1868 年 3 月，新政府发布政治纲领性的《五条誓约》，4 月庆喜被迫交出江户城。同年 6 月，天皇公布《政体书》，9 月下诏改江户为东京，10 月改年号为"明治"，次年 5 月天皇迁都东京，日本长达近 700 余年的幕府统治寿终正寝。

倒幕运动是日本近代史上极其重大的事件，它成功避免了日本陷入西方殖民地、被列强瓜分的危险，同时结束了封建统治，使日本走上了资本主义道路。倒幕运动能够获得成功存在很多因素，其中直接诱因在于西方列强叩关，以及德川幕府高层在攘夷与开国问题上表现出来的政治短视和摇摆不定。一批启蒙思想家和革新志士意识到国家的落后和民族危机，遂提出"尊王攘夷"口号，依靠天皇要求改革幕政、抵御外侮。这对长期在幕府压制下"统而不治"的皇室来说，无疑是千载难逢的复权良机。

倒幕运动的主体是中下级武士出身的革新势力。江户时代后期，幕藩财政在商品货币经济的冲击下濒临破产，各藩统治只能依靠大商人的贷款勉强维持，更无力供养下面的武士阶层，大批中下层武士沦为"浪人"，其中有人甚至成为富人家族的养子，同富人家族通婚或从商，经营手工工场。另外，在幕藩体制严格的武士等级制度下，中下级武士待遇极低、升迁无望，对幕藩统治早已恨之入骨，在内忧外患的动荡之时，其中的有识之士便脱藩成为"浪士"而为国奔走。这些浪人、浪士结合到一起构成革新势力，成功地主导了倒幕运动。明治维新的功臣，萨摩的西乡隆盛、大久保利通以及后来成为首任首相的伊藤博文等都是下级武士出身。

在"尊王攘夷"转变为"开港讨幕""武装倒幕"的过程中，位于日本西南部的长州、萨摩、土佐（今高知县）、肥前（今佐贺县和长崎县）等四个强藩变成了倒幕的主体。西南各藩在历史上接受海外影响较早，积极输入近代科学技术，开放意识比较强，尤其是与幕府矛盾由来已久。早在战国末期，从群雄混战中脱颖而出的织田信长、丰臣秀吉是关西势力的代表，但是在他们完成统一大业之后，德川家康却以暴力抢夺方式通过"关原之战"取代了丰臣氏而开创了德川幕府。德川氏是关东势力的代表，因此关西势力始终对德川幕府耿耿于怀。这既是西南诸藩积极响应倒幕号召的原因之一，也是借机对德川氏的历史清算。

江户时代中后期开始，农民起义、城市暴动风起云涌，民众要求改变世道的自我意识空前高涨，这也构成了推动倒幕运动发展的社会基础。尤其是在开港开国之后，西方经济与文化的涌入引起社会躁动与不安，同时物价暴涨，贡赋和租税猛增，广大民众陷入贫困深渊。贫穷的下层町人要求身份平等、经营自由和政治民主，通过"打砸抢"等"都市一揆"形式反抗、打击、动摇幕府统治。他们支持所谓的"尊王攘夷"，实质上是反对既有的幕府统治。

## （二）维新的举措与结果

以天皇为首的新政府成立之后，当即开始了武装推翻幕府的行动。1868年（戊辰年）1月3日，以萨、长两藩为主力的新政府军与旧幕府军在京都附近展开"鸟羽·伏见之战"，由此拉开"戊辰战争"大幕。德川庆喜败走江户，新政府军大举东征，至同年9月全部平定东北地区诸藩。1869年5月，新政府军出征北海道，攻下幕府残余势力盘踞的最后据点五稜郭（函馆战争），由此戊辰战争结束，日本全境统一。

于是，明治政府开始全面实施维新变革，创建近代国家。1869年，明治天皇下诏接受各藩"返还版籍"（领地、户籍），即意味着领主将土地和人民返还给天皇（国家）所有，由新政府任命各藩主为藩知事，将公卿诸侯等贵族改称为"华族"，大名以下武士改为"士族"。同时，废除幕藩时代的"士、农、工、商"身份制，将各行各业人等一律称为"平民"。此外，逐步收回华族和士族的封建俸禄，亦颁布武士《废刀令》。1871年，实行"废藩置县"，设立府县制取代藩邦领主统治，由此幕藩体制彻底瓦解，实现了全国统一的中央集权政治体制。同年，国家建立新的常备军和户籍制度。明治政府在政治上神化天皇，在意识形态上宣扬神道、皇道和忠于天皇的思想，以巩固天皇的国家统治。

1871年，明治政府组建、派出以岩仓具视为全权大使的"岩仓使节团"巡访欧美，考察资本主义国家制度。使节团由48人组成，另有留学生59人同行，历时20个月访问了美、英、法、比、荷、德、俄、丹麦、瑞典、意、奥、瑞士12国，针对其政治、外交、法律、军事、经济、文教、风俗习尚等进行全面、细致的考察。1873年，使节团回国后重新改组明治政府，使节团成员在政府中担任重要职务，形成了推进改革指导思想的领导骨干。

1873年，政府实行全国义务兵制，同时改革农业税，统一货币。明治政府贯彻执行"殖产兴业""富国强兵""文明开化"三大政策，全力推进资本主义化进程。1882年，政府派遣伊藤博文为首的"宪法考察团"赴欧洲考察，历时17个月，回国后开始起草宪法草案。1885年，日本效仿西方国家内阁制建立责任内阁，伊藤博文出任第一届内阁总理大臣。1889年，天皇颁布《大日本帝国宪法》（通称《明治宪法》，为亚洲第一部成文宪法），次年11月29日召开第一届国会（帝国议会），明治宪法正式实施，日本式的君主立宪制——近代天皇制从此被确立。明治宪法规定：大日本帝国，由万世一系之天皇统治之……天皇神圣不可侵犯。

明治维新摧毁了一个旧世界，开创了一个新时代，在日本历史上具有深远意义。幕府被推翻之后，在武装倒幕运动中建立功勋的武士在整编中被遣散；同时，政府在实施"返还版籍""废藩置县"的过程中，实际上等于剥夺了武士的生存依靠；而四民平等、废刀令等政策的实施，也等于剥夺了武士的特权。丧失了经济保障和社会地位的大批士族（旧武士）对明治政府产生极大不满，便从1873年开始在各地频繁发动反政府的武力叛乱。1877年6月，维新功臣西乡隆盛以鹿儿岛县为中心领导了一次规模最大的士族反抗战役，史称"西南战争"。西南战争历时8个月，以士族战败而告终，西乡隆盛自杀。其他残余士族成员转入地下，与板垣退助所主导的"民选议院设立运动"结合，通过开展"自由民权运动"形成政治上的反对势力。西南战争可以被理解为戊辰战争的继续，它的结束标志着铲除幕藩势力残余的倒幕运动最后大功告成。从此，日本专心开展经济和社会建设，在近代工业化国家的道路上前进。

纵观明治维新的过程和结果，可以发现并概括出以下几个特征。

第一，明治维新的最大亮点，在于日本成功地摆脱了沦为西方殖民地的民族危机，这一点也是当初革新志士们奔走呼号"攘夷"的目的。但是相反，日本最终选择了主动"开国"、走上全面效法西方文明开化的道路。第二，在"尊王攘夷"和"倒幕"运动的推动下，天皇乘势实现了"王政复古"，即建立近代天皇制，确立了"万世一系之天皇统治"。从结果上看，这意味着天皇从幕府手中夺回了被架空近700年的统治权。第三，在倒幕运动中发挥了领导作用的幕府各级家臣在新政府中仍然掌控国政，形成了势力庞大的"藩阀政治"体系。但是就整个武士阶层来说，他们在完成了倒幕使命之后，却被彻底地埋葬在了历史的坟墓之中；第四，明治新政府不但继续保留了旧贵族等华族的社会地位和待遇，而且通过非民选的"贵族院"左右国家政治。明治民法采用的"家"制度虽然产生于江户时代，但是其"家父长制"的家长权和长男优先继承权等封建权力却远远严格于江户时代，严重束缚了人民的民主自由意识，尤其对女性的歧视程度超过了以往任何时代。第五，明治维新政府的政治改革和制度建设完全复制了古代律令制国家建设的操作模式。例如，针对古代向中国派出遣隋使、遣唐使，明治政府向欧美国家派出岩仓使节团、宪法考察团，都是对当时外国先进文化"一边倒式"的、不加选择的全面学习和摄取。只不过与大化改新不同，明治维新是把目光从古代的东方转向了近代的西方，甚至不惜"脱亚入欧"。

通过明治维新，日本选择的资本主义道路是成功的，但是它保留下来的天皇制等封建桎梏在后来也一步步地将日本推入了侵略扩张的深渊。

# 第四章　从社会看日本文化

　　日本社会人类学家中根千枝指出：当今日本社会，是一个传统与现代化不可分割的整体。传统机体内同时具有现代特征，这是社会自身的基本构成及其潜势，换言之，是社会的延续能力。这种延续性不仅清楚地反映在人与人之间社会关系的各种时尚之中，同时也反映在社会的基本价值准则里，并成为社会发展的原动力。❶

　　明治维新以来，日本的传统文化伴随着工业化进程流向城市，成为近现代日本社会和国家的发展基因。这里所说的传统，是指源自近代以前日本农村社会的文化。资料表明，明治维新时，日本全国人口的90%住在农村，80%以上是农业人口，直至1940年，日本人口中的80%都可以看作生于农村、在农村长大的。❷ 现代日本社会和日本人的社会心态不可能摆脱传统农村社

---

❶ 中根千枝. 日本社会［M］. 许真，宋峻岭，译. 天津：天津人民出版社，1982：3.

❷ 福武直. 日本社会结构［M］. 陈曾文，译. 广州：广东人民出版社，1981：28.

会的影响,可以说,日本的现代社会是在农村社会传统的浸润下发展起来的,因此关注农村社会的传统对于理解日本人的精神结构及日本文化的形成是十分必要的。

# 一、文化的土壤:村落的起源与演进

## (一)部族与氏族社会

日语"村""村落"一词来源于"群れ",意思是"群""群集",聚群而居是人类社会的起源,也是农耕社会村落的基础。在以农耕为传统的日本社会,村落是日本人赖以生息的根基,是日本文化滋生的土壤。

据考古学研究发现,早在绳文时代初期,日本列岛上就出现了原住民聚群生活的痕迹。他们选择台地、丘陵地等日照、水源充足的地方,挖掘出 6~7 平方米大小的方形或圆形"竖穴"居住,从事采集、狩猎、捕捞等生产活动。从关于贝塚的研究来看,自绳文时代中期开始,聚落规模逐渐扩大,定居一地的时间变长,其中出现了最具代表性的、在青森县境内的三内丸山遗址。其规模宏大、功能齐全、出土文物丰富,据推测同期居住人口可多达 500 人。

绳文时代属于母系制部族社会。那时的人们共同生产、共同生活,居住屋址无大小优劣差别,死后葬于共同墓地。因尚无陪葬品出土，说明当时不存在贫富贵贱之分。但是，绳文土器中存在大量土偶，以形态各异的女性居多。由此推断当时的人们视女性为生命本源，母祖崇拜支配着人们的精神生活。

　　大约在公元前 300 年前后，日本人在欧亚大陆"渡来人"的影响下开始了农耕活动，即进入弥生时代。这个时期，人们开始逐步走出深山，向平原移动，开始了依托耕地的稳定生活。从此，农耕村落遗址陆续出现，到弥生时代中期，村落已经渐具规模。例如，在位于静冈县吕登遗址村落发现居住址 12 户以上，在奈良县的唐古遗址发现居住址 130 户，而在东京都久我原遗址发现居住址 200 余户。❶ 那时人们居住的房屋仍然是竖穴式，但是在地势较高处已经出现了储存谷物的地上仓址，说明农业生产已经有所剩余。

　　弥生时代农业生产发展迅速，促进了母系社会向父系社会的转变。伴随着耕地面积的不断扩大，田地的耕作、管理方式开始分化，部落共同体中出现了由小家族集团分耕田地的倾向。这样的小家族集团中不仅包括家长的妻与子，还包括家长的兄弟（姐妹）以及叔伯和他们的子女，是家长统领下的复合型家族共同体。依托于土地和聚落的家族集团经过繁衍和发展，不断扩大为越来越多的村落，构成稳定的地域性社会共同体。

　　随着家族集团和村落的增多，部落共同体规模不断扩大，内部开始出现生产分工，即在绝大多数从事农业生产的家族集团之外，出现了专门从事土器、木器等制作的家族集团。与此同时，

---

❶ 井上清. 日本の歴史［M］. 東京：岩波書店，1976：25.

部落中还出现了脱离体力劳动且专门从事生产和分配、军事和祭祀等管理事务的领导者,即统治阶层。统治阶层以族长为首,被称为"王",其他职务则由族长的直系家族以及强势家族的家长担任,被称为"大人"(贵族),而一般平民被称为"下户"。对于部族来说,祭祀祖先神灵即地域守护神十分重要。族长亲自掌握祭祀权,通过祭祀的精神统合作用,实施部落共同体的统治。

另外,在部族的发展过程中,频繁发生兼并与被兼并的战争。弱小部族经常面临被其他部族兼并、部民和土地变为他人所有的危险。部族在相互征服、兼并过程中反复消长,强大者甚至变成"小国"。公元3世纪前后,日本列岛上至少存在30余个这样的小国(强势部族),这时出现了一个邪马台国,共同拥立卑弥呼为王。一般认为,邪马台国是日本列岛上出现的第一个国家,是一个属于部落联合体性质的国家。

几乎与此同时,日本列岛上开始陆续出现很多规模较大的古坟,说明古坟主人在当时已经掌握一定的权力和财富。公元3世纪后期,在日本的大和地区出现了另一个部族联合体国家,被称为大和国或大和政权。大和政权的首长被称为"大王",其所属部族的族长被称为"氏上",其部民被称为"氏人",这说明日本社会开始由母系部族社会向父权起主导作用的氏族共同体转变,即进入了氏族社会。

5世纪前期开始,大和国实行"氏姓制度",按照出身和势力大小,赐予氏族以不同"氏"名,同时按氏族首领在国家中担任的某种职务授予不同的"姓"。"氏姓"代表氏族的身份、地位,是一种政治待遇,属于世袭制。氏姓的氏族首领也被称为氏姓贵族。从此时开始，日本社会出现了严格的等级制度，氏族开始正式具备了国家体制特征。

大和国家的经济基础是被称为屯田、屯仓的大王直辖领地，以及"部民"制。屯田是属于大王氏族的土地，由编制为"田部"的部族集团耕种，所得归大王所有。同样，各氏姓贵族也拥有自己的"田庄"，亦由部民耕种。氏姓贵族的部民被冠以主家的氏，是为同门氏族的部族，例如大伴氏、物部氏等。大王及其王族也把地方上冠以自己氏名的部族集团称作"名代""子代"，即自家的私有部民。如此，氏族集团的体量越来越大，而拥有更多部族和土地的强势氏姓贵族便占据了国家的主导权，对其他氏族实施统治。

有分析表明，在五、六世纪的大和国家，包括专门为朝廷服务的手工业生产者（从事土器制作的"土师部"、从事铁器制作的"锻冶部"等）在内，部民大约占总劳动力人口的30%，奴婢占10%，其余60%是被称为自由人的氏族集团的氏人。[1] 无论是部民还是自由人，他们仍然归属于自己的部族，而部族归属于氏族，氏族服务于朝廷，奴婢作为私有财产归氏姓贵族所有。部族共同体由家族集团构成，是氏族社会最基本的细胞。

概括来说，在大和国时期，日本实现了母系制部族社会向父权制氏族社会的转变。在这个过程中，一方面是部族的扩大化不断分化出家族集团，另一方面是部族的发展壮大又上升为氏族共同体，由此纳入国家制度的统治体系。

---

[1] 井上清. 日本の歴史 [M]. 東京: 岩波書店, 1976: 56.

## （二）律令制时期的社会形态

大和朝廷是大氏姓豪族的政治联盟。就氏族在朝廷的势力来说，大王只是大氏族之一，并非一家独大，因此王权并非固若金汤。从推古朝时期开始，大王氏族采取措施抑制豪族势力对王权的威胁。其中，除编撰王权神授的皇族神话之外，通过645年开始实行的大化改新，废除所有贵族、豪族的领地、部民，而作为公地公民归为朝廷所有。在此基础上，建立户籍、计账制度，将全国土地按国、郡、里进行划分管理，制定班田收授法和全国统一的租、庸、调、杂徭税制。

这是朝廷采用行政手段对社会进行的一次重大重组。在这个过程中，大王一族的统治地位得到保证，确立起以天皇为中心的律令制国家体制，随之氏族社会结束。然而，虽然氏姓制度退出了历史舞台，各大豪族也失去了对氏族统治的社会基础，但是他们在新体制中仍然各有所得——世袭官位、田地和封户，即使个人存在荣枯盛衰的可能，但是作为统治阶级的身份、地位都得到了保护。而且，他们凭借在中央和地方占据的高位，致使很多新兴部族纷纷攀门结势，成为自己的羽翼，氏族影响并没有烟消云散。

大化改新以及后来建立起来的律令制，把全国划分为60余国（作为首都的京除外），其中首都周边的5个国被称为"畿内"，享有特殊待遇。此外，朝廷在各国设立国司，诸国之下设郡，国司由中央派遣的大豪族代表，而郡司则由被选任的地方豪族担任。郡内住民50户编为一里，里长由其中大户户主担任。此后将里改为乡，统称为"乡里制"。乡里是当时日本国家行政的最基层单位，其所依据的既不是自然村，也不是以前的氏族集团，而是户。在历史学上，户也被称为乡户，而乡户之中的各个家族集团被称为"房户"。乡户甚至眷养奴婢和家仆，户主统制乡户所有成员，并负有内外一切责任和义务。乡户和房户实质上相当于氏族社会的部族和家族共同体，是日本历史上初次出现在户籍上的家族单位。

在律令制下，平民第一次在法律上出现了良贱之分，"良民"即以前的一般氏人和归属于朝廷、皇族、贵族的部民，被称为公民；"贱民"为以前配属于朝廷从事手工业生产的部民（杂户）以及公私奴婢和私人家仆（家人）。在奈良时代全国五六百万人口中，贱民大约占三分之一。政府规定每隔6年清查一次户口，并按人口将田地作为"口分田"分给各乡户耕种。口分田以6岁以上男子1人2反（1反约为991.7平方米）为基数，女子按男子的三分之二、贱民按三分之一分配。受田者死亡后，口分田被收归国有重新分配。也就是说，政府通过这种方法，把此前归氏族共同体所有的土地变为私人占有（口分田可以由受田者终生耕种），目的是把农民捆绑在土地上为国家提供租庸调以及各种徭役。

当时，租庸调三项税赋换算为地租米上缴，相当于平均每户口分田收成的20%。按当时的生产力水平，口分田的全部收成可勉强维持一家人生计来看，这种程度的税赋属于十分沉重的重税。而且，每6年重新分配一次土地的规定并未能按时实行，往往是将 6 年改为 12 年，甚至一些地方五六十年也未必分配一次。此外，按规定，国司、郡司享有每年使用正丁（21～60 岁）60 天、次丁（老年人和残疾人）30 天、中男（17～20 岁）15 天的权力；每 50 户每年需要派出 2 人作为"仕丁"到京城为朝廷做 3 年无偿劳役；而且上缴的地租米和庸调物品都需要农民各自负担车马、费用运送到京城。更有甚者，律令制实行的征兵制，要求士兵所需的粮食、兵器和一切用品均须自己负担。因此当时甚至流行"一人当兵，其家必亡"的说法。如此繁重的苛捐杂税和劳役、兵役，加上天灾人祸，常常令农民痛苦不堪，竟然使 90% 以上的农户陷入生活绝境。❶

于是，大量农民不得不逃离土地，流离失所，有的被皇族、豪族、寺院等收留为其开荒拓田，有的则干脆沦为盗贼。从 9 世纪初期开始，随着垦田、口分田的私有化发展，班田制终于难以维系，最终走向崩溃。这时，朝廷为了保证财源，不得不采用新的租赋征课方式，即"田堵制"（负名制），让较殷实的农户每年承包一定面积的耕地经营，担负起纳租责任。承包人被称作"田堵"，需要每年春天向国家提出申请（请文）订立契约，承包耕地。田堵制的推行意味着征课租赋已不再按照公民户籍上的人头，而是依据田堵实际耕种的土地面积。后来，由于耕地的占有相对稳定，田堵制被转化为"名田制"，即登记在占有人名下的土地被称为"名田"，而土地的占有人被称为"名主"，负责纳税和承担徭役。

---

❶ 井上清. 日本の歴史［M］. 東京：岩波新書，1976：74-77.

## （三）幕府制时期的农村社会

进入中世幕府时期以后，土地所有制变得越发复杂起来。首先，由于政治上出现了朝廷和幕府二元结构，土地所有权总体上也随之存在两种形式，即归朝廷所有的公领和归幕府所有的私领。简单地说，公领的税收归于朝廷，私领的税收归于幕府。但是，无论是公领还是私领，土地都有名义上的领主（如"本所"）和实际上的领主。领主下面的实地管理者被称为领家（如国司或守护、地头等），再下面是名主。也就是说，一块田地（名田）上存在名主、领家、领主等多重权力归属和利益者。那么，名主的田地由什么人来耕作呢？其最底层是"作人"（附庸于土地上的农民），如一无所有、逃亡而来开垦土地的人等。如果作人在名主的田地上耕作足够努力，他就有可能成为"小作"（佃农），如果小作再足够努力积蓄财富买下田地自己耕种，他就有可能成为"百姓"（自耕农）。在此基础上，如果继续努力通过购买或开垦获得更多田地出租给小作来耕种，他就有可能成为名主。反之，如果名主不努力，他也有可能一步一步地变成作人。❶ 因此，名主大小不一，小名主是"百姓名主"，大名主是"领主名主"。名主按规定是负有向公家或幕府缴纳税赋义务的主体，表面上名主以下的人是为名主劳作，而实际上，包括名主在内都在接受领主、领家以及其上统治者的层层盘剥。

---

❶ 山本七平. 何为日本人［M］. 崔世广，等，译. 北京：国际文化出版公司，2010：116.

原则上，领主与领主之间或属于君臣主从关系，或属于上级领主（本所、领家、知行国主等）与下级领主（庄官、地头等）的关系，幕府并不直接干预大小领主独自统制各自领民，而只是负责保护领主免受领民反抗和其他领主的侵犯，或者协调领主之间的矛盾。在乡村社会，直接面对生产者的是地头等"在乡领主"，他们用武力把当时的主要生产者"百姓名主"束缚在土地上，使其提供税赋和各种劳役。有时一个村落或者几个村落属于一个领主，有时则是一个村落被一个或几个领主分割占有，但村民的直接上层是百姓名主，他们占有乡村的大部分耕地，独占乡村的祭神、用水管理、使用和受益权，并且参与乡村的一切公共事务。他们把家长统制下的各个直系血族、旁系亲族群体联合到一起，形成近似律令时代乡户一样的大家族共同体。伴随着社会发展，上层百姓名主逐渐开始武士化，其中一部分人甚至通过兼营商业和高利贷活动而聚财囤地，这个阶层在 14 世纪被称为"国人""国众"或"地侍"，意思是小领主、在地武士。在村民与领主之间发生利害冲突时，他们往往和小领主一起站在农民一边，甚至成为维护农民利益的代表。

与律令制下的乡户、房户相比，镰仓时代的旁系家族具有更强的独立性，是构成自然村的主体。这样的村落延续着乡里制以前的自然村状态，农民阶层甚至保留着母系制的"访妻婚"遗痕，通婚范围基本限于村落内部。加之水利灌溉、农忙期的"结"（互助组织）等农业生产需要，自然村被紧密联系在一起形成村落共同体。另外，武家社会采取土地分割式继承方式，即土地和财产可以不分长幼、不分男女地分割给多个子女继承，子女依靠分割继承的土地继续组织开垦，然后再次分割继承，如此反复继承的结果，使家族领地不断扩大、家族势力不断发展。经过继承而分立的家庭凝聚于一族之长"惣领"之下，惣领世袭幕府职位，奉仕于将军，在战事发生时则率领一族"郎党"冲锋陷阵。这样的同族集团建立在严格的家父长制基础上，被称为"惣领制"。

镰仓时代社会相对稳定，是一个比较祥和的小康时代。通过一些古旧书籍的插画可以看到，当时的乡村景象繁荣，幕府的地头、御家人等的宅邸宽敞，建在视野开阔的村落中央，宅院内有木板屋顶的宅馆，此外还有下人居住的茅草房、牛马棚、仓库、农具场以及用于纺织、锻造等的一些手工作坊等。宅邸周围由土墙或沟渠环绕，日本的一些地名、人名"土居""垣内""堀内"等即源于此。村落中有镇守神社和小寺院，那里既是公众的集会场所，也是演艺舞台，在举行祭祀活动时常有盲人琵琶师、杂耍师、流浪艺人前来说唱、演出，还有流动商贩和手艺人光顾。

到了室町时代，原则上土地管理延续了镰仓时代的办法。但是，在各项苛捐杂税之外，幕府还按面积向所有领地收取临时性的"段钱"，按户向农民收取"栋别钱"，加重了农民的赋税负担。14世纪后期开始，在小领主、武士化的百姓名主的指导下，村落内部出现了被称为"惣"的自治组织，而后又发展为跨村，甚至跨郡的大"惣联合"体。"惣"属于以农民为主体的自治性组织，其组织内部设执行部和全体村民参加的"寄合"会议，自主审议决定乡村公共事务、制定村规和处罚条例。惣组织甚至取代了村里的领主、地头，承担起共同管理村落公共山林原野、水利设施等重要职能，并主持神社祭祀活动。惣组织的出现意味着农民自我意识的觉醒，以团结的力量对抗统治阶级的盘剥和压榨，在非常时期甚至组织起来开展"一揆"暴动。1351—1361年，若狭国（今福井县西部）因为"国人一揆"甚至更换了15任守护，对幕府统治造成很大威胁。

战国时期，室町幕府的统治落入战国大名之手。战国大名直辖其领国的一部分土地，其他土地则交给在乡小领主领有。但是，战乱时期社会十分不稳定，战国大名时常以各种借口剥夺小领主的自主性，有时甚至唆使农民反对小领主。被剥夺了领地的小领主会成为依附于大名的武士，上级武士管理郡、村，中级武士亦兵亦农，而下级武士"组子"与农民几乎没有区别。

1582年开始，丰臣秀吉为了整理复杂的土地拥有权而更新土地制度，在全国推行"太阁检地"，通过测量农田、调查收获量，命令大名根据国郡基准制作石高账本，为此后的江户幕藩体制建立"石高制"打下了基础。与此同时，名田制和庄园制由此被彻底消除。土地的石高一旦确定，每块土地都要按照确定的标准上缴地租，与当年的丰歉以及产量无关。此时实行"一地一作人"制度，"作人"（自耕小农）的名字登记于检地账，是地租的直接负担者。作人即实际耕种人，直接对领主负责，禁止地主等中间环节从中收取佃租，也禁止以前的庄官、村吏驱使、盘剥农民。因此，为了便于领主直接管制，基于"百姓亲子及亲属不许两代居于一家，必须分别立户"的原则，大家族被分割成为单婚家庭。同时，以这样的自耕小农为基础确定村落区域，成立行政村，从村民中选定"村役人"，置于大名的地方行政官管辖之下。在这种情况下，规定农民不得弃耕或离村，不得买卖、租赁耕地，否则全体村民将会受到连带惩罚。

从太阁检地开始，村落自治体被作为基层行政单元置于幕府统辖之下，变成了具有政治、法律性质的行政村。当时，这种村的规制是：（1）拥有且独立经营土地的"本百姓"❶，他们是构成村落的主体；（2）以居住地为中心，承认传统村落的共有财产、共同劳动、"村寄合"以及镇守神祭祀权；（3）农民附属于土地，需要缴纳地租，等等。这种村落统治制度始建于织田信长、丰臣秀吉时期，完善于德川家康时代。自此，日本传统村落的范域基本确立，它不仅赋予私人以农地、宅地、宅地林等的用益权，而且划定一定范围的山林、水域、土地等为村落共同所有，村落拥有其自主运营、管理、监护、利用等支配权。

因此，日本现存村落的历史，最早大约可追溯到室町时代至战国时期，即起源于当时的村民自治共同体"惣"。虽然后来经历了江户时代建立的乡村制，以及明治以后的几度变更，但是村落的自然属性与自治功能仍然没有发生根本性改变。可以说，日本的村落不单是由于行政管辖而划定的地理范围，在更多意义上，它是指在一定地理范围内形成的、建立在共同体诸种社会关系之上的农民社会生活空间。因此，行政村与自然村、统辖与自治之间，自大化改新以来就一直存在着表面均衡与实际抵触的矛盾。

据统计，江户幕府末期至明治之初，日本全国大约有村落 7

---

❶ "本百姓"即江户时代拥有住宅房屋、田地，负担地租、诸役，能够承担作为村落成员权力、义务的农民。相反，贫雇农称为"水吞百姓"。

万~8万个，村落规模一般在45~150户，人口在270~900人的范围之内。明治四年改革幕藩体制，实行废藩置县，"村方三役"随之被户长、副户长制以及町长、村长制所取代，村落进一步具备了国家体制基层单位的性质。此后，明治五年实行大小区制，明治十一年又实施郡区町村编制法。在法令变化过程中，出现了一个自然村落被制度村强行拆分的情况，造成了行政村与自然村、制度村与村落不协调等问题。明治二十一年实行市町村制时，政府进行大规模町村合并，全国形成了42个市，1251个町，13780个村。1953年日本再次实行町村合并，村数量不足800个，行政村的管辖范围大大超过了作为自律性生活单位的自然村范围。❶ 在村落、小地域社会与国家关系方面，乡村制与町村制的村落统治明显不同，一般将乡村制下的制度村称为"旧村"，以示概念上的区别。在探讨日本村落社会文化时，人们习惯把这种接近自然村的旧村称为传统村落，而这种传统村落的特点主要形成于江户时代。

## 二、传统村落：社会与人文生态

### （一）村落的形态

如上所述，自太阁检地开始逐渐形成的传统村落包括民居、

---

❶ 大岛建彦，等. 日本を知る小事典1 [M]. 東京：社会思想社，1982：82-83.

耕地，除此之外还有村落共同所有的山林、荒地、水域等，构成村民赖以生存的地域空间，并由此形成空间意识。传统村落由自然村落构成，而自然村落一般以山河、林木或土地、住户为界，并划定"村境"用以界定村落的界域。日本人认为，村境是自村与他村、自己的世界与另一片天地的分水岭，界域之内是一个自给自足、闭塞且安逸的小宇宙。村落是日本人形成"内外"意识的主要依据，是日本传统文化生成的根源之一。

传统上，日本人十分重视界域，而对于村民来说村境是神圣的。至今，我们都会在村落的入口看到悬挂的"连注绳"（稻草绳）、稻草人、草鞋、灵旗，也会看到在村口路旁安置的地藏尊、马铁观音、庚申塔等石像、石塔，并有庚申塚以及道祖神（塞神）、石敢当等小祠，经常有人祭拜。其中道祖神为数最多，它在民间信仰中是防止恶神邪鬼入侵、看守人世与阴间之门的神。日本存在很多关于村境的观念和信仰，村落在举行送瘟神、驱害虫以及祈雨和祭神等仪式时，队伍都是行进到村境为止，即将恶魔、灾祸驱逐于村外，将神灵、福运迎接到村内。古时，村里人迎送外出拜山朝庙的人，也是到村境为止。

村民以村落为中心形成独特的空间意识和群体意识，外来人出入村境会受到监视、盘问，入村落户更是十分困难。一般情况下，外人入村落户需要履行各种严格手续，并形成惯制。例如，申请人首先需要攀附于村里有权势的人家，作为担保人出面在"村寄合"（集会）上以酒肴款待众人，陈述理由，请求接纳。然后，通过认担保人为"寄亲"（赖以依靠的干亲）方式结成亲子关系，这种亲子关系属于主从关系，相互之间需要如同血缘亲子一样终生履行责任和义务。入村落户者多为家仆、佃户身份，所以一切均依附于寄亲门下，不具有单独利用公共资源和独立参加村落活动等资格，对村落事务也没有发言权。

村落是一种自治性很强的社会共同体，通过各种村规民约严格规范村民的言行，维系地域社会的生活秩序与安定。对于恶行、犯罪以及怠慢共同劳作、违反村规者，村落要召集"村寄合"进行讨论，确定制裁方式，并将制裁方案通知本人或张榜公布。在各种村落制裁中最为常见的做法是"村八分"，即村民在日常生活中需要相互参与和帮助的十种典型活动中，除火灾和送葬之外其他八项均不予以协助。因为火灾如不及时扑救会引起延烧，而尸体如不及时掩埋则会因腐败而产生瘟疫，殃及他人。其他八项分别是：成人礼、结婚、生孩子、照料病人、改建房屋、年忌法事、水灾、旅行。当然，制裁方式并非千篇一律，有些地区还会根据不同性质施与体罚、拆房子、扒屋顶、没收财物、罚钱、罚粮、罚劳役等措施，其中最为严厉的是禁止其利用村落的共有资源。如此种种制裁，往往等于断绝了受制裁者在村落社会中的生路，即使不被逐出村落也不得不主动离开，成为一匹没有着落的"孤狼"。这样的制裁方式已经被现代法律否定，但是作为一种村民的道德约束，至今仍然不同程度地存在着。

日本村落的基本构成要素是"家"，即家族集团。有时一个村落由两个及两个以上家族集团联合构成，各家族集团之间原则上以平等资格横向结合在一起，相互之间不存在从属关系；有时一个村落只由一个家族集团构成，即以"总本家"为中心，形成本家—分家—孙分家序列的同族联合。在同族结合形式的村落，各个家庭共同拥有姓氏和家徽，总本家拥有绝对权威和管制权力，维持整个同族集团，即村落的团结，一切社会生活均以主从关系为主线展开。

在江户时代，村落的领导层是"村方三役"，即相当于村干部，也是藩政的最基层组织。村方三役也被称为"地方三役"，其中包括"名主""组头"和"百姓代"三职，"名主"为村落的最高职，相当于村长，在关东被称为"名主"，在关西被称为"庄屋"，在东北地区则被称为"肝煎"；"组头"是名主的助手，相当于副村长，也被称为"笔头""长百姓"或"年寄"等；"百姓代"负责民政事务，相当于村民代表，名义上代表一般村民的利益，对名主、组头实行监督。

简单地说，村方三役本来就是村落里的大户人家、德高望重的头人，一般依据家世、家系的等级选定，但几乎都是由家族世袭。他们在村中享有最高权力，享受特殊待遇，除独享"村役田"的收入之外，还可分享部分税收，免除年租、夫役等待遇，甚至可以无偿驱使村民为其劳作。实质上，村方三役的社会功能基本上与氏族社会的"氏上"性质相同，负责为统治者落实地租的分摊与征收、法令的传达等行政事务。

传统村落的自治性体现为"村寄合"，即村集会，实质上它相当于村落自治体的议会，是最高决议机构。除村方三役外，村寄合成员还包括村中的长老及各家族户主。村寄合例会分为定期会和不定期会，多在年初、年末召开，内容包括制定村规民约、选任各种村民组织的负责人、清算年租、处理犯罪、接纳新户、制订一年的活动计划等。另外，在每年举办的村落大型定例活动之前，也需要召开专门会议制定预算、推选负责人等，而具体事务由村方三役负责落实，组织实施。村落共有的山林、原野、水域等属于村民共同财产，是村民生活物资的重要来源，受到村落的严密监管，对这些的利用和管理也是村自治组织的重要工作内容。例如，每年的禁山开山、禁海开海日期、灌溉用水的先后、官田及村田劳动力的安排、插秧期及农休日的指定等，都在村落统一安排下进行。

神社也属于村落的共同财产，由村寄合决定其管理和运营，并定期组织开展祭祀活动。传统上，日本地域社会基本是一村一社制度，神社在村落自治方面具有重要的精神统合作用。村寄合的重要聚会、重要决定一般也都在神社殿堂进行，借助神灵的名义加强村落领导的权威性和村落的凝聚力。

村落祭拜的神灵被称为村氏神，实质上是地域共同体的祖先神、守护神。"氏神"这个名称顾名思义，原本产生于氏族社会，即一氏一族的祖先神灵。氏族制度崩溃之后，氏族观念仍然存在，而氏神从中世开始分化为"一门氏神""宅邸氏神""村氏神"等多种形态。一门氏神近似于氏族社会的氏族氏神，即传统氏族共同体的祖先神；一门氏神是以本家为中心的同族祭拜的神灵，是氏族分化之后的产物，祭拜场所或利用村氏神的神殿或建立只属于同门的祠庙；宅邸氏神是各个家庭的祖先神灵，一般不设神社，而是在宅邸的一隅或附近的私有山林处供奉一小祠，祭祀时在其空地上竖立起招幡迎神。在同门氏族萎缩和家族多元化，以及村落社会融合发展的过程中，一门氏神、宅邸氏神的祭祀渐渐被村氏神吸收，融合为村落社会的共同祖先神、地域守护神，而村民自然都变成其氏子。

氏子这个称谓源于氏族社会的氏人。古代社会祭祀氏族的共同神——氏神的群体是"氏人"集团，而为祭祀活动提供后援支持的被称为氏子。后来，作为氏神祭祀后援团体的氏子群体变成村氏神祭祀的主体。传统村落的氏子群体曾经经历由系谱集团祭祀系谱神的"宫座型"，到地域集团祭祀地域神的"氏子型"的演变。宫座型沿袭氏族制社会的传统，村落的氏神祭祀权由门第显赫的世家把持、世袭。加入宫座的资格要求比较严格，或是只接纳各个家族的本家或其长子，或是需要通过认干亲的形式推荐，或是需要经过一定年限，或是需要支付一定资金等来获取资格。在宫座型消退之后，氏子型成为村落社会氏神祭祀的主体，原则上同一村落的人自然具有氏子资格。同时，由于出嫁、做养子等原因离村的人仍然可以保留其作为出生地氏子的资格，并且当他们获得了新居住地氏子资格之后，仍然可以同时拥有双重氏子资格。原则上，一个村落只有一个氏子组织，村民通过参拜神社、缴纳氏子费用和祭典费用以及履行入村落户手续之后亦可成为氏子组织成员。但是，依附在村里某一家门下的家仆、用人、伙计等无权获得氏子资格。

目前，村民都要祭祀同一尊氏神——祖先神，祈求其镇守祖先留下来的土地、财产以及自己的生活。在单一同族集团构成一个村落的情况下，同族祖先神即等于村氏神，总本家居于祭司地位，各户家长共同参加祭祀。在一个村落由数个同族集团构成的情况下，作为祭司的"当屋"由各家族集团交替担任，或者由村吏兼任主祭。无论哪一种情况，氏子组织都是祭祀活动的主体，在祭祀共同祖先的理念下发挥其组织的凝聚力。

## （二）村落组织及其功能

在传统村落中，家与家之间并非孤立存在，而是由各种形式的组织把每一家、每一人"一个不剩地"紧紧联结在一起，进而使村落变成一个统一、互助的社会自治共同体。村落内部组织的形式多种多样，机能不同。人们需要在人生中的每一个阶段都依附于不同组织，通过组织参与村落共同体生活。因此在某种意义上，对于一个人来说，这些组织的存在甚至超过家的意义。

日本传统村落往往由相邻的数个自然村构成，而这样的自然村本身就是村落的下层组织"村组"。村组产生的背景大约有两个：一是村落内部由于人口、户数的增加、规模的扩大，或因新田开发而产生的分化形式；二是在相邻的几户或十几户规模的小聚落合成新村落时，小聚落往往以村组的形式出现，但各个小聚落仍然在地域上、经济上具有相对的独立性。无论哪一种背景，村组基本上由本家、分家同族集团构成，在村的统辖之下相对独立地承担各自的自治职能。例如，在生活上互助婚丧大事、天灾病患、房屋修缮，共同储备和使用生活物质等；在生产活动中，共同承担道路、水利、公共设施的修筑任务，看护和管理村落的水利灌溉设施，组织青壮年突击插秧和收割等，按规定负责祭祀用的"空田"、维持村财政的"村田"、作为村吏费用的"村役田"等公用田的管理，自主负责村组山林的采伐、采摘等时限管理、统一安排劳作日、休息日等。另外，村组需要以村组为单位参加村落组织和安排的一切公共事宜。总体来说，村组基本上完全延续了原始聚落的性质和功能，在乡村制下构成村的组成部分。

"近邻组"是以相邻家族为单位结成的组织，但是在门第相差悬殊的村落难以形成，而在规模较小的聚落也没有存在的必要。本质上，近邻组属于生活互助形式。例如，共同承担野外作业，相互进行经济援助，参与婚丧嫁娶，见证婚礼、继承、遗言、废立等家庭事宜，承担品行监督、买卖担保、租税代缴等义务，但不直接承接官府下派的劳役。近邻组本来是自发性组织，户数亦多寡不一，但是它在行政化渗透的过程中不断被利用——幕藩体制下的"五人组"，明治时期的"五户组""十户组"以及"二战"中的"邻组"都是以近邻组为基础产生的形式，其主要目的是适应国家统治需要，发挥相互监视、承担连带责任的作用。这种农村基层组织发展到城市，便是作为居民自治组织的"町内会"。其相当于居委会，但不属于行政机构。

"讲"组织相当于互助会，是传统村落社会普遍存在的自发性群体。所谓"讲"，原本是讲读佛经的集会、法会，起源于七八世纪的飞鸟时代，此后从平安时代开始逐渐由宫廷、寺院向贵族社会、平民社会浸透。在中世末法思想流行时期，伴随着佛教教团的组织化，讲组织开始作为团体在各地形成。与此同时，随着神社的佛教化融合，各地涌现出朝山拜庙风潮，并形成全国性质的讲组织、讲团体。在地方社会，则主要以睦邻交往为目的，满足人们对精神、经济生活的需求。

传统地域社会的讲组织名目繁多，总体上可以被归纳为信仰性质的、经济性质的、社交性质的三大类。宗教性质的讲组织中有一种名为"朝圣讲"的，专门以朝拜名山、名寺、名社为主，主要目的是祈愿丰收和消灾祈福，成员在朝拜途中也顺便了解他乡风土民情。朝拜活动是村落集体行为，一般趁农闲季节进行，是十分艰苦的徒步"旅行"。路途遥远时往返需要两三个月时间，所需费用由作为协力团体的"无尽讲"、金融团体的"赖母子讲"等的支持。另外，村落里还有专门经营、管理"讲田"的组织作为后盾。村落社会民间信仰较多，有按年龄参加的"天神讲"（参加者为少年）、"念佛讲（参加者为老年人）、"若众讲"（参加者为青年人），还有行业性的"山神讲"（参加者为从事林业的人）、"大黑讲"（参加者为从事渔业的人）、"观音讲"（参加者为养马者）、"大日讲"（参加者为养牛的人），另外还有女性参加的"二十三夜讲""子安讲"（护佑孕妇安全生产之意），等等。各讲的信仰对象不同，均有自己的祭日、活动时间和活动内容，有"头屋"家作为集会场所。内容多为念经、讲谈以及举行与信仰相关的娱乐、消遣活动等，女性参加的讲则由念经转化为互相交流安全生产知识和养育子女经验为主。

经济类讲组织是以经济上的事由结成的互助性团体，大多与信仰性质的讲存在密切关系。经济类讲的代表性组织有"赖母子讲""无尽讲"等，主要是为成员出资、出米，提供无利息、无担保的各种扶助。另外还有一些是提供劳动互助，例如轮流为成员更换屋顶的"屋根讲"等，均由实际生活需要而形成，形式多种多样，不一而同。

社交性的讲组织以社会交往、娱乐为主要目的，一般由宗教类讲、经济类讲分化而来。因为在宗教类讲、经济类讲举行聚会、互助活动之余，往往都要举行聚餐和娱乐交往活动，而这种活动单独分立出来就变成这样的讲组织。社交讲出现于江户时代，而在现今日本社会则十分普遍，主要是因为家庭主妇、退休离职的老年人等都喜欢组织和参加一些学习类、趣味类的群体活动，如"茶讲""象棋讲""歌讲""游山讲"等。因为在日本人的一生中，已经习惯了依附于群体参与社会活动，所以他们在从家庭、社会第一线上闲置下来之后便热衷于参加这样的活动。

"年龄组"是传统村落社会中最基层、最具特色的组织。年龄组由相同年龄层的人组成，在村落生产、生活活动中承担各自的社会功能、发挥各自的优势作用。它的意义在于，把人的一生各个阶段都纳入群体之中，凝聚群体向心力，由此达到强化村落自治体的协调、管理的目的。

年龄组按照年龄长幼划分，其中首先是"子供组"，即儿童组。通常，儿童成长到7岁时需要加入村里的儿童组，而在举行传统成年礼的年龄（女13岁、男15岁）之后退出。加入儿童组要在特定的日子参拜神社，到亲戚邻居家讨要食物一起共食，这类活动算作仪式。儿童以集体形式参与的活动很多，且因地而异，主要有新年串访、驱鸟节、三月三偶人节、五月五端午节、七夕、盂兰盆会以及祭道祖神、山神、天神等地域性民俗活动。很多活动是在年长者的指导下，由儿童组共同分担一些符合年龄特点的内容，并且在大型活动之后承担一些诸如捡拾垃圾、清理现场的工作等。

其次是"若者组",即青年组。青年组是男青年的组织,在达到退出儿童组年龄时加入,加入仪式往往与成年礼并行,是人生中从儿童向成人过渡的重要环节。加入青年组往往需要父兄等直系亲属或通过认干亲等形式作担保,并需要履行加冠、系带、改名、认干亲等一系列仪式,其中还需要经历各种肉体、精神、毅力及技能等方面的考验。青年组的活动分为内部和外部两个方面,内部活动以"若者宿"为中心开展,即以村落中德高望重人家的宅邸为据点,认其主人为"宿亲",接受其生活指导和监督,并需要相互之间尽亲子关系义务。年轻人在若者宿集会、聚餐,进行必要的户内手工劳作,交流各种信息与常识,开展体力、技能训练,并且进行男女青年交往活动。另外,若者宿还兼具夜晚值宿、村落警防功能。青年组与村落关联的外部活动十分重要,可谓举足轻重。例如,在村落上层组织和氏子组织的主宰下,青年组承担着诸如神社、寺院的大型祭祀活动以及村落各种定例活动中的重要工作,也在村落共同财产的监护,自然灾害和危难的救助,公共道路、房屋、桥梁、神社的修筑等方面担当主要角色。青年组内部存在长幼序列之分,有严格的组织纪律约束,日常活动接受严格的指导和监督。

男性青年一般到25岁或结婚之后退出青年组,进入"中老组"。中老组由退出青年组但尚未达到家长、户主地位的中年人参加。他们的主要作用是关照和监护青年组,虽然也参与村落共同的经济、社会活动,承担一定角色,但主要精力是放在各自家庭的生产、生活事务方面。一般来说,年过60岁之后加入"老年组",他们是从社会核心层退居下来的人群,其主要作用是在一些信仰性群体活动中提供适当的建议和指导，另外常常在世俗纠纷方面发挥一定的调解作用。

除儿童组之外，以上各年龄组均为男性组织，而女性则基于不同年龄参加"娘组"（姑娘组）、"嫁组"（媳妇组）、"主妇组"等群体。"娘组"原则上与男性的青年组相对应，其活动多为开展一些诸如剥麻、抽丝、打草鞋、做针线等家庭手工活动，学习、交流作为新娘而需要的一些技艺，获取必要的性知识，等等。姑娘们在村、组集体插秧、除草、收获等农事活动中充当主力，发挥重要作用，而"早乙女"（插秧姑娘）曾经是日本农村插秧季节的一道亮丽的风景线。她们的最大乐趣在于劳作之余举行的聚餐会，这时也是邀请男青年交往的好机会。"嫁组"是已婚，但是尚没有继承主妇权的女性群体，作用相当于男性的中老组。媳妇们往往以"子安讲""十九夜讲""山神讲"等讲组织形式出现，或者轮流在各家聚会，交流安全生产、养育子女的经验教训，或者以讲组织形式祭祀信仰对象、祭拜特定神社，或者与村公所、医院等联合举办关于子女养育、家庭问题的讲习会、谈话会等。另外，"主妇组"大多是以"念佛讲""观音讲"形式出现，主要活动是轮流举行佛事、参加寺院的聚会等，信仰色彩浓厚。在当代，她们还参与组织、策划一些与乡村医疗、卫生相关的学习、普及活动，并作为社会压力团体就一些家庭政策问题等向政府部门施压。

以上这些村落组织虽然林林总总，但也只是具有代表性和普遍性的一部分，并非包罗万象。这些组织都各自具有独立性、紧密性，相互之间原则上不发生横向联系。但是，组织内部十分重视秩序、团结、和谐,并且通过严明的规章把自己的成员牢牢地约束在一起。因此,在这些组织的约束与熏陶下,日本人也养成了服从组织和遵守规章秩序、为和谐和睦而压抑、牺牲自我的群体主义文化性格。

## 三、家族与家:从概念到形态的转变

### (一) 从氏族到家族

大约从3世纪开始,日本母系制部族社会开始向氏族社会转变,而随着氏族规模的逐渐巨大化,其内部开始分化出相对独立的家族共同体。大化改新以前,氏族制社会母权制色彩仍然浓厚,其内部实行的不是族外婚规制,而是父母系不分的近亲婚,即家族集团不分父系和母系。该系由双系构成,因此氏名既有来自父系的也有来自母系的,还有一些是由父系和母系复合构成的,例如"物部弓削守屋大连"。"守屋"一氏中含有父系氏名"物部"和母系氏名"弓削",而"大连"是表示身份地位的姓,说明当时真正意义上的父权制家族还没有被建立起来。但是,古代氏族制社会的氏名不是家族集团的名称,而是以政治关系为契机形成、再编的组织。

进入律令制社会之后,朝廷不但对氏族进行重新划分,还宣布"排除双系复姓",规定"良男良女所生之子,从属其父"。这些规定确定了父系姓氏制度的基础,也促进了日本家族结构开始向家长制方向的过渡。在朝廷实施 50 户为一里的乡里制时，户籍制度上首次出现了乡户、房户这样的家族形态。但是在户籍登记时，户主需要依附于某氏或由有势力的氏上举荐方可申报。因此，户仍然从属于氏族，小氏由一个以上及数户构成，大氏则由十几个乃至数百户构成，一乡 50 户同为一种氏名的例子并不罕见。因此，律令制时期的家族与氏族之间界限尚不很清晰。当时的户是以户主为核心构成的家族共同体，其成员往往包括其直系亲族、姻族及其旁系亲族、姻族，甚至还包括没有公民权的奴仆。亲族、姻族成员称为良民，即公民，而奴仆即贱民。由于母权制的影响，日本家族的父系血缘观念从一开始就显得十分淡薄，所谓"乡户"更接近于原始社会的部落共同体。

律令制体制开始瓦解之后，武士阶层兴起，但是武士集团在谋取政权的过程中，依然热衷于攀附氏族根脉以主张自己的正统性。例如，作为源氏十九流之一的清河源氏武业十分兴旺，曾经从中分裂出包括源赖朝、足利尊氏、德川家康等一代代霸主在内的氏族细胞 500 余家。这与氏姓贵族的分支原则十分相似，而幕府的幕僚及其家臣也依托自己占据的领地，作为新细胞一个个分裂出来，并取新的名称为氏名以示与同族的区别。

氏姓贵族和武士氏族裂变的结果，在中世幕府制时代产生了氏子或庶子的独立形态。这种形态与氏不同，被称为"家"。家较氏规模小，是相对独立而稳定的家族共同体。当时，家的名称是"苗字"，即通常意义上的姓。苗字谓之"苗裔"，即氏族的末裔之意。因此，由氏族分裂出来的家亦被称为"苗字族"。这标志着日本的社会结构开始从氏族社会向家族社会的形态转变。

· 161 ·

与氏族不同，家族的名称虽然在某种程度上还需要君主赐予或认可，但是已经脱离了天皇的控制。由于氏族的裂变，这一时期亦是姓氏大繁殖的时期，其繁殖的速度可谓以几何级数增长。各种姓氏名称有的源于地名，如前野、渡边；有的源于宅邸所在地，如一条、近卫、花山院；有的源于官职和氏名的合成，如斋藤、左藤；有的源于两个氏名的合成，如安藤（安倍氏与藤原氏）等，还有的出自中国典籍，如宇多、光孝、明仁等。

这个时代的"家"相对独立，保持着共同祖先之下同族结合的形态，但氏作为精神纽带依然在发挥作用。苗字族对外称氏名，以显示自己的来龙去脉，而在本氏族内只称自己的家名即苗字，体现了氏和家的即分即合状态。这时，姓氏已经蜕变成代表家族的符号，家族共同体变成社会活动的核心，氏已不再具有古代那样的政治意义和社会功能。自南北朝时期开始，氏名不复出现，标志着古代氏族制度的影响最终消失。

战国时代后期，丰臣秀吉推行检地制度、户籍制度、宗门改制度以及"家制度"，由此家父长制在日本武士阶层成为惯制。在建立于兵农分离原则基础上的江户时代，使用姓氏是武士阶级的特权，并因此而制度化。姓氏是武士阶级用来将自身区别于农工商等被统治阶级身份的标志，"非武士不得配刀和称姓氏"是当时日本的国家制度，平民百姓不得称姓氏。又因为幕藩体制下大名以乡村为单位实施统治、课税征役，因此领主不需要切实掌握人民的具体情况。因平民有所归属，所以即使无姓氏也并不影响社会生活。

明治维新以后，日本政府在完善近代法体系的过程中，不但没有取缔近世幕府时期仅限于武家、公家的封建家制度，反而还将其进一步完善推广到平民之中。明治民法规定，户主的亲族，居于其家者及其配偶均为家族。由此可知明治时代的家是建立在原来家长制基础上的大家族，家族成员为家氏。一家的姓氏虽然有氏名、苗字、姓几种说法，但在法律上均被确定为"氏名"，说明氏族观念的滥觞仍然潜移默化地存在。在"二战"结束之后的新宪法时代，日本的大家族制度被废除，以夫妻为核心的小家庭成为社会结构的基本单元，而姓氏也在历史上第一次真正变成用来区别不同血缘系统的家族符号。

日本人不像中国人那样重视姓氏。正如古代氏姓是由君主赐予的一样，作为君主的天皇家族无需姓氏。日本平民的姓氏如同家长给孩子起名字，从一开始就存在很大的随意性。因此，在明治政府取缔了封建的四民身份等级制、于明治三年（1870）宣布允许庶民百姓称姓氏之后，长期以来习惯于无姓氏生活的平民对此并不感兴趣，以至于明治八年政府又发布公告强制定姓氏。这时，广大农工商民众才开始纷纷涌到寺院及识字人家里，请求帮助选定姓氏。在这种情况下，村落内外具有特征的景物、环境以及居住地点等几乎都成为选为姓氏名称的依据。石井研堂在《明治事物起源》一书中讲到，他父亲应村民请求，曾经把"青柳""喜撰""鹰爪"等茶叶名称推荐给村民，而且把鱼类、蔬菜类、动物类名称等定为自己姓氏的人亦不在少数。可想而知，当时的混乱程度非同一般，而这也是如今日本人姓氏种类竟然多达 14 万之余、居世界各国之冠的直接原因。

古代社会姓氏数量极少和现代社会姓氏数量极多，以及在择姓、改姓问题上的随意性极大，都与日本不存在严格而纯粹意义上的宗法家族观念密切相关。随着行政机构的近代化和资本主义社会的发展，国家统治开始直接针对国民个人而不再以旧家族为媒介，日本人的姓氏才得以朝着个人私称化的方向发展。

## （二）家的结构特征

从概念和结构上来看，日本传统的"家"相当于我们所说的"家族"，而不同于现代的"家庭"。家的形态萌生于弥生时代的农耕社会，经过漫长的历史发展至江户时代基本成形。关于江户时代的家族结构，福武直指出："日本的家族，没有被人们看成一个单纯的家族，而是抽象地作为'家'来认识的。家族，只是直系地从祖先到子孙这样继承下去的'家'的现象形态。而那个所谓的家，由于只是家谱的直系连续体，所以那些参与家务的用人也能够按家族关系的模拟成为其中一员。"❶ 中根千枝则进一步指出，它"能够把不同类属的成员包括进来，同时又能够把同种类属的成员排除出去，特别是在世世代代从事农业或商业的家族，更是司空见惯。这种家族里，不仅毫无血亲关系的外来人可以被请来做后嗣或继承人，甚至仆役、管家也可被吸收为家族成员，并以家族成员相待"。❷ 由此看来，日本的"家"是

---

❶ 福武直. 日本社会结构 [M]. 陈曾文, 译. 广州：广东人民出版社, 1982：20.
❷ 中根千枝. 日本社会 [M]. 许真, 宋峻岭, 译. 天津：天津人民出版社, 1982：5.

以宗法制度为模式,以宗族主义为"精神结合"力量组建起来的同族集团。

具体来说,日本传统的"家"可以同时或不同时地包含以下成员:一是直系的血缘亲子及其家族(祖父母、父母、子夫妇、孙夫妇),二是旁系的血缘亲子及其家族(兄弟夫妇、侄外甥夫妇等),三是直系,但无血缘关系的亲子及其家族(养子、家仆家族),四是旁系的非血缘者及其家族(上一辈的老家仆及其家族等)等。这样的同族集团与弥生时代由部落共同体中分化出来的小家族集团结构,即家长统领下的包括家长的妻与子、家长的兄弟(姐妹)以及叔伯和他们的子女在内构成的复合型家族共同体基本相似,说明日本的"家"从一开始就具有以亲缘而非血缘关系为主体形成的大家庭结构。

首先,这种非宗法制"家"存在的依据是作为家产的宅邸、田地、山林和作为家业的农业、商业、手工业等生产手段,以及作为家存续象征的家名、家徽等。也就是说,这些物化形态的家财是家族成员赖以生存的物质基础,由子孙累世相传。其次,家的精神纽带是祖先。所谓祖先,在日本并非完全是宗法意义上的血缘祖先,而是一个家族的始创者。即使不十分清楚他们具体是谁、起于何时,但是作为始创者是肯定存在的,敬仰他们的功绩,认同他们的价值,崇拜他们的灵魂,维护和传承其家财是家族成员的共同理念和责任,是不以个人的意志为转移的。建立在这种共同理念基础上的祖先意识,即异乎寻常的日本式的家族主义宗族观念,可以使家族的范围被无限扩展,也可以根据各种实际需要而无限缩小,但是因为有共同祖先意识作为精神纽带而不会发生质的变化。目前，日本的"家制度"的实体已经基本退出了历史舞台，但是由共同祖先形成的"家意识"和"家族精神"，却仍然在日本社会的方方面面发挥着十分重要的作用。

与部族、氏族社会由部族、氏族中分化出家族的现象相反，近世社会的家族不断扩大，甚至延伸成为村落这样的社会共同体。家族是一个有机结合体，它一般由同族男系或父系的原基家族"本家"不断分割、派生创立出新家庭"分家"，形成系谱上的"本家"与"分家"家族结构，然后世代类传，形成主干与分支相互认同的总本家—本家—分家—孙分家的同族集团序列。这种家族形态结构源于江户时代武家社会的家制度。出于维系家族的连续性、一贯性目的，家族中一般由直系长子继承本家地位，次子以下男性另立门户处于分家地位。直系分家被称为"血缘分家"，但也存在没有血缘关系的分家。例如，长期忠诚服务于主人家的家仆可以获得分家名分，成为同族的一员。这种分家被称为"非血缘分家""家仆分家"。非血缘分家的形式尤其多见于城市里的商家同族团，如同"总号"与"分号"的关系。这是日本传统家族社会化的基本途径，也是日本社会家族化的基本特征。

在这样的家族结构中，本家、分家之间等级、序列分明，相互之间表现为上下主从的纵向关系。本家对自己直系的分家拥有管制权，且相互之间存在庇护与服从义务，而总本家在家族共同体内的地位至高无上。分家之间存在一代分家、二代分家、三代分家等代际差别，而非血缘分家与血缘分家之间的地位也微妙不同。不同系别的同代分家之间属于平等关系，除人情往来之外，基本上不发生利益关系和横向联系，亦不存在庇护与服从的义务。也就是说，日本的家族中存在"纵向"和"横向"两种结构关系：纵向如同父子一样为上下主从关系，表现为庇护与服从；横向如同兄弟一样为内外亲疏关系，表现为义理人情。纵向关系的原则是保证家族的稳固与延续，横向关系的原则是维系家族共同体的团结与和谐。总之，每一个成员在这种序列分明的家族中都拥有不同的身份和位置，都需要按自身的本分而不是个人的主张行事，甚至需要约束和压抑自己的情感。

在日本，家族共同体具备社会组织的基本特征。换言之，社会组织也可以视为家族结构和观念的延续。为了进一步具体观察本家、分家家族集团及其与村落社会共同体的关系，笔者下面转述两个近代传统村落的例子❶以供参考。

岩手县二户郡荒泽村石神部落，共有 37 户人家，本家斋藤也是主家。本家之下由别家（血缘分家）5 户、别家的别家（孙血缘分家）2 户、分家名子❷（家仆分家）12 户、宅地名子 4 户、佃农 3 户、别家的分家名子 2 户、别家的宅地名子 3 户等构成。村中几乎所有家庭都与主家拥有系谱关系以及统治与服从关系。在这个村落里，分家需要在结婚若干年之后才能出户，而主家的家仆都是名子和佃户的子女，他们在主家家长的安排下结婚之后，仍然要为主家的经营无偿效力。这样的家仆夫妇有了孩子，成长到一定年龄之后才能另立门户为分家，而他们的孩子也

---

❶ 大岛建彦, 等. 日本を知る小事典 1 [M]. 東京：社会思想社, 1982：19 - 21.
❷ "名子"是隶属于主家为其提供赋役的农民。

要同其父母一样作为家仆为主家效劳。他们在作为家仆效力期间有自己的住屋和生活保障，但是其全部劳动几乎都是无偿奉献，不存在所谓的固定收入。分家名子在另立门户时可从主家那里分得房屋和若干农具，并获得宅基地水田一反和旱田一二反，所有权归主家而收获归自己。另外，可佃耕主家田地（收获按五五分成）若干。因此，分家在经济上并非完全独立，而是被置于主家的庇护之下，同时需要为主家的手工作坊及家庭事务提供无偿劳动。这个村落每年的定例活动十分频繁，而村落的这些活动也就是主家的活动。这时名子、别家都要被召集到主家共同参与。别家也被置于主家的统制之下，只不过别家是血缘分家，因此能够获得自主经营的土地以及其他财产。

石神部落是一个以本家分家为基础的大同族集团，是置于本家经济支配下的利益共同体，完全覆盖了村落的生产、生活和宗教活动。但是，还有另外一种形态，那就是一个村落内存在的多个本家分家同族集团。在这种情况下，还有下面这个位于山梨县东端的枫原村大垣外部落，各个同族集团之间构成了相互协作的基本单位。

大垣外部落称同族集团为"地类"，本家叫"大家"，分家叫"亲家"。大垣外部落中有地类11个，其中最大的含有16户，小的仅一二户。部落中最大的地类是高桥家，在历史上独占村落社会的庄屋名主、村年寄等村官职务，尤其是其本家一直世袭庄屋名主。与石神部落一样，这里的本家分家同族集团的核心成分也是血缘分家。然而，自江户时代中期以来，分家的衍生几乎停止，因此家仆分家的培植也已经十分困难。在家庭与地类的关系上，这里有一个令人瞩目的现象，就是几乎所有绝嗣门户的家族都以其血亲、近亲及家仆继承家名的形式得到复兴，而且所有地类的本家脉络清晰，其权威也一直得以维持，本家与分家之间秩序井然。地类各家相互协同农业生产，共同协作清理负债，而且婚丧嫁娶等一切人生大事都以本家分家同族集团为轴心进行。在这个重视本家与分家同族家系连续性的地区，还形成了以本家为"亲分"、分家为"子分"式的家族结合，即虚拟的地类，以这种主从关系保障社会生活的有序与平稳。

"亲分""子分"是描写日本人社会关系的一对重要用语，表达了模仿家族关系建立起来的社会人际关系。这种"亲—子"关系可以具体化为主—仆关系、租—佃关系、师—徒关系、师—生关系等，并因此构成家族一样的社会组织集团。这种关系类似父子关系，其中最首要的因素在于"子分"能够获得"亲分"的扶助与庇护，而"子分"有义务在"亲分"需要时义不容辞地效力协助。绝大多数日本人，不论其职业地位如何，都生活在这种亲—子关系之中，在人生的攸关时刻，"亲分"名副其实地起着父亲的作用，甚至其重要性超过父亲。❶

总之，日本传统家族中本家与分家，以及社会上以模拟方式形成的上下、主从结构关系，强调的是类属和阶层关系，它虽然抑制了家族和社会成员的个人意志和自由，但是在淡化和协调社会阶级关系、缓解社会矛盾等方面具有一定的积极意义。

---

❶ 中根千枝. 日本社会 [M]. 许真，宋峻岭，译. 天津：天津人民出版社，1982：41–42.

## （三）"家制度"与家继承

严格地说，日本家族制度起源于中世武家的"惣领制"，即惣领家对庶子家的统制。但是，武家社会的根基在农村，因此其社会生活也延续着乡村惯习。例如，镰仓时代的武家社会主张作为武家者应该一夫一妻，要求武家不能歧视女性，而且在土地、财产继承或受让方面不分嫡庶，亦不分男女，可以由一个子女继承，也可以分割给多个子女，还可以分割、转让给妻子、母亲。❶ 也就是说，在当时的武家社会，女性与男性是相对平等的，拥有相同的权利和义务。惣领制崩溃之后，为了避免多个子女分散分割令小领地失去统治，而将分割转变成指定一子继承。但是一子继承的前提是嫡子，而不限于长子。在江户时代，由于幕藩统治的需要以及儒教在武士阶层的彻底渗透，家长制已经成为武士阶层的惯例，但是土地继承仍然不是按照长幼顺序，而是基于能力的"奉公的深浅"和"器量的有无"来确定。长子并非铁定继承人，而是"长子若有能力，其继承家业乃天下之定则"。❷ 而且，虽然家长是一家之主，但在家产等家族事务的运营上仍然处于退隐者的监督之下，家长不能自作主张。

日本真正意义上的家制度，是明治政府通过户籍制等一系列制度的实施确立起来的。"明治民法，在其家族法中规定：以武

---

❶ 山本七平. 何为日本人 [M]. 崔世广，等，译. 北京：国际文化出版公司，2010：156-163.

❷ 同上。

士的家族制度为典范。也就是说，明治政府不但固守了近代社会以前的传统，甚至还进一步强化了它。"❶明治民法时期，家制度的支柱之一是家长制，即把一定范围内拥有亲族关系的人归属于同一个户主之下，户主写在户籍的前头，登录在同一个户籍上的成员归属于同一个家族。户主即家长，以其法律赋予的家长权对家族成员实施身份管理，同时负有抚养责任和义务。家长的权力包括继承人的确定权，子女婚姻、过继养子的同意权和取消权，以及家族成员的居住指定权等，特别是对子女拥有绝对权威和统治权，家族成员需要在人格上对其表现出恭顺、服从。作为家的继承人，长子在家族中的地位甚至高于母亲，而次子以下的兄弟姐妹则处境低微，尤其是女孩受到歧视。嫁入直系家族的妻子需要适应其家族的生活方式，需要隐忍和服从，在夫妻关系中地位低下。现代日本人表现出的男尊女卑，实质上就是根据近代明治民法时期的家长制形成的，而并非日本传统社会的产物。

值得注意的是，明治民法时期的家族虽然"以武士的家族制度为典范"，但是幕藩时代的武士家族与底层平民不同，至少是农村自耕农以上的农户或私营工商业主等有产阶层。对于他们来说，家族既是一个生活聚居体，也是一个生产经营单位，农业和工商业都是家业。家产、家业是支撑家制度的物质基础，也是家长权力和权威赖以存在的依托。因此，对于没有家产、家业，甚至家境贫寒的底层平民来说，因为难以形成庞大的家族，所以所谓的家长权威也无从说起。因此可以说，明治民法下的"家制

---

❶ 福武直. 日本社会结构 [M]. 陈曾文，译. 广州：广东人民出版社，1982：22.

度"所指不是生活聚居体,而是为了保障生产经营体稳固的规定。

明治民法制定后,长子继承制作为家制度的另一个支柱,成为整个日本推行的制度。长子继承制指"家"由长子单独继承户主权即家长权,以及家的系谱、家产、家业,目的在于保护直系家族产业的存续。完成了家的继承之后,长子夫妇需要与父母共同生活、担负抚养父母的责任和义务。其兄弟姐妹可留在父母家一同生活,但是结婚之后需要作为分家另立门户。除出嫁或出去做婿养子者之外,次子以下的三子、四子等另立门户时需要履行继承本家名分的分家手续,并隶属于本家,构成本家、分家同族团。如此形成的直系家族制是"二战"前日本家制度的代表性形态,促成了男性在家族中的统治、支配地位以及家业的长期发展。

家继承主要是继承由祖先传承、固化下来的家系、家徽、房屋、土地、家业、财产等,另外包括祖先的墓地以及祖先供养、祭祀权。家继承一般分两种情况,一种是因前所有者死亡而发生的继承,即通常所说的遗产继承;另一种是前所有者在世时发生的继承,即生前继承。习惯上,除非意外突然死亡,日本一般以生前继承为主。生前继承是日本的特色,即作为家长的父亲在适当时期(一般是在继承人结婚或生子之后)将家长权力和地位以及财产转让给继承人,自己退隐,也就是对内对外不再代表家族承担家族义务和责任。需要指出的是,在日本人的传统观念中,父亲与父权是两个不同概念。在中国,父亲因为是父亲所以有权威,而在日本则是父亲因为有父权(家长权)才有权威。因此，父亲一旦放弃家长权而变成一个闲居老人，随之也就失去了父亲的权威。这种现象在过去主要表现在武士阶层的大门户、大家族，而目前在部分农村地区以及私营工商业家族还有所残留。

  退隐与继承是相辅相成的关系，尤其是在直系家族继承观念延续的地区，退隐习惯仍显得根深蒂固。关于退隐与继承的方式方法，与其说是制度要求，不如说是习惯所致。据调查，在20世纪50年代，日本仍然有70%以上的家族认为应该由长子继承家系、家长地位和家产。在长子优先继承习惯仍然延续的地区，前户主在履行继承程序时要让出"母屋"（正房、上房）给继承人夫妇，自己搬到隐居屋另起炉灶，开始自耕"退隐地"的生活。但是，在退隐者去世之后，退隐地还需要返还给"母屋"。在八丈岛一带，长子结婚之后采取访妻形式，在第一个孩子出生之后放弃（妻家的）婚舍搬到"母屋"，这时父母夫妇则需退隐，领着其他子女到新建的隐居屋生活。退隐者尚十分年轻，身边还有一些未成年孩子，因此需要分割一定的家屋、宅地和耕地为自己所有，退隐者去世之后则由同居的某个子女继承。在飞驒白川乡，其家族形态是家长由长子传给长子，财产继承也按照这种直系脉络进行。在这种情况下，继承人的兄弟姐妹原则上依然留在家里生活，但都采取访妻婚形式，出生的孩子在母亲家里抚养。在伊豆诸岛等南部、西部地区，家继承的时期是在家长安排好长子以外的子女之后（即作为分家另立门户或出户做养子、出嫁），这时长子才能与一直居住在娘家的妻子与孩子们一同搬入"母屋"，继承家业。除长子优先继承之外，有些地区（例如日本中、西南部地区）是按照男性兄弟顺序，由抚养父母者继承，在这种情况下，家产一般采取分割方式继承。[1]

在家继承方面，日本优先考虑的因素是继承，虽然血缘关系的父—子继承最为理想，但是当家里女孩子大而男孩子幼小，或者只有女孩子的情况下，则需要通过招婿来继承。此时血缘关系变成第二位。在这种情况下，家产、家业由长女继承，而家长权则由赘婿继承，当其家族的长子（姐姐的弟弟）长大成人之后，姐姐夫妇需要将继承权返还给弟弟，而自己作为分家另立门户。在私人工商业者家族中，由长女继承家业，招"番头"（掌管店面的总管）为婿的现象十分普遍。也就是说，只要具备人品和能力，不排除非血缘关系者成为继承人。

家的继承关键在于家的连续性，如果一个家族丧失连续性而成为绝家（因为没有继承人而家系断绝）是非常严重的事件。通常情况下，血统的断绝并不意味着家的断绝，当意识到家族有可能断绝后嗣时，可以采取过继养子的方式来继承家系。而且，即使在家断绝之后，还可以拥立亲属来续谱再兴，即"家必须永远持续"的愿望是日本人最为重要的本分和义务。

由于家构成的特殊性，日本人过继养子为家族成员的现象十分常见，其中既有以补充家族劳动力、加强家族势力为目的的养子，也自然有以继承家为目的的养子。因此，有弟弟给哥哥当养子的，有夫妇一同当养子的，还有把家仆的孩子过继为养子的现象，等等。养父子关系等同于亲父子，不但可以享受分家待遇，而且在必要时可以继承家长权。

---

[1] 大岛建彦，等. 日本を知る小事典 1 ［M］. 東京：社会思想社，1982：22 - 30.

除此之外，日本社会认干亲的习惯也非常普遍，一个人的一生中往往需要认许多干亲。但是，不同时期认的干亲意义不同，幼年时认的"接生亲""奶亲""取名亲"等主要目的是在孩子生命体不稳定时期护佑孩子顺利成长，而在举行成人礼时认的"加冠亲""系带亲""改名亲"以及"宿亲"等干亲则具有社会功能，即通过结成亲子关系相互扶持，相当于家族的外延和扩大化。

"二战"结束之后，1947年日本公布的新民法废除了旧的家制度以及家长权和长子优先继承权，主张财产继承不分男女，由兄弟姐妹分割，并规定所有子女均负有赡养父母的责任和义务。然而，虽然家制度作为制度不复存在了，但是其影响以及家族观念并没有在日本社会消失。例如，虽然战后法律规定所有子女均等继承家财、家业，但是农户、零星企业却难以做到。因为分割继承导致财产分散，难以维系家业存续，所以长子单独继承至今仍然存在。另外，无论有无家系、家财、家业可以继承，目前的日本社会习惯仍然是长子被赋予比其他兄弟更多的责任，并需要与父母同居，为其养老送终，而其他兄弟需要付出的代价只是放弃财产继承。还有，在高度经济增长期，日本农村构成家族制的土壤减弱，以次子、三子和女孩子为主的年轻人纷纷涌入城市工作，而城市生活不再需要以家继承和家产来维系两代，加速了核家庭化的进展。然而，长子却没有选择职业的自由，他们必须守护在农村，继承由祖先固化下来的房产、地产，守护墓地、供养祖先。曾经风光无限的长子在现代社会变成了昔日家族制度的牺牲品，甚至陷入娶不上老婆的艰难境地。

### (四) 婚姻形态的演变

　　与家族结构一样，日本的婚姻形态也具有与众不同的民族与社会特征。现代日本法律规定婚姻实行一夫一妻制，并且禁止三等亲以内者结为夫妻。但是在相当长的历史时期，日本人并不排斥近亲结婚，即堂表兄弟姐妹之间成婚的现象十分普遍。其中的一个原因在于日本社会十分重视身份、地位。尤其是在家制度下的上层社会，婚姻重视同等身份、相同阶层，即倾向于门户对等、相称，家格比当事人的个人资质、能力显得更为重要。又一个原因在于日本传统村落多为由同一个或少数几个家族共同体构成，而且每个村落都具有高度的独立性和封闭性，村民很少与外部人交往，因此难免堂表兄弟姐妹之间成婚。在日语中，表示堂表兄弟姐妹的"いとこ"一词原本就具有爱恋的意思。再一个原因在于日本传统农耕社会的劳作方式更需要相互协作，村落内就近、就便地选择婚配可以满足对劳动力的渴求。因此长期以来，日本的村内婚十分盛行。

　　虽然日本上层社会至今仍然存在门当户对的择偶观念，但是在平民社会，婚姻配偶的选择自古以来都相当自由，当事人的自主性相当高。尤其是在传统农村社会，择偶标准非常简单，男人不辞辛苦、能干活，女人手脚麻利、不使闲、不说闲话几乎是唯一条件。勤劳、本分而生活不奢侈的人最受欢迎，相反，乱花钱、吸烟喝酒、涂抹红白粉化妆的人受到鄙视。另外，很多地方喜欢娶年龄大的媳妇（至少是不嫌弃）。有谚语说"姊女房，是福神",认为年龄大的媳妇(姊女房)会过日子,是家里的福气。

在历史上,日本人的婚姻形态比较复杂,但是仅就农村社会来看,总体来说主要表现为两种形态:一是"访妻婚",二是"出嫁婚",二者之间存在交替关系,但前者凸显日本特色。

"访妻婚"形态比较古老,而且在不同时代和地域还存在一些变体。通过《古事记》《日本书纪》和《万叶集》等记载,可知7世纪前后日本的婚姻形态是男子夜晚到女子家住宿,天亮以后离开,即暮来朝辞。在这种情况下,女子只是被动地在家里等待,一旦男子不再前来就意味着爱情、婚姻结束了。这样的形态被称为"妻问式",但其究竟是属于婚前交往还是属于婚姻,界限并不清晰,而且显然是属于母系制部落社会习俗的遗存。到了平安时代,社会上出现了一种称为"夜爬"的婚姻现象。夜爬这个词听起来有些晦涩,其实它原本的意思是"呼唤"。那么,什么是呼唤呢?据说在古代,男性求婚时需要呼唤女方的名字,而在古人的观念里名字与生命相通,应答并把自己的名字告诉对方就意味着情投意合,是女方同意男方夜里到家里来的意思。实质上,"夜爬"相当于现在以结婚为前提的婚前交往,大致上与"妻问式"无大差异。据说,日本至今有些地方还在把订立婚约之后男方到女方家住宿的行为称作"夜爬"。

关于"夜爬"习俗,据说在江户时代中期,东北地区的习惯是男子准备一根漂亮的一尺长左右的卫矛立在心仪女性的家门口,如果女方对男方有意就把那卫矛拿到屋里,而在夜晚把来访的男子引入房间。在青森县津轻地区,农历五月四日到八九月是约定俗成的男青年"夜爬"期间。男青年在5月4日或5日会把"连注绳"挂到女方家门口，或者把彩色纸撒到女方家的屋顶和院子里，意思是寻求交往。据说这个风俗一直持续到最近才消失。

关于婚前交往，村落社会里的青年组、姑娘组发挥了很大作用。男女青年白天各自在自己家劳动，晚饭后集聚到"若者宿""娘宿"享受青年人独有的时光。如果有中意的姑娘，男青年会征得"娘宿亲"的同意和支持住到"娘宿"来，而其他姑娘会把房间腾挪出来到别处去住，这里便成为男女二人晚上幽会的"寝宿"。当二人确定可以结婚时，便告知父母并离开"娘宿"，把"寝宿"转到女方家里。在这种情况下，配偶由当事人自主选择，父母默认，而宿亲往往在其中担当保护人的角色。

在传统农村社会，婚前交往与婚后的生活方式之间似乎没有明显区别。因为，从结束"夜爬"到进入婚姻状态的过渡，最简单的形式是男方正式到女方家与其父母见面、行亲子之仪便可。不但女方不到男方家去生活，而且男方仍旧需要在相当长的一个时期内在女方家的"寝宿"住宿。这种形式的婚姻生活被称为"访妻婚"，也叫作"招婿婚"。然而这种形态与通常所说的入赘是完全不同的，因为男方就像"走读生"一样只能在晚上来到妻子的住处，同时也并非妻子家的成员。在日本农村社会，这样的婚姻形态存续了很长时间，而且十分普遍。

一般来说，"访妻婚"只限于将要成为继承人的长子，因为次子以下不能继承家业，结婚后要另立分家或者作为养子入赘到妻子家，所以无须渡过"访妻婚"阶段。那么，作为长子的妻子，在什么情况下才能移居到夫家生活呢？这与家继承密切相关，原则上是在长子的父亲去世或放弃家长权而把家业让渡给长男之时。有些地方，妻子在生第一个孩子之后便可以搬入夫家，但这属于特殊情况。

以大家族制闻名的飞驒白川村有一个颇为特殊的民俗，即这里不允许次子以下的男子另立分家，因此除长子之外，其他男子需要终身保持"访妻婚"状态而往返于留在娘家的妻子处。因为女方结婚后也终身不能离开娘家，所以出生的孩子属于母亲家而不能领回到父亲家。这样的婚姻形态在明治民法时期被视为"内缘关系"（妍居关系），所生的孩子被视为"私生儿"登录于户籍。白川村的这种婚姻形态实质上是两种类型并存，即家长及其长子采取的是出嫁婚，即结婚后女方入住夫家；次子以下则属于访妻婚，既不能另立门户，而妻子也终身不能入住夫家。这样的婚姻形态出现于江户时代中期的大家族，是一种极其特殊的现象，但是一直延续到大正年间才结束。

另外，在日本东北地区的偏僻农村，还存在一种被称为"年期婿"的访妻婚形态。具体做法是确定3年、5年等一定年限，作为丈夫的男方在其年限内居住在女方家劳动，年限期满后与妻子一同搬入男方家。在这期间，男方的劳动虽然有时也可以领到工钱，但是基本上是属于无偿付出，颇有些类似伙计的意思。据说，这样的民俗惯习在当地一直延续到20世纪70年代才消失。

在访妻婚与出嫁婚交替之际，日本还出现了一种被称为"足入婚"的婚姻形态。与在女方家举行婚礼的访妻婚不同，足入婚是在男方家举行婚礼，但是结婚后却需要妻子白天在丈夫家劳动,夜晚回娘家住宿,丈夫随妻前往。这种婚姻状态有些像一脚门里一脚门外、相互试探的意思。在这种状态下,女方不仅将个人财物放在娘家,就连孩子也要生在娘家,等到男方的父母把自己的次子以下子女安排妥当要退隐时,长子夫妻往往已经在女方家居住了10年以上或生了三四个孩子。这时,妻子连同自己的财物一起搬到夫家,并同时成为主妇。因此有人认为,足入婚是访妻婚向完全"出嫁婚"转变的过渡形态。

"出嫁婚"源于镰仓时代的武家社会。与皇家贵族不同,武家提倡"作为武家者应该一夫一妻",而武家提倡的事情往往来自民间的习惯,自然存在社会基础。一夫一妻制与家长制的出现是相辅相成的,同时把妻子娶到家里来也是必要条件。因此,家长制、一夫一妻制和出嫁婚一起在武家社会渐成风气,而在明治时代,出嫁婚几乎替代了其他所有婚姻形式,变成全国的普遍形态。

出嫁婚的前提是在婚姻成立的同时,妻子需要到夫家共同生活,同时也把自己的一应物品搬入夫家。然而有些地方还仍然保留着部分传统习俗,例如,女方出嫁后只能一人来到夫家,而出嫁物品(衣橱、梳妆台等)、随身用品和衣物等则放在娘家,数年之后才能搬入夫家;女方嫁入夫家之后,仍然需要在一定期间内为娘家付出劳动,甚至需要回娘家生孩子。

值得一提的是,在日本传统社会习惯中,妻子与"主妇"往往并非同一个概念。只有长子的妻子在丈夫继承了家长的名分之后才能够成为主妇,也就是说,在一个家庭里似乎不可能同时存在两个主妇。为了避免两代媳妇或同一代的多个媳妇同时存在于一个家庭之中,长子在继承家长权之前只能过"访妻婚"生活,在父亲出让家长权(同时,母亲也出让主妇权)退隐之后,才能把妻子带回家;次子、三男等结婚之后必须另立分家,搬离父母家。因此,家里始终保持只有一个主妇的状态。当然,次子及其以下男子因为结婚后是自立门户生活,所以其妻子从一开始就自然是他们小家庭的主妇。不过,当他们的下一代长大成人结婚之后,仍然需要重复上一代的方式。

也就是说,主妇主要存在于"本家"这样的家族之中,主妇在家庭事务方面具有绝对主导权,即便是家长也在其管辖之内。在民间信仰中,一家的母亲也被称为"十二样",说她一年生12个孩子,是丰产多收、抚养和保护家庭的女神。在传统农村社会,主妇是家长的支持者、协助者,是家庭的供养者,她不仅安排家庭生计,分配和保障生活资材,还是家庭子女培养、邻里关系、亲戚关系、婚丧嫁娶、祖先祭祀、节庆安排等事务的主导者,甚至在丈夫早逝、长子尚幼的情况下可以对外代行家长权力。

主妇权力的象征是勺子和锅盖,在正常情况下这两样东西是不许别人触碰的,因此日本男人习惯上不下厨房,不自己盛饭。一般在家长退隐时,主妇也把"主妇权"转让给媳妇。转让主妇权的仪式一般在大年三十晚上进行。主妇把勺子放在锅盖上一起交给媳妇,并把家里主妇的座位让出,从此不再过问家庭事务。

在核家庭成为主流的现代社会,传统意义上的主妇及主妇权已经不复存在,但是其传统意识及习惯仍然有所残留。世人常说日本是一个男尊女卑的社会，其实并不完全正确，应该理解为角色的体现不同。在现今社会，丈夫属于社会，在外打拼；妻子属于家庭，在内操持家务。丈夫是"工资搬运工"，除把工资交给妻子并从妻子那里领取零花钱之外，几乎不过问家里的事务——从每天的家务料理、食物采购、收支安排、子女教育、老人照料，到社区活动、邻里亲戚相处、人情礼仪，等等，任由妻子安排。尤其在"单身赴任"成为常态的现代日本社会，丈夫往往常年工作在外地，妻子肩上的责任和精神压力可想而知。过去长期存在的"访妻婚"家庭形态和今天丈夫不理家务或不在家、不关心家庭的状况，在某种程度上存在相通之处——那就是孩子都是在"父亲不在"的状态下成长的。如此成长起来的日本人在性格上会形成很多特点。例如，女人显得更为自立、隐忍、坚韧，男人则显得恋母情结严重、依赖心理强。

最后，涉及一下日本的离婚传统。在律令制时代，日本在中国制度的影响下出现过有关离婚的规定，例如，除非不生不育、不孝敬父母之外，丈夫不得弃妻等，但是具体实施情况不详，想必只是仿制的法律条文。当时社会婚姻形式处于妻问式阶段，如果男方不再到女方家里，应该就算是婚姻关系终止，所以真正意义上的离婚可能事实上并不存在。从资料上看，镰仓时代夫妻关系比较平等，男女均有提出离婚的权利，也有案例表明妻子向地头申诉丈夫贪婪、无情而获得离婚许可的情况。室町时代以后，随着出嫁婚的普及以及婚后生活以夫家为主，离婚便开始意味着女方离开夫家，这时候的离婚被称为"辞退"（暇をやる），因此离婚的主动权完全掌握在男方手里。

到了江户时代,无论是在法律上还是在道德上,妻子都没有权利提出离婚,但是幕府规定离婚成立时,男方有义务向女方提交休书,即"离缘状"。当没有拿到休书而再婚时,男女双方都要受到惩罚。当时的休书格式叫作"三行半",需要男方亲笔书写。如果不会写字就画三行半竖杠,然后捺上手印即可生效。男方离婚似乎并不需要特殊理由,"感情不和""关系不睦",或者干脆就写"由于我等原因"即可,但是女方想要离婚十分困难。为了达到离婚目的,她们往往求神拜佛祈愿神灵助力,或者干脆就离家逃跑。日本现在也有这样的现象,日语叫作"蒸发"。在镰仓、室町时代,女方一般是跑到武士家、神社或在山野中修行的僧侣那里寻求庇护,而在江户时代则盛行逃往寺院成尼。一旦女方削发为尼,一般情况下离婚也就自然成立了,但是寺院会出面召唤当事人进行调解。如果调解成功,男方会把休书交给女方;如果男方坚持不离婚,那么女方就不得不在寺院住上三年才能获得自由。

# 第五章　从语言看日本文化

　　在人类的历史上，当民族在语言、居住地域、经济生活、心理状态等方面作为一个稳定的共同体出现时，语言就已被深深地刻上了民族的烙印，成为这个民族及其文化具有代表性的象征。[1] 也就是说，要学习和使用一种语言，就必须理解创造那种语言的民族的思想方法和价值观念。

　　长久以来，在学习日语的人中流传着这样一句话：日语入门容易，出门难。这可以被理解为日语学习起来容易，用起来难。日语发音比较简单，容易上口说话，而且日语中使用汉字，对于中国人来说有亲近感，为日语入门提供了便利。"出门难"大致上是指日语使用起来比较困难，原因在于日语的产生和赖以存在的文化土壤与中国不同，它往往会因为日本独特的社会生活出现变体，需要随时变换和选择不同说法，使人难以适应。因此，人们在学习和使用日语时，不但需要掌握语言的

---

[1] 申小龙. 社区文化与语言变异：社会语言学纵横谈 [M]. 长春：吉林教育出版社，1991：1.

内在逻辑,还有必要了解日本的社会、文化规则,而这正是所谓日语学习难的关键所在。

# 一、日本语言:多样性与包容性并存的结构

## (一)日语的语音特点

日语是独立语,不属于世界上的任何语系。在语音方面,日语只有 5 个元音,14 个辅音,2 个半元音和 3 个特殊音,共计 24 个音素。音素是语音学上的最小单位,但是人们在实际语言生活中能够直接感受到的不是音素,而是音节。日语的音节数量非常少,共 103 个,而且除拨音、促音、长音 3 个特殊音节之外,都是以元音结尾,为开音节。

大约在 10 世纪日本文字即假名形成时,日本人用假名把音节制作成一个表,称为"五十音图"。这是学习日语发音和语法时的重要依据,但是这个音图现在已经不能完全反映日语音节的全貌了。

一个词往往由一个乃至数个音节构成,音节与音节之间存在着高低、轻重的配置关系,被称为声调(アクセント)。日语的声调属于高低型,与轻重型声调的语言相比,日语听起来显得比较轻柔与此有关。声调是约定俗成的社会现象,具有辨义功能。但是日语的声调远不如汉语那么复杂和严谨,辨义功能亦不很

强，有一些词的声调甚至因地域不同而存在正好相反的现象，还会因接上助词、助动词之后发生变化。

相对而言，日语的元音、音节数量较少，发音部位和发音方法相对简单，声调辨义功能不强。因这些特点的存在，初学日语的外国人会感到日语容易上口，比较容易掌握。但是与此相对，这也给日本人学习外语时带来了麻烦，使他们面对比日语复杂得多的外语发音往往会望而生畏。另外，日语的音节数量和发音与日语的假名文字完全一致，因此日本人能够很容易地辨认和掌握书写技能。据说，日本儿童在小学一年级的第一学期结束时，就能够用假名自由地写出自己的所思所想。当然，音节数量少导致日语中产生大量的同音异义词。同音异义词的大量存在往往使日语听起来不容易理解，而在视觉上则不得不更多地依靠汉字。

## （二）日语的文字特点

生活在汉字文化圈的人在阅读日语文章或到日本旅游时，会发现到处都是汉字，从而产生一种亲近感，并由此形成日语肯定好学的错觉。其实，日语中除汉字之外，还使用假名（平假名、片假名）、罗马字。多种文字混杂交织在一起，令人眼花缭乱。这种以汉字、假名为主混写的现象，被称为"汉字假名混合文"，是现代日语的标准书写方法。

在这种情况下，汉字、平假名、片假名原则上各司其职，如何被应用存在约定俗成的规律。其中，汉字主要用来书写具有实质性概念和意义的部分，如"自動車""続く""長い"等名词、动词、形容词等的词干部分。由于汉字是表意文字，适当地使用汉字行文对于辨别和理解词义很有好处，尤其是对同音词。但是，由于汉字的发音复杂，过多地使用会增加阅读难度，容易使人丧失阅读兴趣；然而，汉字过少则容易导致词与词之间的间隔模糊，使词义不好理解。为了解决这样的问题，日本的幼儿读物或面向外国人的日语初级读物，都尽量减少使用汉字，同时在词与词之间留出间隔。有调查表明，在报刊文章中，每百字汉字数量以 35 个为宜；在一般性文章里，每百字汉字数量以 20～40 个为宜，综合看来汉字的使用量在 40% 以内。❶

那么，日本人至今为止总共接触过多少汉字呢？据调查，日本收录汉字最多的辞典是 13 卷本的《大汉和辞典》❷，共收约 49964 个汉字，其中包括现在已经不用的字和异体字。但事实上，在目前日常使用的"汉和辞典"中，汉字的数量要少得多，一般在 1 万到 1.5 万字。据"二战"之后的调查来看，现代日语报刊和一般书籍中使用的汉字数量不超过 4000 个，而现在日本人能够做到日常读写的汉字在 2000 个以内。

出于教育及社会生活的需要，日本政府自"二战"以后开始对汉字使用采取限制措施，例如，在 1946 年首次颁布了"当用汉字表"。据此，在法令、公文、报刊以及一般社会生活中可以使用的汉字为 1850 个，人名、地名除外。1981 年，日本政府又在"当用汉字"的基础上制定公布了"常用汉字表"，规定常用汉字为 1945 个，随后日本法务省又公布了"人名用汉字" 166

---

❶ 池田弥三郎. 日本語の常識大百科 [M]. 東京：講談社，1982：621.
❷ 諸橋轍次・大漢和辞典 [M]. 東京：大修館.

个。因此，日本人目前需要在基础教育阶段掌握2111个日语汉字。除字数之外，"常用汉字表"还对这些汉字的字体、读音、使用等也制定了详细规范。

日语中大量使用汉字，对于汉字文化圈以外学习日语的人来说，是最令人感到头疼的问题，但是对于中国人来说则倍感亲切，甚至有人由此误认为日语好学。然而，日语中的汉字对于中国人来说只不过是眼熟而已，其实绝大部分并非看上去那么简单。比如"強"与"强"、"読"与"读"等字形上的差异，"湯"与"汤"、"娘"与"娘"等字义上的差异，比比皆是。如果在日本街头巷尾看到的"湯"字招牌，它的意思是"浴池"；而"娘"字在日语中是"女儿、女孩子"的意思。此外还有一些汉语中没有的、日本人创造的汉字，例如"榊""峠""噺""躾"等所谓的日本"国字"，它们的字形和字义都与汉语没有关系。另外，日语汉字的读音十分繁杂，很多汉字拥有"音读"和"训读"。根据不同意思、不同组合、不同场合等语境，即使是同一个汉字读音也不尽相同。有时，一个汉字的读音少则有一两种，多则有十几种乃至几十种，要做到一一掌握亦非易事。

在现代日语中，假名共有46个。这46个假名各有两种写法，一种叫"平假名"，另一种叫"片假名"。同一假名发音虽相同，但书写有两种方式，须同时掌握。一般认为，平假名由汉字的手写体即草体演变而来，最初被称为"女手"，即受到平安时期女性文学的影响而成，因此字形圆润柔美。片假名的"片"即不完整的意思，由汉字字体的一部分演变而来。起初片假名被称为"男手"，经研习汉文经典的男人尤其是僧侣之手，取汉字的一部分而来，因此字形横平竖直、棱角分明。总之，无论是平假名还是片假名，它们的母体都是汉字。

在现代日语中，平假名多用于书写助词、助动词以及活用词的词尾等表示语法功能和含义的部分，另外也有一些词汇约定俗成地使用平假名书写。相对而言，片假名的使用范围比较狭窄。片假名当初作为标音符号的功能在现代日语中仍然存在，多用于书写外来语、西方的地名、人名等特殊词汇。另外，需要在视觉上强调或提示时，也往往将正常情况下使用平假名或汉字书写的词用片假名书写。例如，拟声拟态词、感叹词、俗语、隐语、方言、动植物名称、专业学术，等等。

此外，日语中还有一种文字叫作"罗马字"。罗马字是16世纪通过天主教传入日本的音素表音文字，即拉丁文字。在江户时代末期，罗马字在西方学术思想的影响下曾经盛行一时，甚至在明治维新之后还受到政府的大力推行。但是由于缺乏实用性以及不利于开展英语教育等原因，"二战"结束后罗马字在中小学校教育中迅速衰退，目前只要求达到能够读写单词的程度。在现代日本人的语言生活中，罗马字一般只在需要标注地点、车站、公路名称和人名的日语读音时使用，基本上相当于汉语拼音的标音功能。除此之外，已经基本上不再出现于日语文章之中了。

## （三）日语的词汇特点

现代日语的词汇与文字一样，也体现了多样性特点。

首先，日语词汇从词的来源上看可以分为三类：和语词汇、汉语词汇和外来语词汇。另外，还有一种被称为混种语的词汇，即由以上三种词汇要素混搭而成的词汇，一般不独立考虑。在现代日语中，这三种词汇往往与多种文字相互照应，混杂出现在同一语境之中，使日语文章在视觉上表现得丰富多彩，甚至有些眼花缭乱。

和语词汇顾名思义属于日本的固有基础词汇，即在汉字汉文传入日本之前就已经作为语言存在的本土词汇。在现代日语中，可以归纳出和语词汇具有以下三个特点：第一，和语词汇虽然也使用汉字书写，但前提条件是读音必须是训读。换句话说，在同为汉字书写的情况下，采用训读的词可被视为和语词汇，而采用音读的汉字词可被视为汉语词汇。例如，"足（あし）""見る（みる）""美しい（うつくしい）"是和语词汇，而"遠足（えんそく）""拝見（はいけん）""賛美（さんび）"是汉语词汇。也就是说，判断是否是和语词汇，重要的不是看它是否使用了汉字，而是看它是否是训读。第二，从语音结构上看，和语词汇的音节数量比较少，即词形比较短。除去接辞和活用词尾之外，多数和语词汇的词根都由一个或两个音节构成，例如"目（め）""鼻（はな）""見る（みる）""聞く（きく）""出る（でる）"等。音节数量少容易产生同音词，词意也容易混淆，因此有些词形过于短小的词渐渐地增加了音节，例如"粉（こ）→こな""枝（え）→えだ""蚕（こ）→かいこ"等。目前，日语中也有如"勢い（いきおい）""快い（こころよい）""承る（うけたまわる）"这样音节较多的词，但是数量极少，且多为复合而成的词。第三，和语词汇中用于表示人体部位和感官、情感以及

自然风物的词比较丰富，而且被较多地使用于日本传统的和歌、俳句以及小说等文学作品之中。另外，女性相对使用得比较多。

汉语词汇主要指从汉语中吸收的中国语词汇，从来源上看应该属于外来语，但是由于传入的时间久远，使用的范围广，融入度高、影响大等原因，日本人在心理上并不视其为外来语。汉语词汇可以完全使用汉字书写，其突出特点是"音读"，即采用音读的汉字词汇，例如"茶（ちゃ）""大豆（だいず）""閑静（かんせい）"等都属于此类。然而，近现代以来从中国语中借用的词汇中，有一部分习惯上使用片假名书写的词汇不属于汉语词汇。例如，"ニーハオ"（你好）、"シューマイ"（烧麦）、"マージャン"（麻将）等。有一些虽然不是来自中国语，但是用汉字书写且是音读的词汇，也被视为汉语词汇。例如，日本人用汉字创造的"和制汉语"——"返事（へんじ）""見物（けんぶつ）""物騒（ぶっそう）""出張（しゅっちょう）"等，其中还包括日本人用汉字翻译西方语言吸收的词汇，例如，"哲学（てつがく）""抽象（ちゅうしょう）""情報（じょうほう）""癌（がん）"，等等。

汉字的表意功能导致其具有很强的造词能力，这也是日语中汉语词汇数量庞大的主要原因之一。由于表意性强，表达简洁，语感庄重等原因，汉语词汇较多被使用于政治、经济、科学技术以及公文、讲演等文体当中，而在日常生活中娱乐性、趣味性较强的文章中被使用得相对较少。另外，相对而言，男性使用的较多，而女性使用的较少，还有就是汉语词汇中同音异义词较多，虽然在视觉上很容易辨义，但是在听觉上容易令人费解。

在日语中，外来语词汇也被称为"西洋语""洋语"，是主要源于西方各种语言的词汇。外来语词汇是伴随着西方文化传入日本的。1530 年，葡萄牙人乘坐的船只途中遭遇台风而漂流到日本南部，各藩主为了商贸利益而允许葡萄牙人在自己的领地传播天主教，并开设教会学校、医院等社会福利设施。从此葡萄牙语、西班牙语等西方语言词汇开始传入日本，开启了外来语涌入日本的第一次浪潮。1609 年，西班牙商船驶入日本，开始与日本的贸易活动。由此，医学、天文、地理、物理、化学、数学等西方的先进科学、文化以荷兰语为媒介进入日本，在全国迅速形成了"兰学热"。因而荷兰语等西方语言词汇大量涌入，这是外来语传入日本的第二次浪潮。1853 年，美国佩里率军舰叩关，美欧语言词汇以此为开端全面涌入。而在"二战"之后，由于美军对日本的占领，美国文化也对日本产生了长期而广泛的影响，此时对外来语的吸收也几乎反映出"一边倒"的美国文化特征。总的来看，日语的外来语词汇是在日本与西方交流中同步产生的，而通过外来语也可以发现日本与西方各国交往的时期及其密切程度。据横滨国立大学教授加岛祥造对第三版《岩波国语辞典》的调查，日语外来语来源的部分结构占比为：英语 80%，德语 5.5%，法语 5.4%，荷兰语 2%，意大利语 1.6%，葡萄牙语 1.3%，俄语 0.7%……❶

在 19 世纪末以前，日本主要是利用汉字翻译吸收西方语言词汇，但是此后则逐渐放弃了这种方法，而是改用音译来直接借

---

❶ 池田弥三郎. 日本語の常識大百科 [M]. 東京：講談社，1982：217.

用。采用音译借用的外来语词汇,其明显特征是使用片假名书写。准确地说,是将使用片假名书写来自外国语言的词汇称为外来语。外来语对于日语词汇的发展起到积极作用。它促进了日语词汇的及时更新,丰富了日语词汇,增添了语言的现代感和活力。随着日本外语教育水平的不断提高,日语中的外来语词汇呈现不断增多的倾向,甚至在日语文章中还出现了直接使用英语等词汇的倾向。

如上所述,基于来源不同,日语至少由和语、汉语、外来语三种词汇构成。这种多种词源词汇并存的现象在丰富了日语词汇的同时,也导致日语中产生了大量的同义词或近义词、类义词,例如"ご飯/ライス""落花生/ピーナツ""お手洗い/便所/トイレ""あつらえ/注文/オーダー",等等,其中的微妙差别往往令外国人望而生畏。这种现象的存在虽然为日语表达提供了多项选择的可能性,使语言表达更加细腻、精密,但是也致使日语词汇量大大增加。据调查,法语记忆 1000 个词可以理解会话的 83.5%,而日语记忆 1000 个词却只能够理解 60%。相反,语言理解能力若达到 96% 的水平,法语需要掌握 5000 个单词,而日语则需要掌握 2.2 万个单词,❶ 而这与多种词源词汇并存的现象不无关系。

现代日语词汇的总量有多少?目前还不十分清楚,但是目前收词较多的辞典是《日本国语大辞典》❷,共收词 50 万余条,而

---

❶ 金田一春彦. 日语的特点 [M]. 马凤鸣,陈书玉,译. 北京:北京出版社,1985:102.

❷ 小学馆。

一般中小型现代日语辞典收录常用词在 6 万~7 万个。另据 1956 年日本国立国语研究所开展的 90 种杂志调查结果显示，除人名、地名外，日语中使用的不同词汇共有 3 万多个，其中和语词汇约为 11134 个（约占 36.7%），汉语词汇约为 14407 个（约占 47.5%），外来语词汇约为 2964 个（约占 9.8%），另外，混种语词汇约有 1826 个（约占 6.0%）。❶ 由此可见，和语词汇与汉语词汇在现代日语中占有绝对比例，而汉语词汇是日语词汇构成的主要成分。

## （四）日语的语法特点

从语言形态分类角度来看，日语属于黏着语，即语言中存在附加成分附着在词根或词干上构成句节（文节）表示语法形态，然后句节之间以某种关系构成句子。

根据词的语法性质以及在句子中的作用，日语的词一般分为 12 种词类。其中，动词、形容词、形容动词 3 种被称为"用言"，名词、代词、数词 3 种被称为"体言"，此外加上连体词、副词、接续词、感叹词 4 种，这 10 种被统称为"自立词"。另外还有两种被称为"附属词"的助词和助动词。关于词的特点，首先，自立词在句子中可以单独构成"句节"即句子成分，附属词属于附加成分，必须附着、黏着在其他词之后，与其他词结合在一起才能够构成句节；其次，自立词中的三种用言以及附属

---

❶ 金田一春彦，等. 日本語百科大事典 [M]. 東京：大修館書店, 1990.

词中的助动词可以发生词尾变化，因此也被称为"活用词"，而其他 8 种词无词形变化。在日语语法中，用言和附属词构成日语语法的主要特征，它们对于日语学习者来说是日语语法的重点和难点。

　　活用词的难点在于其词尾变化，即活用。根据句子要表达的意思，活用词的词尾往往需要发生变化，而如何变化需要根据后面附着的附属词而定。活用词的词尾变化较多，被称为"活用形"。例如，动词的活用形有未然形、连用形、终止形、连体形、假定形、命令形 6 种，形容词和形容动词的活用形除无命令形之外有 5 种。在这方面，动词还根据形态不同而被分为五段活用、一段活用以及特殊变格活用。活用的种类不同变化规律也不同，显得复杂多变。因此关于活用词，不仅需要掌握它们不同的变化规律，还需要掌握附属词的接续特点。

　　附属词中的助词没有词形变化，它需要附着在自立词之后构成句节，表示一定的语法含义和句子成分。助词总体上分为格助词、接续助词、副助词、终助词 4 种，数量比较多，附着的特点也各有不同。例如，格助词有 10 个，均接在体言后面，分别构成主语、补语、宾语等句子成分。

　　助动词也是附属词，需要附着在自立词的活用词之后构成句子成分，数量也比较多。根据其在句子中所表示的语法含义，具体分为断定助动词、否定助动词、推量助动词等 14 余种。助动词也属于活用词，与用言一样存在词尾变化。根据它们的变化特点可以分为动词型、形容词型、形容动词型、特殊型以及无变化型等。同类型的助动词与同类型的用言活用种类及形态特点基本相同。另外，助动词在词尾变化之后，还可以根据需要在其后面附着其他助动词，直至句子结束。

在现代日语中，日语词类中的自立词可以单独构成句子成分，但是更多情况下是在其后面附着附属词构成句节，然后构成句子。例如：

　　△<u>村は</u>、<u>米の</u>　<u>ほかに</u>、<u>酪農・養鶏・蔬菜作り・</u>
　　<u>養蚕と</u>　<u>いろいろ</u>　<u>行われて</u>　<u>います</u>。
　　（村庄除生产稻米之外，还开展奶酪畜牧业、养鸡、种植蔬菜、养蚕等各种生产活动。）

句中画线的部分是一个个句节，也是句子的构成成分。原则上，一个句节中必须有一个自立词，而且自立词在前，附属词在后，这就是"黏着"的意思。一个句节还是一个语音连贯的整体，在口语中不能中断、停顿，而且具有一定的声调。

## （五）日语的句子特点

日语句子的总体特点是主语在前，谓语在后，补语、状语、宾语等位于其间。但是，日语句子成分的顺序并不十分稳定。尤其是在口语中，根据突出的重点不同，语序经常出现换位或者颠倒现象，灵活性比较大。例如：

　　△小石が　小川を　ころころと　転がっている。
　　（石子在小溪里滚动。）
　　小川を　小石が　ころころと　転がっている。

## 第五章 从语言看日本文化

　　ころころと　小石が　小川を　転がっている。
　　転がっている、小石が　小川を　ころころと。

　　这个例子虽然有些极端，但是在逻辑上是可能存在的。因此，日语可以把需要强调的成分放在句子前面，且句子成分和意思并不因语序的变化而改变。之所以如此，主要原因在于助词起到规定语法含义的作用。附着某种助词的句节放在什么位置都不会改变其语法含义。尽管如此，主语在前、谓语在后仍然是日语句子的常态，尤其是谓语在后具有极其重要的意义。

　　日语句子的结尾部分，即句尾承担着语法意义上的重要功能。例如，日语句子的陈述句、疑问句、感叹句、命令句以及存在句、肯定句、否定句、时态体、文体等都是由句尾的形态决定的。因此，无论多么长的句子都必须听到最后、读到最后才能明了这句话究竟是什么意思，是在说明什么问题。日语的这种特点，格外要求口译译员具有超强的大脑记忆和语言整理、反应能力。

　　日语句子结构比较松弛，除语序不十分稳定之外，还表现在经常出现句子成分的省略现象。这与句法比较严谨的汉语、英语等语言大相径庭。首先，日语句子经常出现主语省略。例如，语言学家大野晋曾经举出这样一个例子来说明主语的省略现象，"行こうと言ったんだけれども、いやいやだと言ったもんだから、怒っちゃって帰ってきたんだ。"大野晋说，这个句子里有4个人出现，A 说"去"，但是 B 说"不愿意"，因而 C "生气了"，最后 A、B、C、D 一起"回来了"。[1] 这也是一个比较极端

---

[1] 大野晋. 日本語の文法を考える [M]. 東京：岩波書店，1978：6.

的例子，但是说明了日语主语可以如此省略。又如人们常说的"我爱你"这句话，日本人日常就只说"愛している"。里面既没有主语也没有宾语，字面上看也不知道是谁爱谁，但是日本人却心知肚明。遇到这种情况，翻译必须把被省略的成分添加进去，不然汉语就不成立。

当然，谓语被省略的情况也经常发生，例如：

△ どうぞこちら<u>へ</u>（来てください）。

△ それ火事だ<u>と</u>（言って/思って）駆け出した。

△ いいえ、僕のほう<u>こそ</u>（おせわになりました）、どうぞお掛けください。

△ とにかく大学に入れれば、費用はいくらかかっ<u>ても</u>（かまわない）。

句中括号里的内容即被省略的谓语部分。它们之所以能够被省略，主要是因为其前面的助词（画线部分）起到了约定作用。一般认为日语的助词只起语法作用，本身不具备词语含义，然而通过谓语的省略现象，可以发现其语法约定性作用使其具有了一定的语义功能。

除此之外，日语的省略现象在语音、词汇等方面也有所表现。但总体看来，主要出现在口语中，尤其是在关系比较亲密的日常谈话之中出现得较多，而在比较严肃、庄重的场合出现得较少。较其他语言而言，日语的表达和理解对语言之外的"弦外之音"，即对语境的依赖程度较高，导致人际交流中语言的使用量相对较少。当然，这与人际关系的亲疏远近密切相关。关系越亲密，理解度越高，从而对语言的依赖度越低，因此省略现象也就越多，发展到极端就变成相互之间的"无语"交流。例如，多年的老夫妻每天几乎无语言交流，但并不影响日常生活。日语省略现象之所以频繁发生，多与日本文化中主张的"以心传心"密切相关。

## （六）口语与书面语

书面语即以文字为载体的语言，也被称为文章语，而口语是以语音为载体的语言，二者是两个不同的语言表达体系。前者以后者为基础，并相互影响。自从日本人开始使用文字以后，日语中便出现了书面语。进入明治时期，在"言文一致"运动的推动下，日语的书面语与口语开始相互接近，但是目前二者仍然存在明显差别。可以说，因口语与书面语的使用场合不同，日语的表达形式出现了多样性，也相应地为日语习得和使用增加了难度。

在现代日语中，书面语与口语的第一个差异表现为文体不同。所谓文体，是基于句子结尾即句尾的表现方式而区分的类型。例如，日语中常以"デス・マス体""デアリマス体""デゴザイマス体"结束的句子形态为口语体，也称为对话体；在报刊等文章中较多使用的"ダ体・デアル体"为书面语，也称为非对话体。具体举例如下：

　　△ おじいさん、お元気ですか？
　　△ 来年の春、私もいよいよ中学を卒業することになりました。
　　△ 文章の要は何かといえば、自分の言いたいと思うことをできるだけ明瞭に伝えることにあるのであります。

△ 出発の時間は午後3時<u>でございます</u>か。

△ 大地の先生はきびしかった。ぼくたちは好き<u>だった</u>。

△ それでも当時の船旅はたいへんだったの<u>である</u>。

在口语体中，"デス・マス体"较多被用于日常生活的对话之中，而在讲演、演说等比较庄重场合，较多使用"デアリマス体""デゴザイマス体"。随着书面语逐渐口语化，在书面语中，"デアル体"的使用频率越来越低，取而代之的是"ダ体"，其使用的频率在增高。

第二个差异表现为用词不同。关于用词，从词源上看，口语中使用和语词汇较多，而书面语中使用汉语词汇较多；口语中使用敬语表现较多，而书面语中比较少见；口语中使用指示词、感叹词、终助词较多，而书面语中它们出现得比较少，等等。

词汇使用上的区别：

表5-1-1　口语与书面语的词汇使用区别

|  | 口语 | 书面语 |
| --- | --- | --- |
| 指示词、人称代名词 | 经常使用 | 很少使用 |
| 敬语 | 经常使用 | 很少使用 |
| 感叹词、终助词等 | 经常使用 | 不常使用 |
| 汉语词、古语词、翻译词 | 不常使用 | 经常使用 |
| 方言、流行语等 | 使用 | 基本不使用 |
| 性别语、不同年龄语 | 使用 | 不使用 |

第三个差异表现在句子方面。一般来说，口语语序比较灵活多变，同时伴随省略、重复、停顿等现象；书面语句子较长、语

法结构复杂，语序规范、稳定、完整，很少出现省略现象。据调查，现代日语口语的平均长度为 3.24 个句节，而书面语句子的平均长度为 15.9 个句节。

句子结构上的区别：

表 5-1-2　口语与书面语的句子结构区别

|  | 口语 | 书面语 |
| --- | --- | --- |
| 句子长度 | 短 | 长 |
| 语序 | 多用倒置法 | 规范 |
| 重复 | 多 | 少 |
| 省略 | 多 | 少 |
| 连体修饰语 | 短 | 长 |
| 句子接续 | 使用接续助词"が・し"等 | 使用接续词、连用形 |

形象地说，书面语与口语的表达方式有如下差别：

△ 現段階では、そのことの起こる可能性はない。そのこと自体が不可解なのである。（书面语）

△ 今のところ、そのことはおこりそうにもない。それがまずおかしいのさ。（口语）

## 二、日语女性语：男女有别的语言

所谓女性语，是指女性习惯使用的语言表达方式，是与男性表达习惯有所区别的相对概念。日本语言学者大石初太郎指出："女性语的存在是日语的显著特点之一，是外国女性极难习得的语言现象。"❶ 日语女性语"极难习得"主要表现在两个方面，一方面，女性语作为一种语言变体，具有不同于中性语言的语言结构特点，需要格外理解、记忆和掌握；另一方面，女性语的存在与日本女性在历史上形成的生活方式、社会准则、价值观等密切相关。因此外国女性需要对上述情况有所了解，即这些隐性文化因素较语言学的内在逻辑更为重要。

## （一）女性语的语言特点

在语音方面，日本女性语的特点是显得规范、优雅，不像男性语那样经常把"きたない"说成"きたねえ"，把"すごい"说成"すげえ"等，女性不使用这样非标准的语音变体。在语调方面，女性喜欢使用升调，调型变化表现丰富。据调查，日本女性使用升调的比率为84%，远远高于男性的67%，而且升调的幅度亦大于男性。❷ 另外，女性多用感叹句。一项对杂志封面上使用的句式调查表明，感叹句在女性杂志《女性自身》上的出现率为4.2%，而在《周刊新潮》《サンデー每日》等普通杂志上的出现率为零。❸ 女性语语音规范使日本女性的语言表达显得优雅，而夸张的语调则使女性语富于感性色彩，体现了所谓的"女人味"。

---

❶ 王秀文. 日本语言与社会文化 [M]. 大连：大连海运学院出版社，1993：100.
❷ 王秀文. 日本语言·文化与交际 [M]. 北京：外语教学与研究出版社，2007：145.
❸ 寿岳章子. 日本語と女 [M]. 東京：岩波新書，1988：27.

## 第五章　从语言看日本文化

在用词的选择方面，日本女性较少使用生涩、难懂、缺乏感性色彩的汉语词汇，而是更多地使用和语词汇。例如，在感叹词方面，女性专用"あら、まあ、ちょいと"等语感柔和的词，而男性使用"ほう、おい、なあ、やい、くそ"等语气强硬的词；在人称代词方面，女性专用第一人称的"あたし、あたくし、あたい"和第二人称的"あんた"（"あなた"虽属中性，但多为女性使用）等，而男性专用第一人称的"おれ、ぼく"和第二人称"きみ、おまえ"等。这种现象也被成称为语言的"性别排斥"，在语言使用上存在明显差异。

在句子形态方面，女性较多使用体言、活用词连用形等形式中止句子，例如"今は秋……""とてもよいお子さんで……"等。这种留有余韵的表达方式可以避免主观意志较强的断定、否定语气，给人以一种含蓄、温柔之美。这样的表达方式再与女性专用的终助词"わ、わよ、わね、こと、ことよ、の、のよ、のわ、な、かしら"等搭配在一起使用，则更能起到弱化主观意志、突出感性特点的效果。例如，"梅は咲いたのよ""まだ咲かないんだわ""きれいだこと""そうだったのね"等，均为日本"女人味"十足的表达方式。另外，女性语偏重使用敬体形式的"デス・マス体"，而"ダ体"使用的比较少。

另外，还有一个重要特点是，日本女性较男性更多地选择使用敬语成分，尤其较多使用接头辞"お"。例如，"お花""お食事""お弁当"等。同时，通常选用与中性词"腹""うまい""寝る""死ぬ"等相对应的"おなか""おいしい""やすむ""なくなる"等词。前者虽为中性词，但一般多为男性使用。

综合以上特点，笔者在表 5 - 2 - 1 中提供一段简单的对话，以实际比较男性和女性之间的语言差别。

表 5 - 2 - 1　男女语言差异实例

| 男性之间 | 女性之间 |
| --- | --- |
| A. ぼく、いま中村君からおもしろい話を聞いたぜ。<br>B. ほう、そうかい。どんな話？<br>A. 教えてやろうか。<br>B. うん。<br>A. …君に聞かせるのは、もったいないな。<br>B. いじわるだね。いいよ。聞きたくなんかないよ。<br>A. まあ、そう怒るな。教えてやるよ。あのね…<br>B. なんだ、早く言えよ。そんなにじらすものじゃないよ。 | A. あたし、いま中村さんからおもしろいお話を聞いたわよ。<br>B. あら、そう、どんなお話？<br>A. 教えてあげましょうか。<br>B. ええ。<br>A. …あなたに聞かせるのは、もったいないな。<br>B. いじわるいね。いいわ、聞きたくなんかないわよ。<br>A. まあ、そう怒らないで。教えてあげるわ。あのねェェ…<br>B. なによ、早くおっしゃいな。そんなにじらすものじゃなくってよ。 |

## （二）女性语的产生与变化

一般来说，构成语言性别差的原因主要基于生理因素和社会因素，前者亦可被称为自然因素。社会语言学关注的是社会因素，即男女的生理差别是如何扩展为社会心理和社会行为差异的。日本社会给男女成员规定了不同的社会身份，并对他们的气质、举止、行为模式加以规范，因此女性语的存在也是日本社会生活的投影。

## 第五章　从语言看日本文化

在日本，女性语大约最早出现于平安时代。当时在伊势皇大神宫专职从事神事的女性们因禁忌而创造了一种委婉词语，称为"斋宫祭词"。因她们认为语言有"言灵"，在神灵面前说出不洁净的话会带来厄运或灾祸，所以使用其他说法取而代之。例如，把佛称为"中子"，把经书称为"染纸"，把僧侣称为"发长"，把病说为"休息"，把血说为"汗"，把死说为"全愈"等。这在日本被认为是最早面世的女性语。同时，在平安时代的贵族社会，女性的生活空间与男性不同，甚至受到一定限制，因此男女之间出现了明显的社会差异。女性被要求"慎言"，言谈举止需要含蓄、委婉、文雅，不能直接与男性面对面谈话，或以介使女传递或隔帘隔室交谈。

到了武士社会的室町时代，宫廷中侍女专用的"女房词"走出宫廷，传到贵族、幕府将军及大名家，最后走进富裕平民家庭，成为上层社会女性的身份象征。所谓"女房"，本来是当时宫女中女官的房间，后来变成对女官的称谓。女官们为了显示自己的品位与众不同，故意选择一些委婉词语来表达不便直言的事物。例如，"あおもの"（蔬菜）、"しゃもじ"（勺子）、"おひや"（凉水）、"おなか"（肚子）、"おいしい"（好吃的）等，这便是当时的"女房词"。"女房词"中多用接尾词"もじ"，因此也被称为"もじことば"。例如"酢もじ""湯もじ""髪もじ"等。同时，她们还喜欢使用接头辞"お"，而这成为后来女性语的"标配"说法。

进入江户时代以后，日本社会等级分化加剧，加之受到儒教观念的影响，日本女性的言行受到社会环境更加严厉的制约，使女性语特点加速形成。这个时期，女佣之间使用的"女中语"和艺伎之间使用的"游里语"推动了女性语特点的形成及其普及。女佣及艺伎大多来自乡下，为了适应城市的生活环境，她们需要掩饰自己的出身和地方口音，以寻求主人或客人的欢心，于是便产生了各具行业特色的语言表达方式。因为女佣的服务对象是上层家庭，而艺伎出身的女性有很多在明治时期成为政治家的妻子，所以女中语和游里语通过在上层社会的使用确定了自己的地位，并对日后的日语，特别是对女性语的发展产生了很大影响。如果说中世的"女房词"是在上层社会产生而下移的，那么近世的女中语、游里语等女性语则是在社会底层产生而上移的。

"二战"结束之后，随着社会的民主化改造，日本女性受教育程度越来越高，参与社会生活的范围也越来越广，女性和男性在社会地位和思想观念等方面的差距在逐渐缩小，同时语言的性别差异也出现弱化倾向。这一倾向表现在女性语言的男性化和男性语言的女性化。所谓男性语言的女性化，即一些以前为女性"专用"的词语，例如"おいしい""おなか"等也开始为男性所喜用，并以此来表现自己的修养。而女性语言的男性化，严格地说应该是中性化，表现为女学生、女青年在语言表达中敬语用得少了，汉语词汇用得多了。有一些青年女性想要通过改变语言表达方式争取性别民主、平等待遇，甚至出现了反叛传统的倾向，因此时常能够听到一些女性使用"ぼく""きみ""～君"等以前只有男性才使用的词。日本 NHK 就为什么使用"ぼく"这个词，曾经对东京的女学生进行过采访，得到的回答是："あたし"带有女性地位低下的特点,在对等学习、玩耍,甚至争吵的生活情境中使用有一种仰人鼻息的感觉,十分不便。当然,目前这还只是一种倾向,并不具有普遍性,而且当这些女性走出校门之后,会立即被社会裹挟而选择忘却。然而可以想象的是,随着日本社会生活民主化和女性独立意识的提高,男女之间的语言差别一定会逐渐缩小,直至消失。

## 三、日语的称谓:因人而异的称呼

称谓即称呼,也被称为"人际关系用语"。在什么情况下、相互之间选择什么称呼,这既是语言学问题,也是一个复杂的社会关系问题。从社会语言学角度来看,称谓语的选择与使用存在社会习惯性规则,也反映一个民族的文化心理、社会认知和价值取向。称谓的交际功能产生于复杂的社会,同时也作用于社会,可视为是认知社会的窗口之一。

### (一) 称谓语的选择规则

在漫长的历史发展过程中,日语的称谓形成了自己的语言体系和特色。在现代日语中,称谓语可以从以下五个方面进行归纳。

第一,在人称代词方面,日语有第一人称(自称)、第二人称(对称)、第三人称(他称)之分,但是与其他语言相比,日语的人称代词种类繁多,较为复杂。在这里,可以通过一群小动物一同去郊游时的对话,看看日语人称代词如何复杂。

  狮子命令熊说:わが輩は昼寝をしようと思う。そっちは見張りをしておくれ。

  熊对狼说:おれはちょっと昼寝をする。貴方はよく見張っていろ。

  狼对狐狸说:わしはちょっと昼寝をしたい。おまえ見張りをしていてくれないかね。

  狐狸对猴子说:あたしはちょっと昼寝をするよ。あんた、すまないが見張っていておくれ。

  猴子对兔子说:ぼくはちょっと昼寝をするからね。きみ見張っていてね。

  兔子对鼹鼠说:わたし、ちょっと昼寝するわ。あなた、見張りをしてくださらない?

  最后鼹鼠也困了,它说:あたいには見張りを頼む相手がない。

  上述小动物的对话中出现了很多人称代词,分别反映了人物之间的不同性别、长幼关系和态度。但是,这并不是日语人称代词的全部。也就是说,日语用于同一指向的人称代词存在多种变体,比如经常使用的第一人称代词有"わたし、わたくし、あたし、あたくし、ぼく、おれ、てまえ、わし、小生"等,第二人称代词有"あなた、あんた、おまえ、きみ、てめえ、貴様、貴殿、貴下、貴兄"等,第三人称代词数量相对较少,但是也有"彼、彼女、あの人、あの方"等。

  如此多的人称代词变体,需要人们在日常生活中依据性别、年龄、场合，以及相互关系的亲疏远近、长幼尊卑等因素进行选择使用，而这对于一个外国人来说无疑是难以理解和把握的。关键是，这么多的人称代词在日本人的日常生活中却往往都被省略不用，而是用职务名称、亲属名称等其他方式替代，这一点也是需要了解的。

第二，日本人也将姓名或姓、名直接用来称谓。例如，"田中正夫""田中"和"正夫"，这一点与中国人的习惯没有太大区别。在日本人之间，称呼全名最为庄重，只称呼其姓次之，而只称呼其名则显得较为亲近、随意。在一般情况下，使用姓名类称谓需要避免"直呼其名"，而需要在姓名之后加上接尾辞等附加成分来表现人际间的上下内外、亲疏远近关系，以及不同的性别、场合等。例如，接尾辞中的"ちゃん"用作昵称，相当于"小～"，多用于青年夫妻之间或年长者称呼年幼者，尤其对少年儿童；"さん""くん"相当于"小～""老～"，最为常用，多用于同事、同辈之间，但在身份、地位存在明显差别的情况下，只能用于上者称呼下者而不能反过来。另外，在一般情况下，"くん"既不用来称呼女性也不能由女性用来称呼男性。在身份、地位差别明显，或者关系并非亲近者之间，下者对上者需要使用表示其身份、地位、职务的词语称呼。例如，"～先生""～社长""～教授"，等等。

第三，表示亲属关系的名称用作称谓，是各民族语言中都存在的普遍现象，日语也如此。但日语的特点是，亲属关系称谓语只标明辈分而不区分父系、母系、直系、旁系，且在同辈中也不标明长幼顺序。也就是说，汉语的"伯父、叔父、姑父、舅父、

姨夫"在日语中都是用一个"おじ"称呼,"伯母、婶母、姑母、舅母、姨母"在日语中都是用一个"おば"称呼。在需要明确系别和长幼时,一个特点是,以如"父方のおじ""母方のおば"或者"上の兄"或"二番目の姉"这样加以特殊区别。另一个特点是,同一种称谓存在较多变体,例如有"父亲"这个称谓,就有"パパ、とうさん、父、お父さま、お父さん、お父ちゃん、おやじ、父親"等多种说法。这些变体选择的依据往往是直接称呼还是间接称呼,是指称自己的父亲还是指称他人的父亲,甚至是在口语中还是在书面语中。不同语境选择使用不同的词语称谓,这是外国人不太适应且需要特殊了解的方面。

第四,是身份、地位类称谓语。一般来说,身份、地位类名称用于称谓往往发生在对有"权势"的人的称呼之中,即社会关系中下者对上者称呼的最佳选择。在日语中"社長、部長、次長、課長、主任、店長"等如是之,"先生、教授、先輩"等如是之,"旦那さん、奥さん"亦如是之。它们的特点是,既可以单独使用,也可以加在姓名之后,例如田中社長等一起使用。

第五,是职业名称类称谓。与中国人一样,日本人也把职业名称用作称呼。例如,"運転手さん、八百屋さん、看護婦さん、お巡りさん、お医者さん"等。日语中用职业名称作称呼时,须在其后加上接尾辞"さん",或同时在其前加上接头辞"お"。职业名称类称谓之多如同职业的种类,可谓数不胜数。另外,作为日语的一种特殊现象,日本人在不知道对方姓名、职业、地位而只知道其工作单位的情况下,是在单位名称后加上"さん"

作拟人化处理来用作称呼。例如"小島工業さん""NHKさん"等。

## (二) 称谓的社会文化规则

称谓语属于语言体系，而称谓的选择则属于社会文化体系。在人际交往中，如同人们相互之间交换名片、礼物时，需要斟酌自己与对方的关系来确定如何接递名片、互赠什么样的礼物一样，称谓也需要因人而选择不同的称谓方式。称谓的选择需要依据人际关系，而人际关系中既存在社会因素，也存在文化传统、价值观念乃至思维方式的差异。因而，不同民族的称谓表现出各自的特点，构成各自的规制，这也是跨文化交际中不可忽视的文化现象。

首先，我们来看一下日本人在家庭中或亲属之间的称谓特点。在家庭内部或亲属之间，除夫妻关系以外，称谓总体上以辈分、长幼为轴心形成上下分明的特色。日本人面对长者时，使用亲属类称谓语，不使用人称代词类或其他类称呼。例如，对哥哥要说"この本、お兄さんの?"（这本书是哥哥的吗?），而不说"この本、あなたの?"（这本书是你的吗?）。在日本人看来，使用不表示属性关系的人称代词称呼长者是不恭敬的。相反，长者称呼幼者使用人称代词或者名字，而不使用亲属类称谓语。在实际生活中，诸如对弟弟说"おい，弟"（喂，弟弟），对女儿说"娘はどこへ行くの?"（女儿到哪儿去?）之类的说法是不存在的。

在家庭、亲属之间的称谓中，有一种特殊现象是以最年幼者

为核心，以他对成员的称呼来改变相互之间的称呼，也用来面对他指称自己。例如，一对青年夫妻在孩子出生之前，相互之间的称呼一般是使用名字、人称代词或者其他昵称等，甚至只是使用"おい""ねえ""ちょっと"之类的应答词，比较随意。但是在孩子出生以后，夫妻之间的称呼随之发生变化，那就是从孩子的角度称呼对方。例如，妻子称呼丈夫为"パパ、お父さん"，而丈夫称呼妻子为"ママ、お母さん"等。不仅夫妻之间的称呼发生变化，由于这个孩子的出生，其父母称呼自己父母（即孩子的祖父母）的方式也由"パパ、お父さん""ママ、お母さん"变成了"お爺さん""お婆さん"。同样，孩子的祖辈亦因这个孙辈的存在改变了对自己儿女（即孩子的父母）的称呼。例如，与孩子一样分别称呼他们为"パパ、お父さん""ママ、お母さん"，而不再使用人称代词或名字。这种以最年幼者为核心调整成员之间称呼的习惯打破了亲属称谓的常规方式，可被视为亲属称谓的"虚构用法"，是日本亲属称谓的独特现象。还有一种奇特现象，是将第一人称的"ぼく"（我）作为第二人称的"你"来使用。例如，一个母亲在招呼自己幼小的儿子时，经常会说"ぼく、早くいらっしゃい"（你快过来）。而家庭、亲属关系之外的人也可以对小男孩儿说："ぼくちゃん、これ欲しいでしょう。"（小朋友，你想要这个吧）。但值得注意的是，"ぼく"的这种用法只限于面对小男孩时使用。

其次，在社会生活中，日本人依据上下关系选择称谓，即上对下、下对上称谓不同。原则上，下对上称呼需要使用表示身份、地位、职务的词语，而不能使用人称代词。例如，称呼老

师、上司、前辈既不能使用"你""您",也不能使用"您的"说法。因此,对老师说"あなたの奥様"(您的夫人)是错误的,而要说"先生の奥様"(老师的夫人)。相反,上对下称呼使用人称代词,可以用"你"称呼学生、部下,说"きみの奥さん"(你的妻子)是正常现象。

最后,在日本人的社会生活中,也存在亲属关系称谓的泛化现象,如"爷爷""妈妈""阿姨""叔叔"等也可以用来称呼亲属关系以外的人。但是,在与青少年和小朋友打招呼时,不称"小弟弟""小妹妹",也不称"小朋友"之类,而是用"お兄ちゃん"(小哥哥)、"お姉ちゃん"(小姐姐)称呼。还有一个有趣的现象是,日本人还将"母亲"这个概念的称谓泛化,用于社会生活之中。例如,在餐饮业、娱乐界,业内职员及客人往往习惯用"ママ""ママさん"(妈妈)来指称老板娘,"下宿"(提供膳宿的寄宿)的青年学生也习惯称房东为"お母さん"(妈妈)等。这种现象的存在源于日本传统家族的特殊结构,即在近代以前,日本家族并非完全是血缘性群体,因为它"能够把不同类属的成员包括进来,……这种家族里,不仅毫无血缘关系的外来人可以被请来作为后嗣或继承人,甚至仆役、管家也可被吸收为家庭成员,并以家庭成员相待"❶。这种家族结构传统,对于理解日语亲属关系称谓的泛化是有帮助的。

---

❶ 中根千枝. 日本社会 [M]. 许真,宋峻岭,译. 天津:天津人民出版社,1982:5.

## 四、日本人的寒暄：社会生活的黏合剂

在日语中，寒暄写为"挨拶"，寒暄语写为"挨拶言葉"，是日语研究中一个独特的领域。日本的《国语学研究事典》中称：寒暄是人们为了与他人建立亲和的社会关系，或为了维系、加强已经建立起来的亲和关系而进行的社交性、礼仪性行为之一。可以说，日本人的寒暄在某种意义上是社会生活的"黏合剂"，是以语言行为为主，包含某些肢体行为在内的一种社会交往方式。

### （一）日语寒暄的类别

日本人喜欢寒暄、重视寒暄。无论是家庭、幼儿园还是小学都将寒暄作为基本教养进行严格、规范指导，要求寒暄时声音要洪亮、姿势要端正，要面带微笑，并伴有点头、鞠躬等肢体动作。因此，日本人通过寒暄给很多外国人留下礼貌、和蔼、谦恭、热情等美好印象。

从形式上看，日本人的寒暄可以被归纳为认同性、礼仪性和社交性三个方面。所谓认同性寒暄，可以看作一种日常的嘘寒问暖式问候。其特点是，主要发生在相互熟络的人际之间，比如家庭、亲属之间，街坊邻居之间，公司、单位的同事之间等，即发生在生活圈子中的熟人社会。因此，认同性的寒暄具有一种群体成员之间的认同功能。这类寒暄的时间、场合以及语言都趋于定

型化。例如，早晨起床后的"おはよう"，晚上睡觉前的"お休み"，出门前、回来后的"行ってきます""ただいま"，用餐前、用餐后的"いただきます""ご馳走さま"等均在此类。因为是属于打招呼式的寒暄，所以这类寒暄的意义大多在于形式而不在于内容。一般情况下，相互之间做到"人云亦云"即可，有时还不必作答，只以肢体、表情示意。

所谓礼仪性寒暄，可以理解为一种礼节性的客套话，它包括日常生活中的"お元気ですか""おめでとうございます""お世話さま""ご愁傷さま"这样简单的问候、关心，也包括逢年过节、婚丧嫁娶、生日、入学、升迁荣转、新居乔迁等场合的登门寒暄。表示关心的简单问候往往也是想要进行交流的心理暗示。如果对方有意，便可以由此展开话题。礼仪性寒暄的功能主要在于增进情感交流，建立和加强社会联系。除当面进行寒暄之外，在很多情况下还可以利用电话、短信，而显得庄重，而广为使用的做法是亲自手写明信片、贺卡、书信等。另外，这种礼仪性寒暄还往往伴随礼物的馈赠，构成日本馈赠文化的特色的一部分。

社交性寒暄也可以被称为致词类寒暄，包括自我介绍、讲话、致贺词、悼词等，以场合公开、一人对多人为特点，用语庄重且仪式感强。社交性寒暄具有特殊性，并非在日常生活中常用。

## （二）寒暄的文化特点

寒暄行为具有鲜明的民族特征，是一个民族的文化心理反映。观察日本人的寒暄行为，可以发现它存在如下几个方面的特点。

第一，日本人喜欢寒暄、频繁寒暄，实质上是群体社会生活的需要，其认同性也是寻求群体归属的文化心理反映。传统上，日本是一个群体意识很强的社会，群体成员之间的相互关心表现在社会生活的各个方面，其中寒暄是重要表现之一。日本人在离门外出、包括离家和离开办公室时必定要说"行ってきます"（我走啦），而回来时说"ただいま"（我回来啦），而在家里的人、单位里的人则回应说"行っていらっしゃい"（你走呀）、"お帰りなさい"（你回来啦）。虽然把这样的说法直接翻译成汉语显得平淡无奇，但是日语的语感则会让人体会到群体的存在，而不是孤立的个体。在这方面，"頑張る"这个词也经常被用来寒暄。表面上，"頑張る"可以被翻译为"努力""加油"，但是作为寒暄语，它所寄托的是一种群体的关切和期待，体现了一种连带感、一体感。例如，妻子目送丈夫出门，母亲目送孩子上学，都习惯说一句"頑張ってね"，而当一个日本人出去参加考试、比赛或外出去完成一项工作时，家里人或单位里的人也会说上一句"頑張ってください"给他加油。所以被寒暄的人一定会回应说"頑張ります"，表示自己不是孤军奋战。于是，作为寒暄语的"頑張る"如何翻译？仁者见仁，智者见智。

第二，在群体主义社会，用于寒暄的词语一定是人们最为关心的共同感受。例如，中国人在相当长的历史时期最为关心的是吃饭问题，所以"吃了吗？"便成为最为常用的寒暄语。日本人的寒暄中最为常见的是有关天气变化情况的用语。例如，"寒いですね""お暑うございます""また雨ですね"等。而在书信中，至今还是由时令问安开始，这是铁律。日语寒暄语的这个特点，折射出自然农耕社会对时令、气候的关注，进而形成传统村落社会的共同价值观。寒暄语是敏感的，它伴随着社会生活的变化而变化。今天，中国已经很少有人再用"吃了吗"寒暄，而日本随着现代化社会的发展，长期脱离农村生活的城里人对天气变化也不再像以前那么敏感。

然而，类似"おはよう""こんにちは""こんばんは"这样的寒暄语，虽然它们的来源已经很少被人关注，但是却深含历史的记忆，而绝非"早上好""午安""晚上好"这样苍白无味。"おはよう"源于"お早いですね"（您起得好早啊！），"こんにちは"源于"今日は……"（今天活儿干得顺利吧?）、"こんばんは"源于"今晚は……"（今晚平安无事吧）等，表示的是农耕社会中人与人之间的相互关怀与鼓励。日语中"您早啊！"之类的源于农耕文化的寒暄语，是共同体村落社会对勤劳者的肯定和褒奖。相反，"睡懒觉"意味着不勤奋，为人所不齿。因此在农村社会，即使是在没有农活的冬季，日本人也习惯早起把灶火生着然后再睡下，为的是担心被人瞧不起。❶ 顾及别人好恶行事的文化被称为"他律文化"。虽然一一被别人关心有时会感到不自在，但是对于日本人来说，却可以从中获得群体存在感和安顿感。

第三，寻求和谐也是日本人喜欢寒暄的心理表现。"以和为

---

❶ 荒木博之. 日本人の行動樣式［M］. 東京：講談社，1975：61.

贵"是群体社会人际关系的核心价值观，这在寒暄上的反映就是"感恩戴德"，即对于对方给予自己的关照、帮助、好处，哪怕是微不足道的一杯茶、一个水果都一定要有感恩心理，并且要通过寒暄表现出来。因此，日本人饭前一定要说"いただきます"，饭后一定要说"ご馳走さま"，而且显得很庄重、虔诚。很多日本人甚至一个人用餐时也这样说，这说明他感谢的不仅是为他提供食物的具体人，也包括所有与食物相关的人和天地自然。可能是因为这种心理的影响，日本人养成了绝不浪费食物的习惯。

日本人经常挂在嘴边上的一个寒暄语是"よろしく"（请多关照），不但是在初次见面或者有求于人时，就像说"再见"一样被经常说。与其相应配套的是"谢谢"之类的寒暄语。而且，日本人表示感谢并不限于当时、当事，还具有一种反复性和泛化倾向。例如，你请他喝了一杯咖啡，可能在第二天甚至再过几天见面时他还会说"谢谢"。有时，你并没感觉为他做过什么，但是对方频繁地表示感谢。再例如，妻子在遇见丈夫的同事时会说："主人はお世話になっております。"（谢谢您对我丈夫的关照），这往往令文化背景不同的人感到莫名其妙。其实"お世話になっております"就是一句寒暄语，当意识到这只不过是寒暄语、是维系社会关系的一种表达方式时，也就释然了。

第四，在日本这样重视群体的社会，人际关系的上下、亲疏差异也给寒暄的方式带来了不同的选择。在上下关系中，寒暄时下对上主动，表达方式更为恭敬、庄重，而上对下则相反；在亲疏关系中，寒暄时疏者之间相互表现得恭敬、礼貌，并且存在上

下关系的考量；但是在亲者之间，上下区别不明显，即比较随和。因此，日语表示同样意思的寒暄往往存在两个以上不同变体，需要依据人际关系进行适当选择。例如，"おはよう/おはようございます""ご苦労さん/お疲れさま""暑いですね/お暑うございます""おめでとう/おめでとうございます"，等等，虽然前后意思相同，但使用对象不同。可以发现，日语寒暄语随着恭敬程度的提升，语言形式由短变长、由简变繁，相反则是由长变短、由繁变简，而发展到极端则有可能导致寒暄语的消失。例如，教授面对学生"おはようございます"的寒暄，就经常是以"やあ"（啊）或者点一下头来作为回应。同样，在亲子、兄弟姐妹、夫妻等十分亲密的关系之中，寒暄语也普遍存在短而简的倾向。这说明亲密而稳定的人际关系往往不再需要刻意加以维系，因此寒暄有时也可以被简化或省略。相反，如果夫妻之间的寒暄突然变得恭敬，那可能意味着情感出现了问题。

最后需要说明的一点是，日本人的寒暄基本上发生在同一群体的人际之间，熟络的人之间。当日本人认定对方是属于同一个小区、同一所大学、同一个组织的人时，才产生寒暄意识，相反则一般不会主动寒暄。对于被认为是群体之外的陌生人、外国人时，日本人会产生交际障碍，给人以冷漠印象。但是如果对方能够主动与其寒暄、交流，他们便会立即表现出礼貌和热情的状态。因此，与日本人交往，学会主动寒暄是快速拉近距离的有效途径。

## 五、日语的敬语：并非表示尊敬的语言

敬语是日语的一个重要特征，也是驾驭日语的难点之一。日本语言学者西田直敏称："就日语来说，尤其是日语口语，没有待遇意识，就几乎近似于无法进行表达。日本人经常基于人际关系、把握各种场合来选择词语进行交流。"❶ 由此可知，日本人的语言生活重视人际关系，重视不同场合，重视待遇表现。社会语言学认为语言行为主要有三种功能，一是传递信息功能，二是建立和维系社会关系功能，三是传递说话人意图的某种态度功能。中国人的语言行为较多注重第一种功能，而日本人在传递信息的同时，尤其在意第二种和第三种功能。敬语在这方面发挥着重要作用。

现代日语中，敬语在词汇、语法、句子结构等诸多方面具有相对独立的语言系统。因此，敬语的存在，使日语学习陡增难度，而在敬语的使用方面又要求学习者必须对日本社会、文化心理和语言行为方式有所了解。

### （一）日语敬语的概念

日语的敬语具有纷繁复杂的语言结构。关于它的概念、范围及其分类，学界尚无一致的看法，或者说还没有一个十分清晰的

---

❶ 西田直敏. 敬語[M]. 東京：東京堂出版社, 1987：28.

界定。一般来说，敬语可以做广义的和狭义的两种理解。关于广义的敬语，一些学者也把它称为"待遇表现"，是指"说话人就特定的人进行（语言）表达时，考虑与其相关的各种因素，给予与其相应的语言上的待遇"[1]。

简单地说，日本人在说话时会基于不同对象、场合和涉及的人而选择使用同样意思的不同表达方式，即给予不同的语言待遇。例如，在传递"给我一杯水"这个信息时，日语就可能基于不同语境而出现如下这些不同的表达方式。

　　△ 水。
　　△ 水をいっぱいくれ。
　　△ 水をいっぱいちょうだい。
　　△ 水をいっぱいください。
　　△ 水をいっぱいくださいませんか。
　　△ 水をいっぱいいただきたいんですが…。

如此，"待遇表现"至少包含以下内容：狭义的敬语（尊敬语、谦逊语、丁宁语、美化语）、所谓的轻蔑表现、尊大表现、各种称呼，还有关于命令、劝诱、委托等的各种说法，以及一般词汇的使用（是使用汉语词汇，还是使用和语或外来语词汇等）、直接表达还是委婉表达等，即可认为是对人态度的语言表现。

上述待遇表现中包含狭义的敬语。具体来说，狭义的敬语指说话人基于自己与听话人以及第三者之间的关系、话题的性质以

---

[1] 山崎久之. 待遇表現と敬語//国文学解釈と鑑賞［M］. 東京：至文堂，1967.

及谈话的场合来考虑并且加以区别使用的各种说法，其中包括尊敬语、谦逊语、丁宁语和美化语四个方面的内容，而把它们综合起来就是通常所说的"敬语"。它们的概念分别是：尊敬语是说话人对话题中所涉及的人以及与其有关的事物、行为、状态、性质等，直接表示敬重而采用的语言表达方式；谦逊语是说话人通过降低自己或自己一方及其事物、行为、状态、性质等方式，间接地向对方表示敬重的语言表达方式；丁宁语也被称为"敬体"，是说话人专门对听话人表示敬重、礼貌的语言表达方式；美化语是说话人为使自己显得有修养、高雅、庄重而采用的语言表达方式。

概言之，尊敬语和谦逊语是以话题中人物为中心，直接或间接地表示敬重之意的表达方式，而所谓话题中人物，既可能是第三者，也可能是第二者即听话人本身。丁宁语是专门为听话人使用的，而美化语则是为自我表现而使用的。由此可见，敬语是一种表示社会人际关系、传递某种情感态度的表达方式，而并非为了表示尊敬而存在的语言。但是，敬语属于具有积极、肯定意识的语言表达方式。它既不包括普通语也不包括轻蔑语。待遇表现中的委婉表现也能够与敬语一样使既有的人际关系得到维系和加强，使说话人获得认可和潜在社会地位的提高。

## （二）敬语与人际关系

实事求是地说，仅从概念上看，日语敬语令人难以准确理解。简单地说，日语的敬语虽然也用来表示敬意，但是总体并非字面意义上"表示尊敬的语言",而是用来区别上下、内外、亲疏、利益等复杂人际关系和心理取向,可谓是"看人下菜碟"的表达方式。在日语中,敬语是最能够反映日本人社会关系价值取向的表达方式,它既基于不同的社会关系而使用,同时通过它的使用也可以观察和判断使用者之间的社会关系。日本人对此习而不察,但是对于外国人来说,却是感到头痛的问题。因此,日语敬语的难点不仅在于学习,还在于掌握它的使用规则。

社会人际关系是一个十分复杂的体系,在日本也不例外。按照日本式群体主义文化理解,日本人的社会关系首先是纵向的上下关系。所谓上下关系,即表现为年龄的长幼、资历的长短、身份和地位的高低等,这些因素都是敬语使用时人际关系的重要参考。在日本,年龄的长幼关系主要体现在亲属之间的长辈和晚辈、兄弟姐妹之间的年龄大小等方面,而社会上较年龄关系更为重要的是身份、地位的高低和资历的长短。关于身份、地位的认同,在不同社会不尽相同。在日本社会,政治家、医生、教师、律师等虽属于受人高看一等的阶层,但学校的教师与事务人员、专任教师与兼职教师的身份也存在差异。日本在传统上重视序列、忽视能力,因此年龄的增长与地位的提升往往是一致的。尽管如此,当年龄与地位不对应时,日本社会优先重视地位而不是年龄。地位表现在职务、职称方面,例如社长、部长、课长,教授、讲师、助教等,构成明显的高低上下之分;关于资历的长短,例如同一个学校里学年的高低、同一个职场里入职时间的先后、涉足某一领域的时间长短等细微差别,便构成前辈和后辈的关系。

值得一提的是，在日本，一个人的身份、地位高低还因他所属的群体（单位）在社会上的层次而有所不同。例如，两个人同样是教授、社长，但会因为他们所属的大学、公司的规模、社会名望等因素而被置于上下关系之中，因而在敬语使用上反映出差别。

其次日本人的社会关系是内外、亲疏关系。群体主义社会的表象还在于存在内外之分。人与人之间由此构成内外有别的横向关系。内外关系往往派生出亲疏关系，二者如同一对孪生姐妹，"内"者"亲"、"外"者"疏"是一般社会常识。但是，相较内外关系，亲疏关系具有情感和心理色彩。一般来说，家庭成员关系相对于亲属关系属于内者、亲者，亲属关系相对于社会群体关系属于内者、亲者，而自己所属的群体相对于其他群体属于内者、亲者。但是就情感而言，所谓"远亲不如近邻"，走动较少的亲属可能不如近邻亲密，交往的密切程度触发情感变化，亲疏程度也会发生变化，因此亲疏关系是动态关系。内外、亲疏与否也是现代敬语使用中的重要依据。在内外、亲疏关系中，处于内、亲关系中的人之间使用敬语，以上下关系为依据；在外、疏关系中，相互之间都倾向使用敬语。而且，面对外者不对内者使用敬语，面对疏者不对亲者使用敬语，也是日本人使用敬语的特点。

另外，在现代日本社会，利益的有无往往影响人际关系的态势，左右敬语的使用与否。简单地说，利益关系可以是医生与患者、教师与学生、顾客与店员、贷方与借方、被求助者与求助者等显性的关系，也可以是心理依赖方面不太明显的关系。前者为利益的输送方，后者为利益的受取方。在敬语的使用方面，一般情况下后者对前者产生恭维意识，进而选择使用敬语。然而，利益关系有时是长期存续的，有时则是一次性转瞬即逝的，而利益一旦消失便不再构成敬语使用的条件。

在上下、内外、亲疏、利益等纵横交错且复杂多变的人际关系中，敬语用来表示"敬意"的机会已经消失殆尽。如何做到不带敬意地去使用敬语，对于具有不同文化背景的日语学习者来说是十分不容易的。在把人际关系与敬语的使用联系在一起考虑时，原则上，在没有"外"人的内部场合，上下关系起主导作用，即下对上使用敬语；在有内有外的场合，对外人使用敬语；在只有"内"人，但是存在亲疏关系的场合，亲疏关系重于上下关系，即亲者对疏者使用敬语；在存在利益关系的场合，利益往往优先于上下、内外、亲疏等所有关系而成为敬语使用的优先条件。当然，在具体而现实的日常生活中，这些复杂的关系很少交织在一起同时出现。并且，日本人对于外国人使用的日语是否准确、地道往往也不那么苛求。

在日本的社会语言生活中，女性语言的特点在很大程度上是由敬语表现出来的。因此，相对于男性，为了表现自己的"女人味"，女性普遍较多地使用敬语。

## （三）敬语的功能表现

敬语需要依据社会不同的人际关系进行使用，同时也折射出不同的人际关系，反映说话人谈话的不同目的、心态，扮演不同的语言交际角色。虽然日语的敬语不仅仅是敬意的表达方式,但是不可否认,敬语所含的尊敬、谦虚、礼貌、文雅意识,仍然在语言交际活动发挥主要功能。然而,除此之外,因为交际目的不同和特定的角色关系及语境的要求,敬语还作为"代言人"被用来承担其他一些功能。严格地说,这些功能更接近于"待遇表现",与"敬语"二字原义背道而驰。

第一,利用敬语表示恭维的心理。恭维与奉承同义,它的目的在于主动讨好对方,令其欢心,具有明显的功利性。这种语言表达特点是将敬语使用得过度、夸张,而最为典型的是营销领域的商业敬语。为了取悦顾客,营销领域对从业人员的敬语训练十分彻底,敬语的使用达到无以复加的"滥用"程度,往往成为语言学家的指责对象。

一般在日本社会生活中,敬语用来表示恭维的现象分为两种类型,一种是直接吹捧,例如:"お宅のぼっちゃんはよくおできになりますから、A大ぐらい大丈夫でいらっしゃいますわ。"另一种是以谦卑的语言间接地抬高对方,例如:"うちなんか全然だめですわ。休みになるところ寝ばっかり。そのくせ、ああしろ、こうしろと勝手なことばかり言って…"在表示恭维的语言表达中,虽然使用敬语,但是完全不含有敬意。好言之是对对方的处境或心境的一种体察,恶言之是某种不顾事实的谎话和"捧杀"。对于这种"谎言"的接受程度,取决于其社会群体的习惯、个人之间的关系以及当时的话题和语境等。

第二,利用敬语表示疏远的心理。日本语言学者大石初太郎称:"敬语的原本性质之一是'疏远'的语言,用于心理上存在

第五章　从语言看日本文化

隔阂的人之间，并造成隔阂。因此，对需要保持一定距离相待的人，使用敬语说话是敬语的用法之一。"❶ 从这个意义上说，敬语具有保持或制造一定社会或心理距离的功能，或者说起到一种"拒之门外""敬而远之"的作用。

例如，父母对子女，本来是不需要使用敬语的，但是当父母感到不满、愤怒时却会突然使用敬语指责子女。由于敬语的使用，子女们会意识到问题的严重性，从而对自己的言行进行反省。毕竟被权威者疏远后果很严重。另外，日本人夫妻或朋友常常会在感情不睦时突然使用敬语。相应地，如果对方突然使用敬语，也可以认为是感情出现了裂痕，是在用敬语表示疏远。

第三，利用敬语表示亲近的心理。与疏远功能相反，表示情感亲近亦是敬语的功能之一。敬语的亲近功能多表现在成年人对儿童的话语之中。例如在幼儿园，老师经常会对孩子们说"おあつまり""おえかき""おはじまり"等，对孩子们来说，这种近似于敬语美化语的用法有一种被娇宠的亲近感。

第四，利用敬语表示炫示教养的心理。敬语是一种有教养的语言，"欲熟练地使用敬语，须具有相当程度的教养，因此敬语时常被用来炫示教养"❷。所谓炫示教养，是一种通过敬语显示高雅和美感的心理，例如在"あなたが家風におあいにならず、お言葉づかいがお悪くていらっしゃると、おかあさまがおっしゃっておられましたわ"这句话中，敬语的过度使用显然不是用来表示敬意，而是用来炫耀自己的教养。在日本传统社会中，

---

❶ 大石初太郎. 敬語 [M]. 東京：筑摩書房，1981：75.
❷ 大石初太郎. 敬語 [M]. 東京：筑摩書房，1981：78.

· 227 ·

女性由于弱势地位，长期以来形成了通过语言表达来提高存在感的意识。这是女性语产生的原因，也是女性较男性更喜欢使用敬语的原因所在。因此，日本女性也往往存在过度使用敬语的倾向。

第五，利用敬语表示轻蔑、讽刺的心理。敬语还可以用来表示轻蔑、讽刺。例如，在特殊语境中，"お下劣""おでぶさん""きみはお上品でいらっしゃるからね"中的敬语成分有时可以理解为是在表示轻蔑和讽刺。在园地文子的小说《爱情的系谱》中，有这样一句话是用来表示轻蔑的：

△"お団子でございますか。二皿でございますね。"

ウェートレスは丁寧すぎる言葉に、ある威厳とけいべつを含めて言った。

综上所述，包括敬意的表达在内，日语敬语在语言形式相同的情况下，可以用来表示不同的，甚至相反的诸多含义，这也是日语给人以"暧昧"的原因之一。

## 六、日语的副语言：语言交流的润滑剂

俗话说：打鼓听声，说话听音。我们在进行跨文化交际时，不仅要注意说话人语言的表面意思，还要了解和感受"副语言"的表现形式和内涵。副语言既包括利用发音系统的语音、语调、语速等要素，甚至也包括面部表情、视线、身体动作等内涵。前者通常有声而无固定语义，也被称为"类语言"；后者也被称

"体态语",属于非语言交际领域。这些都是语言交流的一种辅助手段。

副语言的作用通常表现为:一是补充信息,即补充常规语言不足以完整表达的含义;二是替代语言,在不便使用语言表达的某些特殊场合,可以用副语言手段传达信息;三是强调作用,强调重要内容和信息;四是否定语言的作用,即传递语言以外的真实信息。

可以说,副语言是一种表情达意的交流艺术,但是在不同的文化背景下,副语言存在不同的表现方式,代表不同的含义。日本人比较依赖副语言的交际作用,并表现出日语表达的特点。

## (一) 沉默是金

实事求是地说,日本人不善于语言交流,他们更欣赏"不言实行""腹芸"(用神情表现内心)和"沈黙は金"(少言为上)在人际交流中的价值。因此,在文艺作品中经常看到类似"言葉を発することもなく、涙をこらえながら"(她含着眼泪,一言不发)这样的描写。

"沉默"即默不作声,是副语言中较为特殊的因素,也被称为"语空"的一种形式,一般情况下它可以表达沉思、拒绝、反抗等信息,是信息传递的一种手段。但是,日本人所欣赏的"沉默"并非不说话,而是慎言,是主张人际交往过程中需要"以心传心"的文化表现。

首先是在语言交流中不主张自我,不善于长篇大论地阐述自

己的观点、意见，更是极力回避争论、理论这样的局面出现。因此，在有可能发生矛盾时，日本人的态度不是默不作声就是表示歉意。另外，日语表达中少见"我"这个词的出现。这也是这种文化的体现。其次是语言表达含蓄、暧昧，体现为省略多，语言量少。例如，"先日はどうも"（前几天谢谢了）、"このたびは……まことにどうも"（这次……真是谢谢……）等。这些表达习惯往往令外国人感到莫名其妙。相反，如果说"あの人は、はっきりしているね"（那个人很干脆），就绝不是正面评价。再次是语言表达客气、谦恭，而谦恭的表现往往体现为谈话态度的"踌躇、犹豫"。日本人经常使用"あのう""ええ""ええっと""でー""さあ""そうですね"等词语，例如"ええ、こちら、あのう、山本ですが……"（嗯……这里……那个……是山本……）这样的情况并非特例。这样说话并不是语言表达能力有问题，而是以这种话语停顿的"语空"形式表示谦恭和对对方的恭敬。最后是语言表达注重结论，而忽视对因果的解释。有在日本生活的残留孤儿曾经抱怨说："日本のお医者さんは、ちっとも病気について説明してくれない。大丈夫というだけだ。"（日本医生根本不解释病情，只是说不要紧）。当一个人因故迟到时，一般只说我迟到了，并表示道歉，而很少解释迟到的原因，因为解释原因会被认为是在辩解或推卸责任。另外，与此相应的是，日本人说话时，语音、语调普遍比较轻柔，态度表现比较温和。

导致日本人形成这些表达习惯的原因，基本上源于以下两个方面。一是传统社会身份、地位差别的影响。在等级森严的社会生活中，人们的言行自然受到限制，话多是禁忌，容易触犯权威而引火烧身，即所谓"祸从口出"。二是受群体主义社会的影响，担心破坏群体和谐而被认为是"与众不同"的人。在这样的社会生活中，人们为了保全自我而必须控制自我表现，于是养成了较强的体察和感受力。人与人之间的交流更多依靠感受而不是表达，日本社会也因此表现出了一种"察しの文化"（感受文化）特征。

## （二）随声附和

日本人还喜欢在语言交流过程中"随声附和"，即听话人向说话人表明"我在认真听"。随声附和往往不代表听话人认可或赞同说话人的意见和观点，而只是表明一种态度：尊重对方的讲话，调解和维持和谐的谈话气氛，促进语言交流顺利进行。在日本，随声附和分为两种形式，即有声的"あいづち"（附和）和无声的"うなずき"（点头）。

日本人经常使用的"あいづち"词语有"はい""ええ""そうですね""なるほど、そうですか""まったく、そのとおり"（表示同感）、"大変だったね""それはいけませんね""苦労したね"（表示同情），等等。作为随声附和的词语属于"无词义语"，不能作为通常的语义理解。例如"はい"这个词，在用于随声附和时就不能再理解为是在表示肯定或同意的"对、好、行、可以"等意思，而只相当于汉语的"嗯嗯""是啊"等。但是，日本人却不喜欢中国人在讲日语时用"うんうん"

（嗯嗯）表示随声附和。

　　日本人在"あいづち"时经常伴以"うなずき"。但是，"あいづち"多出现在小范围的个人之间的交谈之中，而在以多人为对象的讲演、报告等情况下。多见的则是无声"うなずき"。有调查表明，当很多人散坐在同一个房间进行交流时，可以通过是否在"うなずき"来分辨出谁是日本人，谁是其他亚洲人。因此也有西方人说，在有日本人参加的国际会议上，如果见到有黑头发的脑袋在不停地上下摆动，那一定是日本人。在"うなずき"方面，女性点头的动作比较小，但频率较高，而年轻女性在点头时更习惯轻轻地向前伸出下颚，显示出一种女人的魅力。相比之下，男性的点头则是以收下颚的方式进行，且频率较低。

　　日本人随声附和的频率非常高，有调查表示每分钟谈话中可多达 20 次。日本人认为，谈话时随声附和是表示礼貌，如果说话人见不到对方随声附和会感到不安。然而，与中国人在讲完一句话、一件事时做出的反应不同，日本人是在对方讲话的过程当中随声附和。有外国人不了解这一点，反而认为日本人听他人话时态度不认真，没等听完就插话表态，因而影响谈话效果。

## （三）眉目传情

　　在人际交流中，眼神作为表情的一部分具有重要的传情达意作用。眼神能够表达比较复杂的思想感情，但也具有文化差异。如同中日语言中都有"眉目传情"（目は口ほどものを言う）、"眼睛是心灵的窗口"（目は心の窓）这样的说法一样，眼神交流在同处亚洲的中国人和日本人之间存在共同性。但与西方人相比，亚洲人眼神接触不多，尤其是日本人较中国人接触得更少。

在人与人之间进行交流时，日本人总是努力避免与对方目光接触。为此，在公交车、电车、地铁上，日本人总是在阅读报刊、书籍或垂头假寐，从来不直视他人。而且在两个日本人交谈时，他们往往坐成或站立成直角形，而不是面对面，即使在握手、递送名片或碰杯时也是略微侧身，以避免直视对方。对于日本人来说，回避对方的视线或目光是礼貌，而并非不尊重和反感对方。据研究表明，在不得不面对面交谈时，日本人相互之间将视线放在对方以鼻尖为中心的位置最为合适，而在听会时的最好方法是抱着肩面朝下，或者干脆闭起眼睛。这并不代表他们不认真听，而是在回避与对方的目光接触。这些习惯与中国人完全不同。笔者曾经按照日本人的做法在中国做过多次试验，结果不是被人指出不尊重人就是被认为在开会睡觉。

对于日本人来说，直视或凝视往往意味着质疑、责备，甚至具有一种攻击性和挑衅性，让人不安、紧张和恐惧。例如，相扑运动员在场上的"にらみあい"（对视）就意味着挑战；如果一个女孩在街上发现你在看她，你就有可能被误认为是不怀好意。但是，上司、长辈却可以直视部下、晚辈，因为直视也是"权威"的表现，可以是在表示提醒、叮嘱，当然有时也是在表示不满、鄙视或者愤怒。同样，部下、晚辈被斥责时，一定要低下头表示驯服，如果目视对方就意味着不服气或反抗。

眼神的示意作用是复杂多变的。在跨文化交际中，善于观察和理解眼神，尤其能够避免一些交流中的不快和误解。

## （四）微笑文化

微笑也属于表情表达的一部分，善于交际的人往往善于利用微笑来感染别人，达到交际目的。所谓"举手不打笑脸人"，因为微笑表示谦和、尊重，可以给予对方良好的第一印象，可以创造融洽的交际气氛，也是打破僵局的手段。

受群体文化影响，日本人的忍受力极强，因此也极其善于掩饰喜怒哀乐等情绪。日本社会要求一个人不能因为悲伤就痛哭，也不能因为高兴就开怀大笑，但是在人际交往中，保持微笑的表情却是受到鼓励的。例如，芥川龙之介在其小说《手巾》中有这样一段描写：母亲面带微笑在讲述着爱子的死，然而双手却在桌子下面不停地发抖，紧紧地拧着手帕。又如，岛崎藤村在其夫人去世之后出游巴黎，在一个住过的旅馆里，当老板娘问他："この前いっしょだった奥さんはどうしましたか。"（以前和您一起来的夫人怎么样啊？）。而他则回答说："家内のやつ、死んでしまいましたよ、へ、へ、へ。"（家里的死了，嘿、嘿、嘿。）因而险些让人当成疯子。[1]

总体来说，日本人在日常生活中具有两种截然不同的表情，一种是冷峻的无表情，另一种是亲和的微笑。日本的男性多为"无表情型"，如同高仓健一样不苟言笑，而女性多为"微笑型"。与寒暄要洪亮、鞠躬要端庄一样，微笑也是家庭子女礼仪

---

[1] 王秀文. 日本语言·文化与交际 [M]. 北京：外语教学与研究出版社，2007：75.

教育的重要内容。尤其是对于日本女性来说，微笑是社会交往中的义务，不管心情愉快与否，面对一切的人都须以微笑相待，而服务行业中的"微笑服务"更是有口皆碑。可以说，微笑既是日本女性处世的"防身之术"，也是日本女性获得贤良淑德赞誉的秘密法宝。

微笑是赋予日本女性角色的义务，是社会交往中需要遵守的"建前"（原则），所以日本女性往往是从见面伊始就一直保持微笑的表情，而不因为谈话的内容而发生变化。也正是因为如此，有外国人认为日本女性的微笑在开始时是非常令人产生好感和有魅力的，但是不停地微笑又令人困惑不解。日本男性的不苟言笑和女性的微笑不止都时常令外国人感到费解和不安，但是相反，现代中国人随心所欲的不苟言笑或时而爆发的开怀大笑也往往令日本人困惑和吃惊。

### （五）体距的语义

体距即"人际距离"，指人与人之间交往时需要保持的身体距离，经常被人们用作交流情感的空间语言和工具。

从人际关系角度，美国文化人类学者霍尔博士将体距归纳为亲密距离（亲昵圈）、私人距离（亲近圈）、礼貌距离（社交圈）和一般距离（公共圈）四种基本类型。然而，人与人之间的关系是复杂的。一般来说，感情的亲疏、关系的远近、社交场合和谈话内容都会对体距产生影响。在社会交往中，一方面要注意私人空间服从于公共空间，也要注意不同文化的差异。合理的人际距离可以促进交往，不合理的人际距离会阻碍交流的正常进行，甚至会导致误解和不利后果。

　　体距的最小极限是体触，即身体接触。根据身体接触的多少，文化类型可以被划分为"接触文化"和"低接触文化"，日本文化属于后者。日本人习惯鞠躬，与接吻、握手的文化相比，相互之间需要保持较大的空间距离。因此在与日本人交往时，空间距离过近会使日本人感到不舒服，会让他们不由自主地退缩。传统上，日本人夫妻在一起走路时往往也是一前一后，并保持一定距离，相互拉手的现象更是极其少见。

　　日本人对身体接触十分敏感，并竭力避免。他们在排队时绝不拥挤，并保持一定间隔，避免触碰。这并不仅是因为文明礼貌。在不慎发生触碰时，无论原因如何，他们都会立刻相互道歉，以免被误解。在外国文化的影响下，虽然日本人现在也适应了握手，但是他们还是喜欢鞠躬，尤其是女性很少与人握手。与此相反，中国人对于身体距离似乎不是很敏感，时常见到有人勾肩搭背或手拉手走路、交谈的现象，还有人习惯拍拍打打、抚摸别人孩子的头部。这些亲密的体触表现，时常令日本人感到不可思议，无所适从。

# 第六章　从动物民俗看日本文化

在漫长的人类社会发展史中，一直有很多动物与人相伴、共生、共存，建立起深厚感情，在丰富了人类物质生活和精神生活的同时，形成了丰富多彩的民间文化。恩格斯在谈到动物崇拜的根源时说："人在自己的发展中得到了其他实体的支持，但这些实体不是高级的实体，不是天使，而是低级的实体，是动物。由此产生了动物崇拜。"❶ 动物已不再仅是自然生命，它们已然成为人类文化的有机组成部分。

日本文化中的动物崇拜以其原始信仰为底色，反映了日本人对自然界的认知和精神生活状态，承载着日本民族的自然观、价值观和深层文化心理。同时，在日本关于动物民俗的传承中，也显示出中日文化交流的痕迹，成为日本文化的积淀与特色。

---

❶ 中共中央马克思恩格斯列宁斯大林著作编译局编译. 马克思恩格斯全集（27卷）[M]. 人民出版社，2006：63.

# 一、鼠民俗的文化传承

## (一) 鼠民俗在日本的发端

鼠为十二生肖之首，它与人类的关系始于何时不可而知。如果只是通过民间传承、民间信仰、民间习俗来看，可知它与人类的关系非同一般。鼠既是人类的敌人，是灾难、疫疠、厄运的载体和化身，又是顽强生命的象征、创世的文化英雄、救人于危难并带来财福的动物。有些文化对鼠亦畏亦敬、亦恨亦喜，人与鼠之间构成一幅生动活泼、栩栩如生的人文传承画面。著名画家齐白石先生画过一幅《鼠子闹书斋图》，上有题词曰："吾友直支翁常画梅花百幅不厌。"白石老人把吱吱直叫的老鼠称为"直支翁"，将大闹书斋并在纸上印满梅花似爪印的老鼠戏称为"吾友"，可谓情趣盎然。❶

在日本，关于鼠的民俗传承最早见于日本《古事记》和《日本书纪》之中的神话。其中《古事记》上卷《大国主神》项中曰：

> ……其次把鸣镝射入大野之中，叫大国主神去取回那箭来，随即放火烧那原野。大国主神不知道哪里能够出去，有一只老鼠走来，对他说道：

---

❶ 周简段. 神州异闻录·民俗篇 [M]. 北京：华文出版社，1992：219.

## 第六章 从动物民俗看日本文化

"里头空空洞洞，外面狭狭小小。"

这样地说了，大国主神乃践踏其地，即陷落了进去，躲在里面的时候，火就烧过去了。于是老鼠衔了那鸣镝出来给他，至于那鸣镝上的羽毛，悉由那小鼠们吃光了。

大国主神即"大穴牟迟神"，是日本神话中出云国的主神，传播巫术、医药之道，现被祭祀于出云大社。他由于争娶稻羽的八上比卖为妻而遭到众神迫害，但一一解难。这个故事表现了义鼠救主的形象，亦为日本关于鼠民俗传承之始。

被义鼠救助的大国主神，后来与印度佛教一起传来的守护神大黑天相融合，成为日本民间信仰中七福神之一的农耕神、厨房神，即日本民族的福神。大黑天的形象是头带布巾，左肩背一个大布袋，右手持一小槌，脚踏装大米的稻草袋。这时，老鼠亦成为大国主神即大黑天的使者，经常出入米仓和厨房。

日本现今称新年为正月，而正月的主要习俗是祭祀岁神即年神。对于日本人来说，岁神是祖先神，也是五谷之神。日本人普遍相信正月岁神降临带来福运，故在门外放置"门松"相迎，并在户内设祭坛摆放大米袋、酒桶、年糕等供奉。岁神最忌讳人们睡觉，因此除夕之夜要"寝ず見"，即睁着眼睛守护，甚至连睡觉一词都不能说。在日语中，"寝ず見"这个词与鼠的发音相同，难以确定在语源上是谁影响了谁。其中的一种解释是，不睡觉地守护神灵，与夜行性质的鼠的习性相符。日本人为了避免联想到老鼠，而采用谐音字"稻"替代，称睡觉为"稻積む"，起床为"稻上ぐ"。当然，在睡觉这个问题上，采用"稻"来避讳

"鼠"也暗示了岁神与稻谷之间的密切关系。

鼠既然是大国主神、大黑天的使者,那么也被视为岁神的使者,自然享受近似岁神的待遇。新年期间,日本人要专门为老鼠供奉年糕,称为"老鼠的压岁钱"。有些地方,甚至把米饭放在天棚上,或把年糕挂在炉灶上方的吊钩上供老鼠食用。同样,他们也认为直言鼠字会触犯鼠灵,那么老鼠就会向岁神说坏话,导致农作物歉收。这些俗信都是由敬鼠、畏鼠心理产生的。

猫是老鼠的天敌,因此有些地方在新年期间亦讳言"猫"字,称为"皮袋",亦忌讳学猫叫,以免激怒鼠灵。日本有一个叫作"鼠净土"的故事,说的是过去有两个老爷爷,其中一个因追赶落到地上的饭团而误入鼠穴。老鼠问老爷爷:"你不会说猫话吧?"老爷爷回答说:"不会。"于是,老爷爷得到很多金银财宝回家了。邻居老爷爷听说后也模仿着去做,结果不小心发出猫一样的叫声,洞穴因此崩塌而将他埋在里面。这个故事反映了日本民间信仰中鼠是福运之神的观念。

老鼠能够给人类带来福运的观念,还在于它能够预知火灾等灾难的说法。日本著名作家永井荷风曾说:老鼠是预知天灾变异的灵物。它要是不在棚顶里面乱跑,就意味着要有火灾发生。我在麻布的住宅偏奇馆,就是因为发现老鼠不闹了,结果就被美军的空袭给烧掉了。日本人普遍认为老鼠是宅神,老鼠在则无火灾,老鼠不在则是发生火灾的前兆。

日本江户中期的国学家本居宣长在其《古事记传(十)》中说:"说起来,老鼠害人,但是户内有它为吉,而无它则为凶。""众所周知,将烧之宅无老鼠。这个俗信的根源在于,大穴牟迟神在原野上将要被烧死时而被老鼠救助。"❶ 人们相信老鼠是大黑天的使者，可于三日前预知火灾而去。

不仅火灾，老鼠还可预告洪水、地震等灾难和不幸，因此有日本谚语说：家中无老人和老鼠没好事。

## （二）"老鼠嫁女"与生殖信仰

新年期间不能直言"鼠"，而要称为"嫁様、嫁殿、嫁女、嫁っこ、嫁御、天井の花嫁"，或者"姐っこ、姐、娘、お嬢さん、姫様、上の姐"等。日语中，"嫁"意为"新娘、媳妇"，而"姐""姫"等则是对女孩的爱称。

问题在于"新娘、媳妇""女孩"与鼠有何联系？这种现象颇令人费解。有人说与"老鼠娶亲"故事的影响有关。与中国一样，日本也广泛流传着"老鼠嫁女""老鼠娶亲"的故事，其中最为流行的故事梗概如下。

> 鼠生一女，欲招天下无比之婿，想入非非；自思曰天子普照世间，功德无比，可贺可喜。鼠曰：旭日东升，请娶我女。不自量力，言欲奉上小女为妻。日天子曰：我虽有普照世间之功德，若遇云雾，则无光矣。望招云为婿。
> 
> 仰面观之，诚然如此。遂见乌云，言此好意。云曰：我虽有蔽日之功德，若风吹之，则尽散矣。请招风为婿。

---

❶ 鈴木棠三. 日本俗信辞典（動・植物篇）[M]. 東京：角川書店，1982：463.

思之有理，遂向山风来处言此好意。风曰：我虽有驱散乌云、所向披靡之功德，若逢筑城之地，则无力矣。请招筑地为婿。

自思有理，遂向筑地言此好意。筑地曰：我虽有遇风不动之功德，遇鼠掘地时，不堪忍矣。如此言之，鼠乃最优之辈也。因而招鼠为婿矣。此乃注定因果报应也。

"老鼠嫁女"亦称"老鼠娶亲"，该故事早在日本镰仓时代通过无住法师编著的佛教故事集《砂石集》已为日本人所知，并被广泛流传。虽然后来产生多种变体，但至今仍妇孺皆知。该故事的题旨、结构和情节在中日之间，乃至在亚洲各国均大同小异，反映了亚洲文化传承中的相互影响，同时也是亚洲农耕文化的共同特征所致。

关于"老鼠嫁女"的寓意，钟敬文先生指出："在流行的年画或剪纸中，有一个常被采用的题材，那就是《老鼠娶亲》（或称《老鼠嫁女》）。图中描绘着娶亲（或嫁女）仪仗的景象，俨然人间嫁娶的情况。……在遥远的古代，人们对于老鼠是抱怨和惧怕的，因为它虽然体形不大，但为害却不少——经常要偷吃人们的粮食和损坏衣物。它精灵而又狡猾。在人们的智力还幼稚，实际上还不能有效地制御它的时候，就只有尊敬它，甚至亲热它，以冀和平共处。"[1] 由此看来，媚鼠是"老鼠嫁女"类型故事的寓意之一。综观"老鼠娶亲"故事的各版本，可知其"娶

---

[1] 钟敬文. 话说民间文化：从文化史的角度看《老鼠娶亲》[M]. 北京：人民日报出版社，1990：67-70.

亲"或"嫁女"之日大多被定于岁末年初，即新年（春节）前后。这一时期正是老鼠繁殖的高峰期。此时鼠类活动频繁，乱跑交尾，因而也是诱鼠而灭之的大好时期，此乃寓意之二。其中反映的生殖繁衍的理念，则为寓意之三。

在日本，"老鼠嫁女"故事的基本含义可能源于生殖崇拜，而这也是昵称老鼠为"新娘、媳妇""女孩"的根源。老鼠的最大特点是生育能力强，繁殖迅速。日本人认为，老鼠一年可生育12次，与一年12个月相吻合。老鼠每胎可生数只乃至十数只小鼠，而小鼠出生后两三个月即可成为有生育能力的成鼠。老鼠繁殖速度之快、数量之多令人感到惊叹、神奇。借老鼠表达祈盼农耕顺利、富饶，多子多孙繁衍不断的愿望，体现了农耕文化的特点，而称老鼠为"新娘、媳妇""女孩"必然与这种愿望密切相关。

有趣的是，日本人基于老鼠的繁殖特性，在江户时代发明了一种计算数量急剧增加或按几何数级增加的方法，称为"鼠算"。这种日本式算法的依据是：正月，雌雄两只老鼠生12只小鼠，2月母子老鼠均生12只小鼠，每月如此至12月，老鼠的数量竟然多达27682574402只。❶

## （三）鼠的禁忌与卜兆

基于人类畏鼠、敬鼠、媚鼠的矛盾心理，以及日本人对鼠的生理、习性的观察和认识，日本民间围绕鼠还形成了很多禁忌和

---

❶ 山中襄太. 語源十二支物語［M］. 東京：大修館書店，1976：25.

卜兆风俗。对此，铃木棠三在《日本俗信词典》❶ 中有比较详细的归纳。笔者在此加以梳理介绍如下，以供参考。

1. 老鼠与凶吉

老鼠与人类的关系表现在很多方面。例如，观鼠的活动可以判断天气即其一。日本民俗认为，野鼠夏季频出预示冬季少雪，少出则预示雪大。雪不足则食物不足，因此老鼠夏季频出四处搜寻粮食以储备；雪大则食物丰足，因此不担心粮食短缺而尽早入穴过冬。这想必是人们考虑来年而得出的结论。另有一种说法是，野鼠频出糟蹋农作物之年的冬季有大雪，频出是老鼠为当年过冬之举。关于老鼠和天气的关系，日本人认为鼠出穴是好天气，不出穴则是要下雨；还说老鼠在天棚上闹意味着第二天下雨。至于老鼠集聚到住宅附近，则是大雪或洪水即将来临的预兆，想必是为了避难之故。

俗信还认为，老鼠不居衰败之家。老鼠多则家兴，老鼠少则家人不幸；老鼠来则福至，老鼠去则福去、不幸降临；老鼠在地板下叫意味着喜事临门；老鼠每晚在榻榻米上跑起尘土预示福运将至或有乔迁之喜；老鼠咬破衣帽则有喜事来临；种下被老鼠咬过的种子会丰收；老鼠吃正月的供品吉利；老鼠在天棚上欢闹意味着大米要涨价，而在地板下欢闹则意味着要降价；吃了被老鼠咬过的食物对眼睛视力有好处，或者孕妇生产顺利、生的孩子聪明。日本人尤其认为白色的老鼠入宅吉利。家有白鼠会发财，捉住白鼠运气好。

另外，老鼠也会给人们带来不幸。有些地方的民俗认为：梦

---

❶ 铃木棠三. 日本俗信辞典［M］. 東京：角川書店, 1982：462-475.

见老鼠不吉利；在室内吹口哨老鼠会增多；在子日做衣服老鼠会作恶；夜里模仿老鼠叫会招引蛇；老鼠爬到被子上，则睡觉的人会感到呼吸困难，或将死掉；被老鼠咬到的人的寿命会缩短 3 年，脚趾被老鼠咬则必死无疑，等等。

老鼠是神的使者，因此日本人认为虐待老鼠会遭受报应。例如，用脚驱赶老鼠会在夜里被捂死或引发火灾；说老鼠的坏话，衣服会在夜里被咬破；孕妇不能堵老鼠洞，不然会难产；放掉没被打死的老鼠，夜里会被回来的老鼠勒脖子；打死别人家的老鼠会与这家人搞不好关系，反之，若善待老鼠则交际广；吃老鼠贫穷一生或贫穷 7 代，不能发迹。

俗信还认为，白天讲故事会被老鼠尿浇身，或被老鼠嘲笑；夜里剪指甲会被老鼠尿浇身，而沾上老鼠的尿眼睛会瞎等。

### 2. 老鼠与疾病

老鼠传播疾病，但是人们又相信老鼠能够治疗疾病。日本有俗信认为，老鼠爬柱，病人痊愈；吃老鼠可治尿炕，食用方法多为烧焦吃或烧焦后研碎冲水喝；老鼠烧焦后内服可消渴，治梅毒、胎毒、脚气、心脏病、尿频、寒症、哮喘等，同时也可以泡酒外敷用于治刀伤。据说刚出生的小老鼠更具药效。例如，老鼠烧焦后外用可治刀伤、痔疮，内服可生发，而将刚出生的小老鼠装入容器埋于土中，待其变为液体后将其涂于患处可治秃头病，小老鼠用油或酒泡后还可以治耳漏等。

在一些俗信中，老鼠粪似乎也是灵丹妙药，但是更具巫术性质。例如，在兵库县，小孩患麻疹时，取鼠粪 3 粒与老年妇女的白发 3 根放入浴盆中为小孩洗浴，浴后盛上一碗红小豆饭，插上红色驱邪幡送到十字路口。麻疹愈后再设酒席，这时需要将放入鼠粪两三粒和酒及淘米水洒向小孩的头部，如此将不再复发。在日本一些地方，为预防天花，在新生儿出生 12 天时要举行一个仪式，在仪式上将老鼠粪 2 粒、大豆 3 粒、大米 2 粒放在稻草帘上并置于新生儿的头顶，然后用竹叶往上撩水。在三重县，为了治疗天花则是将糯米团、鼠粪和红小豆供奉厕神，然后全家人分食。

另外，孕妇产后便秘或胎盘不下可用鼠粪泡水喝；晕车、晕船的人可将鼠粪 3 粒附于肚脐上，或用鼠粪冲水喝；用纸包鼠粪放在肚脐上可抑制困倦；牙痛时可将鼠粪涂于患部；鼠粪还可以治感冒、便秘和脚泡等。

老鼠坚牙利齿，因此也被人们用来祈盼固齿。在儿童换牙期，日本人经常期盼小孩的牙齿能够生得像鼠牙一样坚固，因此常说："生鬼牙，长鼠牙。""要比狼牙长得快，要比鼠牙长得硬。""老鼠、老鼠，让孩子长一口好牙吧。"乳牙脱落时，日本人会把下牙扔向屋顶说："换成麻雀牙吧！"把上牙扔到地板下说："换成老鼠牙吧！"他们认为，要想孩子牙好，可以让孩子吃老鼠咬过的食物，而龋齿可以嚼老鼠粪治愈等。但是相反，也有人认为吃老鼠咬过的食物会变成瞎子。

## 二、牛民俗的文化传承

### （一）牛信仰在日本的发端

俗话说"天开于子，地辟于丑"，在十二生肖中子为鼠，丑为牛。丑排在第二位，说明了牛在农耕社会的重要性。

牛的驯养大约始于六七千年之前。在中国，自商代开始，牛不仅被用于生产，还用于食用、占卜和祭祀。经研究证实，大约在弥生时代，牛伴随着稻作农耕文化由欧亚大陆传入日本，尤其是在公元五六世纪期间，有大量的百济人由朝鲜半岛集体迁居到日本列岛。他们不但带去了欧亚大陆先进的农耕技术、用具，也带去了与牛相关的生产、生活习俗，促进了日本社会生活的变化和发展。

牛在传入之初，由于数量稀少，对于日本人来说是珍希家畜。加之当时日本的农业尚处于刀耕火种状态，牛并没有被广泛用于农业耕作。通过《源氏物语》等文学作品可知，平安时代的王公贵族喜欢使用牛车作为代步工具，甚至当时关西一带的主要街道都是为牛车通行而铺设的。牛的性情温顺、稳重，便于驾驭，饲养成本低廉。牛车尤其适合山地、急流较多的日本地理条件。因此，在相当长的历史阶段，牛车一直是王公贵族的象征。

在这个过程中，牛逐渐被神格化，被赋予神性。在日本的很多神社和民间信仰中可以发现，传统社会把牛视为神或神的使者和交通工具，不能任意饲养。据说，在位于京都的大原神社，其供奉的主神降临时骑乘的就是一头红牛，而且那红牛还在神社门前河边的岩石上留下了足迹，疏疏落落的点点坑洼至今仍清晰可见。因此，神社所在地的天田郡三和町至今不饲养红牛，不吃牛肉。京都祇园町的八坂神社是皇室神社，按照传统每年要在7月17—24日举行盛大的"祇园祭"，进行著名的彩车巡游。此时经过盛装打扮的彩牛，尤其是红牛扮演着重要角色。

在中国，牛是牛、羊、豕三牲之首，是最为上等的祭品，也说明牛与神的关系非同一般。以牛祭神的做法在日本也有所体现。例如，在斋部广成的《古语拾遗》（807年成书）中有这样一段记载。

> 古昔，某造田之日，大地主神让农民吃牛肉，于是蝗虫蜂起，侵袭了秧田。大地主神通过占卜寻求良策，于是被告知此乃岁神（农神）作祟，应祭以白野猪、白马、白鸡镇其怒。因此，大地主神供奉上述物品，道歉并请求驱逐蝗虫，但是并未奏效。最后，按照岁神的旨意将牛肉放在水渠口祭祀，方才保住了秧田。

这则记载中关于岁神发怒的原因，有人说是因为农民吃掉了农业所必需的耕牛，也有人说是因为农民吃掉了只属于神的食物——牛。总之，在牛作为神灵祭品这一点上，日本似乎沿袭了中国的传统观念。

事实上，日本古代虽然存在杀牛祭神的记载，但是同时也有很多禁止杀牛祭神或食用的记载。通过文献记载可知，日本第一次发出严禁食用牛肉敕令的时间是676年，而在《续日本纪》桓武天皇延历十年（791）一项，也记载了禁止诸国农民杀牛祭祀汉神（中国神）。可想而知，有禁止即说明当时存在食用牛肉、用牛祭神的习惯。那么，有此种习惯的人是一些什么人呢？我们可以推测，这些人可能是当时将牛马等家畜带到日本的"渡来人"。他们在日本传播欧亚大陆文化，当然也包括屠牛食牛，以及用其"祭祀汉神"的习惯。然而，大致在牛传入不久，佛教也传入日本，并且立即得到了当时统治阶层（诸如圣德太子等）

的笃信和竭力推广。当以死为秽的神道观念与怜悯生类和轮回转生的佛教思想融合到一起的时候，渡来人屠牛祭祀和食用的习惯便遭到了禁止。于是，屠牛食牛的习惯开始在日本销声匿迹，而且还出现了很多关于食牛肉的禁忌。

直至进入明治时代，出于文明开化、富国强兵之国策的需要，日本政府开始在军队中推行食用牛肉，而这种食牛肉习惯伴随着士兵的退役而逐渐在社会上流行开来。时至今日，独具特色的"牛锅"和烤牛肉，已经成为日本人的奢侈料理，也是日本牛肉消费的主要市场。

## （二）牛信仰与日本佛教

据《日本书纪》记载，佛教在6世纪中叶，即552年通过百济传入日本，此后与中国大陆文化一起促生了日本古代灿烂的飞鸟文化乃至天平文化。

如前所述，牛大约与佛教同期传入，而且二者在日本的传播和普及均与渡来人的大量迁入密切相关。因此，在日本很多关于佛教的故事中也含有关于牛的信仰与传承。其中，下面这个故事流传甚广。

预州有一老女，唯事神道不信三宝，人称其名神母。偏见覆心，家居寺塔旁也不去参拜，路遇比丘僧亦掩目而过。某时，一头黄牛驻足在老女门前，三日不去，亦无主人来寻。老女吆喝那牛回家，牛不从，遂解下衣带系于牛鼻牵之，牛反而用力牵着她走进了牛佛寺。女人怜惜牛及衣带，遂掩目入寺，违心而立。

相传，这则故事是由沙弥玄栋的《三国传记》卷三第十四"神母牛被牵到佛所事"而改编的。❶ 说它流传甚广，是因为这个故事被当成一个著名成语"牛に引かれて善光寺参り"的依据。该成语的意思是"受某物诱引而意外朝好的方向发展了"，可译为汉语的"偶入佳境"。由此可见，牛在日本被认为是引人向佛、引人向善的吉祥动物。

善光寺位于长野县境内，是天台宗的大劝进和净土宗的大本愿，由推古朝营建草堂，以阿弥陀如来像为本尊。当然，这个成语故事有很多版本，核心内容可概括如下。

  在长野的善光寺附近住着一个老太婆，她无信仰之心，又很贪婪。一天，她晾晒的布被邻居家的牛挂在牛角上带跑了。她在后面追赶，不知不觉跑进善光寺。这才知道是来到了圣灵之地，于是祈求保佑后半生。

滋贺县大津市逢坂有一所寺院，名叫关寺，寺内有一尊牛塔。据说之下埋葬的是在11世纪修复寺院时建功的大牛（迦叶佛）。关于其起源的故事见于《今昔物语》（12世纪前叶成书）卷十二"关寺驱牛化迦叶佛语第二十四"。

  今昔，有一个左卫门大夫，名叫朝臣义清，其父叫中方。他任越中守时由其国得到一头黑牛，经中方多年骑乘，后来将此牛送给了相识的清水僧人。那清水的僧人又

---

❶ 高木敏雄，等. 増訂 日本神話伝説の研究 2 [M]. 東京：平凡社，1987：326.

将此牛送给了大津周防的橡正则，而这期间正在修造圣人居住的关寺院，……正则又将此牛送给了圣人。圣人得此牛十分高兴，让它拉车运送修寺的木料。木料运送完毕之后，三井寺明尊前的大僧正僧都梦到自己去朝拜关寺，见一头黑牛系在堂前。僧都问曰："此为何牛？"牛答曰："我乃迦叶佛也。为助此关寺之佛法而变成了牛。"梦醒之后，僧都甚觉此事怪异，便于次日早晨派一小僧去关寺，并且吩咐道："去问一问那寺里是否有一头为寺里拉木料的黑牛。"小僧随去即返，曰："是有一头黑牛系在圣人屋旁，牛角微平。我问此为何牛？圣人说是为拉此寺木料而得之牛。"

总之，很多民间传承中牛与佛教关系密切，在日本产生很大影响。此外，"牛头马面"在日本也有传承。牛头最早被称为"牛头阿旁"，是佛经中的地狱鬼卒，受阎罗王指派经常在阴间和阳间行走，捉拿或处罚有罪之人。《五苦章句经》称：狱卒名阿旁，牛头人手，两脚牛蹄，力壮排山。清人俞樾在《茶香室三钞》中称：古止是牛头，其马面则后人以配牛头者耳。因中国人讲究语言对称，后来给牛头配上了马面。就这样，具有神佛灵性的牛又变成了负面的鬼，而这种负面形象的牛信仰也传入日本，只不过流传并不广泛。

日本学者将牛信仰与马信仰进行比较，认为"牛表现在宗教性传说之中，而马却在民间信仰中具有某种意义；英雄传说中的勇士骑马，而缘起故事中的圣者乘牛；马属于男性，牛属于女性。按日本式说法，马与神有缘，而牛与佛有缘。如果说马是阳性的，那么牛便是阴性的"❶。这种观点，对于日本的动物信仰研究可谓点睛之笔。

## （三）"丑牛"与鬼及鬼门信仰

李时珍在《本草纲目》中称，牛在畜属土，在卦属坤，土缓而和，其性顺也。造化权舆云：乾阳为马，坤阴为牛。"阴性"的牛与同为阴性的"鬼"联系在一起，在日本传承甚广。

鬼在日本民俗中的形象是：其形人身，裸体，筋骨强健，腰系虎皮，头长牛角，口大至耳，獠牙外露，妖力无比。这种形象一方面受到印度神话中夜叉的影响，另一方面受到中国十二支丑寅之维（东北隅），即"鬼门"思想的影响。日本《教训栞》称："鬼无形。从前倭汉均画为头生牛角体围虎皮，是为以丑寅之维为鬼门，集牛虎为一体之故。"❷

中国传统民俗中有很多关于"鬼门"的传说，其中较早且具有代表性的是"度朔山"传说。王充《论衡》卷二十二《订鬼篇》引述《山海经·海外经》佚文所载如下。

> 沧海之中，有度朔之山。上有大桃木，其屈蟠三千里。其枝间东北曰鬼门，万鬼所出入也。上有二神人，一曰神荼，一曰郁垒，主阅领万鬼。恶害之鬼，执以苇索，而以食虎。于是，黄帝乃作礼，以时驱之。立大桃人，门户画神荼

---

❶ 高木敏雄，等. 増訂 日本神話伝説の研究 2 [M]. 東京：平凡社，1987：331.
❷ 藤沢衛彦. 日本民俗学全集 4 [M]. 東京：あかね書房，1960：287.

郁垒与虎，悬苇索，以御凶魅。

这类传说与中国古代的阴阳五行思想密切相关。十二支的排序是"子、丑、寅、卯、辰、巳、午、未、申、酉、戌、亥"，亦可用于表示年月日、时刻与方位等。根据干支所示方位，正北为"子"，正南为"午"，正东为"卯"，正西为"酉"，统称为"四正"。与此相对应，东北配置"丑寅"，东南配置"辰巳"，西南配置"未申"，西北配置"戌亥"，即构成艮、巽、坤、乾"四隅"。据风水之说，西北角（乾）为天门，东南角（巽）为地门，西南角（坤）为人门，东北角（艮）为鬼门。因为东北隅由正北的"子"和正东的"卯"所夹，所以位于其间的"艮"在日语中亦读为"うしとら"，即"丑寅"或"牛虎"。

用五行说来解释，子位于北，色彩为黑（玄），季节为冬，月份为十一月，时间为夜，即阴阳之阴（幽）之表象。与之相对，卯位于东，色彩为青，季节为春"，月份为二月，时间为晨，即阴阳之阳（显）之表象。因此，位于子卯正中的东北隅"艮"正好是从"北阴"转换为"东阳"的要害之地，此处危机四伏，灾祸频生。于是，出于抑阴扬阳之目的，神荼、郁垒与虎扼守鬼门，驱逐恶鬼。在《三教搜神大全》中，神荼、郁垒是初代"门神"，头上生牛角，然而传到日本之后，他们二位却与虎一起合成了"鬼"。

总之，鬼门思想传到日本之后，日本人对此笃信不疑，并且认为在鬼门方位祭祀神佛可以避灾。古都京都始建于桓武天皇延历三年（784），于延历十二年完成，并迁都至此。延历七年，在京都东北方向的比叡山麓建造了一所延历寺，目的是镇守皇宫。该寺的慈觉大师（794—863）曾经自豪地称，我山位于花都之丑寅，相闻堵塞鬼入门。据《吾妻镜》嘉贞元年（1235）"正月"条记载：五大堂建立之地是为幕府之鬼门。出于同一目的，江户幕府于宽永二年（1625）建造东睿山宽永寺，作为江户城的鬼门镇护，还在城外护城河沿岸改植柳树以替代丑寅方向所避讳的松树，而这便是现在东京"柳原町"街道名称的由来。又据昭和五年（1930）9月11日东京《朝日新闻》载：东京市政府的市长办公室正好位于鬼门方位，于是，东京市参事会对市政运营深感忧虑，最后决议迁移市长办公室。

在民间，崇信鬼门的习俗也十分引人注目。"二战"后的调查（1947—1950）表明，日本人在建造房屋时特别在意"辟鬼门"者高达66%。时至今日，即便户主不忌讳鬼门，但若房屋设计触及鬼门禁忌，则施工方也不会承接这项工程。为了禳灾避邪，人们往往在建房时或是将写有咒语的木札放入房屋东北方向的夹壁墙内，或是在东北方位供奉"稻荷"（五谷神）作为镇宅之用。人们一般不在房屋的东北方向设置出入口、便所、浴室，兄弟分家时分出的一户不能迁往鬼门方向，不能与鬼门方向的人家结缘，也不能砍伐鬼门处的树木，否则会因冒犯鬼门而招致不幸。相反，如果在村落的东北方向建"鬼门堂"，或在房屋东北侧屋顶铺设"鬼瓦"或植种桃树、梅树等，则可镇护鬼门。

日本人把立春的前一天称为"节分"（2月3日），其重要的活动内容便是"驱鬼"。这一天，家家户户要在屋子里撒豆子，口诵"鬼出去，福进来"，即驱邪祈福。这种驱鬼活动在神社、寺院被称为"追傩"。届时各地大小神社、寺院都要举行追傩仪式，邀请社会名流参加撒豆活动，驱除疫病灾祸，祈求健康平安。在京都北野天满宫的追傩仪式上用带花的桃枝驱鬼，庐山寺则举行"鬼法乐"仪式，有红、蓝、黑三鬼出来狂舞，最后由法师的法力和追傩师的弓矢所降伏，而这时出现的鬼都是头有牛角，腰缠虎皮。

关于追傩在日本的起因，《掌中历·岁时部》称：十二月晦日夜厌傩鬼，高氏辛子十二月晦夜死，其神成鬼，致疾疫。由此可知，"追傩"源于中国古代的"傩"仪式。传入日本后，据说自文武天皇（697—707年在位）起，日本宫廷便作为例行公事之一，于每年12月除夕之夜举行这种驱疫逐鬼仪式。据《延喜式·内裹式》所载：在12月的追傩式上，阴阳师念毕咒文后，方相氏先发傩之声，持戈击盾三次。王卿以下相和，持桃弓苇射向四方，执桃杖逐疫鬼，纷纷自四门出至宫城。后来，此种追傩式在民间广为流行，与立春活动结合在一起迎接万物复苏。

## （四）端午节与女人、牛

随着稻作农业的发展，牛的实用价值逐渐被人们认识，并开始被利用于农业生产活动之中。日本有"东马西牛"之说，即东部地区多用马，西部地区多用牛。牛参与日本的农事活动主要是在每年5月的插秧季节，尤其是在端午节前后。

"二战"结束之后，日本法律规定5月5日为儿童节（实质上是男孩的节日，3月3日是女孩的节日），而此前叫端午节。

端午节顾名思义，源于中国，具体传入时间不详。《日本书纪》称：仁德天皇三十九年（351）5月，天皇下诏命众臣献菖蒲；推古天皇十九年（611）5月5日，天皇在衣着华丽的群臣簇拥之下去菟田野猎药，以祛除毒气。由此可以推测，端午节可能也是通过渡来人传到日本的。

但是，与很多文化现象一样，早期传入日本民间的文化习俗往往都没有通过文字记录下来，而是在民间与本土文化融合在一起于后世才得以显现。端午节习俗也是如此，除宫廷贵族接纳的一些中国仪式性内容之外，在日本民间更多的是将端午节称为"女夜""女家""女人天下"日，是家家户户迎神、祭神以迎接插秧的重要祭日。在日本，日语传统上称五月为"サツキ"，称梅雨为"サミダレ"（五月雨），称专事插秧的女人为"サオトメ"（早乙女），而其中的"サ"（五月）甚为神圣，具有"稻荷"，即"五谷神"之意。插秧在端午节前后，是一年当中十分神圣的农事活动，而插秧的主要角色是女性。因此，在插秧活动中扮演重要角色的女性也被赋予了"祭祀田神的少女"特性。为避讳污秽，从5月4日晚（"女夜"）到5月5日（"女家"），女人需要将男人驱赶出门，自己关在屋里肃穆迎神，而这时要把艾蒿、菖蒲插在屋檐下或扔到屋顶上作为标志。日本民俗学家柳田国男称："在妇女参与农耕作业的理由之中，存在将她们的生殖力赋予作物的意思。"[1]

与女人一样，在日本民俗之中，牛也是插秧活动中的重要参

---

[1] 吉野裕子. 陰陽五行と日本民俗［M］. 人文書院, 1998.

与者，因此牛也是神性的存在。以前，有些地方把端午节叫作"牛放假"或"牛正月"，要把牛装饰起来放到河边休闲，禁忌使牛下田耕作。如果破坏这个禁忌就会有人生病，或者遭遇干旱，因此村民就会在祈雨时让牛的主人背上葫芦"送葫芦"。这是一种辟邪仪式，是对违反村规民约的一种惩罚。

端午节还被称为"牛菖蒲"，这一天要在牛棚中铺上菖蒲以驱灾避邪。西日本一带还把牛牵到河边，把菖蒲捆扎起来为牛清洗，为牛祈求健康。日本民俗也认为菖蒲具有防病辟邪功能，是端午节期间不可缺少的要素。有一些地方，例如香川县，还有端午节喂牛吃粽子的习惯。牛在农耕社会具有很多不可思议的符咒力，日本民俗有：家里生小牛之后，要把纸弄湿取小牛的足印贴在牛棚入口，可以避鬼作祟；把牛头或用稻草制作的大牛扔到池沼中可以祈雨，等等。

虽然女人与牛在稻作农耕活动中都具有重要作用和意义，但是日本民间却存在很多关于女人与牛的禁忌。例如，女人使用牛，则会使牛脾气变坏，会使天气变坏，会使村庄衰落；孕妇见到黑牛则生出的孩子会长黑痣；孕妇跨过缰绳等与牛有关的用具会难产，会生出肢体不全的婴儿，等等。

日本文化人类学者石田英一郎指出："作为多产丰饶象征的体现者，牛在信仰上与女性密不可分，与大地的富饶力观念结合在了一起。而将大地、女性、牛、丰饶力综合性地结合到一起的，是植物的栽培——农耕。"❶ 类似的农耕礼仪在同样山多地

---

❶ 高木敏雄，等. 増訂 日本の神話伝説研究［M］. 東京：平凡社，1987：74.

少的中国西南少数民族农村也存在十分丰富的传承形态，同样反映出稻作农耕社会对牛的崇拜。例如，相传贵州布依族农历四月初八举行的"牛王节"，是基于这样一个故事。

  太古时，人们烧田农耕，用棍棒在地上扎孔下种，收获很少，食物十分匮乏。一天，烧田冒的烟飘到了天上玉皇大帝那里，玉皇大帝很生气，命令降49天大雨，刮36天大风。老牛王想到人们很可怜，便前来求情。玉皇大帝因此取消了降大雨、刮大风的想法，但他却命令人们三天吃一顿饭。然而，老牛王转告人们一天吃三顿饭。

  玉皇大帝得知老牛王错传命令，便把他赶到地上。降临到地上的老牛王帮助人们开展犁耕，使人们收获了充足的粮食。人们感谢牛，便把老牛王降临到地上的四月初八定为牛王节。❶

壮族也是把农历四月初八作为"牛王节"，也称为"牛魂节"或"开耕节"。这些民族都在节日中将牛与农耕紧密地结合在一起，反映出了牛与人类的亲密关系与情感，以及牛对农耕做出的重要贡献。通过这些民间传承，我们既看到了稻作农耕社会牛崇拜的普遍性，同时也看到了中日民俗的共通性与相互交流的可能性。牛郎织女故事即"七夕"在日本也被广泛传承，说明同为传统农耕社会的中日之间存在着相同的文化底蕴。

---

  ❶ 贵州省社会科学院文学研究所，黔南布依族苗族自治州文研所. 布依族民间故事 [M]. 贵阳：贵州人民出版社，1982.

## （五）牛的俗信与禁忌

长期以来，日本社会上形成很多与牛有关的俗信与禁忌，虽然很多缺少科学依据，却也反映着日本人对于牛的认识。

首先，如何维护牛的健康，为其消灾祛病是农村民俗的内容之一。在日本，一般认为牛棚最好建在"申"（西南）方向，把书写着"申"字的纸条挂在牛棚门口，也可以起到预防牛患病的作用，例如京都便如此。出于同样的目的，和歌山县的风俗是将猴的头骨埋在牛棚里。"申"即"猴"，而猴子在民俗中是牛、马的吉祥物、保护者。为祈求牛马健康，人们习惯在正月或五月到神社、寺院求"牛马安全"等守护符、"绘马"，并挂在牛棚里。所谓"绘马"，是为了许愿或还愿而献纳或领受的木牌，其一面有简单的绘画，多以十二支对应动物为题材。

其次，日本民俗认为牛身体的各个部位都有药用价值，可以利用为民间疗法。例如，削牛角煎服可以解热，治疗感冒、麻疹引起的发烧和咽痛、风湿症；牛骨可以退烧，治疗神经痛、风湿症；牛舌可以治疗痔疮和夜尿症，而生牛血是治疗肺病的灵丹妙药。有些地方（宫城、长野、爱媛）认为喝牛涎水可以戒酒，但有些地方认为会变成呆子（福冈）。牛肝晒干后研成粉末和小麦粉制成药丸服用可以治疗胃肠病；烧牛肝吃可以治疗风湿症；生牛肝则可以治疗夜盲症、朦胧眼。另外，牛胆汁可以治疗胃病，牛肾可以治疗夜尿症；牙齿脱落而不生长时可叩拜牛睾丸、涂抹牛涎水，等等。

日本俗信还认为牛的粪尿可以治病。例如，将牛粪涂于患处可以治疗烧伤、刀伤、跌伤；将热牛粪涂于患处并用布包裹起来可以治疗脚气；红牛粪烧黑服用可以治疗天花，煎服则可以治疗麻疹，而把手插入温热的红牛粪中可以治愈金钱癣。更为离奇的是，挤出少量牛棚中的牛尿服用可以治疗肺炎。日本还有俗信认为，踩上牛粪会头发变短，身高变矮，脚沉跑得慢。但是也有与此看法完全相反的，例如认为踩上牛粪是吉兆，可以捡到钱，可以发财。

另外，民间疗法还利用与牛有关的用具治病。例如，把牛的饲料桶罩在头上可以预防感染麻疹、传染病，而罩上红牛的饲料桶可以治疗眼病；生疮疖、患皮肤病时，可让牛舔患处，或在患处写上"牛"字，或是画牛贴在墙上，口诵三遍"牛吃草，牛吃草"，并向患处吹气。在日语中，"疮疖"与"草"谐音，"牛吃草"的意思是让牛去掉疮疖。画牛贴在天棚上，还可以防止婴儿夜里哭啼。

日本一些神社、寺院以牛的相关信仰宣称对于治愈儿童疾病和疮疖灵验。京都伏见稻荷大社的土偶中有一种小牛，叫作"一文牛"或"幸右卫门"，其腹部有一个小孔，通过这个小孔把米饭塞满肚子，放到河里冲走便可以预防小儿患天花，而将其供奉在神龛上则可治愈疮疖；兴福寺南圆堂侧面的观音被称为"一言观音"。所谓"一言"即可满足一个祈愿，因此奈良的人们在小儿患疮疖时便向此神献纳牛"绘马"。在大阪，五幸神是有名的疮疖神，每年6月15日、16日是庙会的日子，家有患胎毒或疮疖的孩子都会去献纳牛"绘马"请愿；梅田堤过去在端午节要举行"牛放假"活动,在装饰彩牛游玩时向围观的人群撒粽子,据说吃到这种粽子可以预防天花;四天王寺境内有一个石神堂,里面供奉着一头石牛,相传对治疗疮疖、金钱癣很是灵验;天满宫里有 尊神像,被称为牛神,带着小孩前去供奉馒头、大米、点心和"绘马"等,便可医治幼儿疾病。

最后,一些俗信认为,牛的行为、动作有一定的象征性,由此可以预知自然变故和天气变化。例如,牛不愿意进牛棚预示要有火灾发生,牛在牛棚中乱蹦乱跳预示要有火灾、地震发生或暴风雨来临;牛蜷卧(兵库)、流淌涎水(岐阜)、舔壁板或柱子(京都)、不停地鸣叫(新潟)都预示着要下雨;牛在夜里叫多为凶兆,例如要发生旱灾、火灾,要有暴风雨来袭,等等。书写一千个"牛"字可以祈天晴,而如果举行葬礼时下雨,则书写九十九个"牛"或"丑"字就会天晴,但在晴天之后需要再写上一百个字放到河里流走。

还有,牛也用来占梦,但是用牛占梦存在吉凶二相。吉相认为梦见牛预示要有喜事、开运、发财等好事来临;梦见被牛顶撞、被牛追赶都是吉梦,而梦见白牛、红牛则尤其好。相反,一些地方认为梦见牛预示着要发生火灾,要骨折,要感冒,而梦见被牛顶撞则预示着要死人,梦见被牛追赶则是神罚。凶相认为,梦见牛的原因是懈怠了祭奠神灵和祖先与父母,因此必须在第二天早晨去参拜神社,去祭奠,这样方可免灾。

因为牛有神性又是益畜,日本传统习俗认为吃牛肉会遭报应。例如,孕妇吃牛肉会难产,生出的孩子会有四条腿,会生角,会哭声似牛叫,会身上长黑痣。一般认为牛的寿命大约是

20 年，因此以前日本人不喝牛奶，认为喝牛奶会短命，还认为孕妇喝牛奶会生出畜生。牛也用来规范儿童的生活习惯。例如，称躺着吃东西吃完饭就会变成牛；在途中玩耍会变成牛；踢别人会变成牛；夜里剪指甲或在丑日剪指甲脚会变成牛蹄子，等等。

牛是食草动物，因此民俗认为牛是和尚转世，还认为牛死后会变为人。牛喜欢盐，因此饭店、旅馆等习惯在门旁摆放盐堆，意在让牛来舔盐以招徕客人。

在现代日本社会，这些俗信和禁忌已经与日本人的生活渐行渐远，但是在一定范围内，在他们的潜意识中仍然还存在一些影响。

## 三、日本神话传说中的蛇信仰

### （一）蛇：大地之神

日本神话中存在很多关于动物的传说，日本关于蛇的最早记载也见于神话之中。如前所述，《古事记》中有一个著名的"八歧大蛇"传说。

关于这个传说，我们可以做这样的理解：八歧大蛇象征着原始自然信仰中的大地之神（也可以是以狩猎为生的土著人），面对农耕民（足名椎一家）对它的开发（破坏）表示抵制，其做法是吃掉他们的女儿。速须佐之男命代表支持农业开发的外来者（外来民族），他杀掉了大蛇（征服了土著人）而与农耕民的女儿栉名田比卖结为夫妻，一起开垦农田推广稻作农耕。这是一个展示稻作农耕文化刚刚传入日本列岛时期社会情况的传说。

日本是一个森林茂密的岛国，早自绳文时代起，原住民就把蛇当作自然神灵来崇拜。环境考古学者安田喜宪指出：在日本的绳文时代，蛇曾经是神。古代日本曾经是蛇信仰的中心地，其代表是绳文时代的土制人偶。当时，在日本东部地区制作土制人偶之风盛行，其中有的人偶造型逼真，表现了蛇的造型：头发像即将跃起的蝮蛇，两只眼睛睁得异常大，几乎占据了整体面部的三分之一。安田喜宪将土制人偶称为绳文的美杜莎，美杜莎是头发为蛇的蛇女。❶

在古希腊神话中，美杜莎是一个女怪，她的头发由无数条小蛇组成，眼睛会发出骇人的光芒，可以把人石化，腿部是响尾蛇的身体，摇动尾巴能发出恐怖的声音。她因为貌美而遭到女神雅典娜的迫害，并且被宙斯的儿子帕尔修斯夺去了生命。美杜莎的母亲是大地女神（盖亚）的女儿，盖亚还生下了一个下身为巨蟒的堤丰，也为宙斯所治服。宙斯是天父，是统治世界的至高无上的主神，以闪电和雷霆为武器。在这一点上，宙斯与速须佐之男命，美杜莎、堤丰与八歧大蛇颇有相似之处——天神杀害了代表大地之神的蛇，而蛇被赋予丑陋而凶残的样貌。八歧大蛇传说和关于美杜莎的古希腊神话表现的都是天神与地神之争，是外来人与原居民争夺统治权的斗争。

作为绳文时代信仰对象的蛇，也出现在其他神话传说之中。

---

❶ 安田喜宪. 蛇与十字架 [M]. 王秀文, 译. 北京: 世界知识出版社, 2004: 48。

据《日本书纪》崇神天皇五年记载，当时流行疫病，人们为了安抚土著神的冤魂建造了祭祀大物主神的大神神社。大神神社位于奈良县樱井市，它以三轮山为神体，至今不设正殿，从拜殿拜祭神体三轮山，保留着原始信仰的形态。三轮山的主神是蛇，《古事记》和《日本书纪》中有传说称：一男子每天夜访美丽的活玉依姬，天明前而归。活玉依姬祈求男子待到天明，以一见其容。于是，男子进入梳妆匣，吩咐打开时不要害怕。活玉依姬打开梳妆匣，看到里面是一条漂亮的小蛇，便发出惊叫。于是，那小蛇又变为人飞进三轮山。

三轮山的主神是这条小蛇，后来融合成为大物主神。大物主神又被称为大国主命，即开拓了苇原中国（日本）的土地神。至今，在大神神社的"巳之神杉"旁还经常供奉着蛇喜欢的酒和鸡蛋。

与此相同，位于长野县诹访湖的诹访大社，之前被称为诹访神社，也是日本最为古老的神社之一，相传是大国主命之次子因抵抗"让国"而败逃所至之地。这个神社祭祀的神灵是被称为"御左口神"的上古蛇神。该神社至今仍在元旦早晨举行"蛙狩神事"，捕青蛙奉与神前。因为日本人认为蛇最喜欢吃青蛙，以此祈愿国家平安、五谷丰饶。诹访大社自古以来不设正殿，本宫以拜殿后背林为神体，秋宫以神木栎树、春宫以神木杉树为神体，从正殿遥拜。

大神神社与诹访大社的缘起神话证明，八歧大蛇传说中的大蛇即绳文人信仰的自然之灵、大地之神，是古代原居民的精神寄托。

## （二）从神到妖：蛇神的没落

外来神速须佐之男命斩杀了本地神八歧大蛇，即"新神"替代了"旧神"，时代应该相当于绳文时代与弥生时代的交错时期。从速须佐之男命用"十拳剑"斩杀大蛇，而且从大蛇的尾部取出"草薙剑"来看，这个时期的人们已经开始使用金属器具。同时，从速须佐之男命是天照大御神的弟弟，而且在后来将草薙剑献给天照大御神表示臣服来看，这个时期，天皇氏族的祖先已经开始了扩展势力、征伐原居民、开疆扩土的进程。不仅如此，他们通过与原住民女性通婚（速须佐之男命与栉名田比卖）、交媾（小蛇男子与活玉依姬）来实现部落兼并与融合的做法，也反映了当时绳文人与弥生人的交融关系。

然而，面对外来者（新神）的征伐以及对一直赖以生存的大自然的开发，代表原住民精神寄托的蛇（旧神）表现出了顽强的抗争，而且这种抗争是不间断的，也是惨烈的。关于此，始见于《常陆国风土记》（715年前后）的"夜刀神"传说也有所反映。这是一个发生在行方郡的传说。

在继体天皇（《古事记》《日本书纪》中记载的6世纪前半叶的天皇）时代，箭括氏的麻多智想要开发郡公所西侧的芦苇滩为田地，这时夜刀神成群出现，进行阻止。于是麻多智怒上心头，便穿上甲胄赶杀夜刀神。然后在山的入口处立下大木杖，在上面刻字宣称："此处以上为众夜刀神之地，此处以下则属于百姓的耕作之地。从今以后，我将在此地祭拜神明，希尔等不要作祟，也不要怨恨。"

之后经过一百多年，来到孝德天皇时代。壬生连麻吕打算在这座山谷的池边建造堤防，这时夜刀神再次出现前来捣乱。只因壬生连麻吕命令说："不服从天皇教化者，即便是神也诛杀不赦！"随即夜刀神便一溜烟地逃走了，从此不敢再出来捣乱。

这个传说是围绕着水田开发而展开的。一方是夜刀神，据说是一种头上长角的蛇（想必已经受到了龙文化的影响）。就其表现来看，它们显然是在守护自己的生存之地——山林，即大自然。但是另一方已经不是神而是人了，是已经强大到不需用神话来点缀的天皇一族。箭括氏是历史上真实存在的，即物部氏的同族，而物部氏相传是神武天皇东征以来的贵族，与大伴氏一同掌管大和朝廷的军事，势力相当强大。另外，"麻多智"名字的意思是"真大刀"——在日语中"麻多智"和"真大刀"发音相同，他们是制铁集团的始祖，被认为是皇家贵族。想必箭括氏的麻多智以及一百年后的壬生连麻吕都是官吏，是在代表天皇一族垦荒拓田，但是一直受到原住民"蛇"的干扰。于是，他们或者折中地与蛇划定边界（山上归你，山下归我，互不侵犯），或者利用天皇的权威予以威逼恐吓。这说明当时的天皇一族虽然强大，但是对以蛇为象征的大自然仍然心怀敬畏。

史实上，统治者在进行土地开发和扩张时，一直没有停止过对周边原住民的征伐和兼并。明治时代，日本政府就曾经组织大批移民迁居北海道垦荒种田，对当地的原住民（阿依努族人）也进行了残酷的驱逐与压制，而原住民的抵制也始终没有停止过。这种抵抗在民间传说之中也通过蛇表现出来。例如，依据阿部敏夫教授在《北海道民间说话〈生成〉的研究》中的记载,北海道北广岛市一带有这样一个关于大蛇神社的传说。

> 在明治十七年迁入的岸本权平与久保武右卫门的地界之处,生有一棵数百年的椴树,直径两米余,甚是影响拓田。于是,明治三十年某日,久保武右卫门点火欲烧掉此树,结果熊熊大火燃烧了七日不熄。从第一天开始,久保武右卫门便在夜里梦见一个长发美女出现,她不停地呼喊:"请把火熄灭!"到了第五天,他看到从大树根部流出紫色的油脂,最后发现大树的空洞中有一具盘卷着的巨蛇白骨。
>
> 此后,久保武右卫门一家灾祸不断,三个儿子成年后相继患上一种奇怪的疾病,且陆续死去。因此他不得不迁往别处谋生。而后,迁居而来的渡边家,他家的牛马陆续死亡,且原因不明。后来,人们修建了一个小祠超度大蛇亡灵,灾祸方得平息。[1]

很明显,蛇在这个时代的传说中已经没有神性,而是变成了令人恐惧的妖。然而,即使变成妖,蛇仍然在守护家园,通过报复来表现失败者的无奈和不甘没落的心态。

## (三) 蛇的复仇:冥界的主宰者

在日本古代神话传说中,蛇还是另一个世界执掌生死大权的

---

[1] 阿部敏夫. 北海道民間説話〈生成〉の研究 [M]. 札幌市:共同文化社, 2012: 282.

统治者，这种世界观曾经广泛地存在于日本人心中。

《古事记》黄泉国一节，讲述了曾经创生日本诸岛和诸神的女神伊邪那美命因生火神而死去，伊邪那岐命追赶至黄泉国相见的情节。

> 但见伊邪那美命身上蛆虫聚集，脓血流溢，大雷在其头上，火雷在其胸上，墨雷在其腹上，折雷在其阴部，稚雷在其左手，土雷在其右手，鸣雷在其左足，伏雷在其右足，合计生成雷神八尊。伊邪那岐命见而惊怖，随即逃回。

黄泉国亦称"夜见之国"，即阴曹地府。关于伊邪那美命身上聚集的名称各异的八尊雷神，日本民俗学家吉野裕子引述《日本书纪》雄略纪中的记载："一天，天皇想见三诸岳（三轮山）之神容，命令少子部连蜾蠃捉来。他登山捉来大蛇给天皇看，但见那大蛇目光炯炯，十分刺眼，便掩目进入殿中。于是，大蛇被放回山，获赐名为雷。"之后，她因此认为伊邪那美命身上的雷神原本就是蛇神。[1] 另外，《古事记》中称，大国主命到黄泉国访问速须佐之男命时，速须佐之男命把大国主命带到有很多蛇的房间；而在盂兰盆会时，日本有很多地方至今仍然将"酸浆果"供奉在陵墓前，原因在于酸浆果象征蛇头，其红色象征着蛇的眼睛，所以在迎接祖先之灵供奉的酸浆果是蛇。

这些都说明，在古代日本人的心目中，蛇是冥界的主宰者，与死灵世界密切相关。当然，蛇的死灵信仰与它的穴居性、冬眠性生物特征有关，同时也与人们恐惧它的有毒性和攻击性本能相

---

[1] 吉野裕子. 日本人の生死観 [M]. 東京：講談社，1982.

关。因此，人们常常借助蛇的死灵信仰来实施报复，置人于死地。其中一例见于《日本书纪》的传说。

> 仁德天皇五十五年，虾夷叛之，遣田道令击，则为蝦夷所败，以死于伊寺水门。是后，虾夷亦袭之，掠人民，因以掘田道墓，则有大蛇，发瞋目自墓出以咋，虾夷悉被蛇毒而多死亡，唯一二人得免耳。故时云："田道虽既亡，遂报仇！谁人死之无知耶？"

在此，作为田道死灵化身的大蛇，对他昔日的敌人虾夷实施了报复。另外，早在 10 世纪初，以文曲星而闻名的菅原道真在任右大臣期间，因莫须有罪名被流放到九州，最后含冤死于太宰府。菅原道真冤魂变成蛇出现，对陷害他的左大臣藤原时平进行了报复。对此，《北野天神缘起》有如下记载。

> 909 年春，藤原时平患病，施以医药及祈祷均不见效，病情不断恶化，于是请来当时祈祷效验超群的净藏。当净藏的父亲三善清行到场探望时，有青蛇从时平的双耳出现，说："我写奏文诉与梵天和帝释天，以尽快获允向怨敌时平复仇，可是你儿子却要来用祈祷压住我的力量。请你制止他。"闻此，清行转告给了净藏，净藏傍晚离去后不久，时平便死去了。

以蛇的名义实施的报复，大约都是非正常死亡情况下的冤魂，因此也可以认为蛇是在替人行道。时至江户时代中期，建部绫足的随笔《折折草》和《漫游记》中出现了一条叫作野守虫的怪蛇，传说中称：

从前，信州松代（现在的长野县长野市）有一个年轻人与同伴上山砍柴，被一条水桶一般粗大的蛇缠住了脚。蛇正要咬向他喉咙时，年轻人用从同伴那里借来的镰刀杀死了蛇。那条蛇身长一丈，生有六只脚，每只脚上长着六趾，身体虽然粗如水桶但尾部很细。年轻人将蛇的部分尸体带回家。他父亲说，那一定是山神，必将招来报应，于是将年轻人赶出家门。

几天后，蛇的尸体发出臭味，年轻人也因此头疼而病倒。后来，医生用药为他沐浴去掉了臭味，身体随之恢复。据医生说，它虽然看着像蛇类，但并非蛇类，乃是叫"野守"的虫。它生在井中叫"井守"，生在家中叫"家守"，生在野外叫"野守"。三年后，那年轻人因盗伐国有山林之罪而被处死，人们盛传这是他杀死野守的报应。

在今天的日本民间信仰中，人们普遍认为蛇是神或神的使者。蛇死后怨恨不消，因此伤害蛇肯定会遭到报复和惩罚，例如会死人，会生病，会引发火灾，生的孩子会肢体不全，等等。❶

## （四）丰饶的象征：山神到田神

在古代地中海地区，到青铜器时代为止，蛇一直是大地母神的象征。发生在公元前 1200 年左右的气候变化导致气候干燥、大地荒芜，游牧民族在沙漠的驱赶下移入或侵入农耕民族居住的

---

❶ 铃木棠三. 日本俗信辞典（動・植物篇）[M]. 東京：角川書店，1982.

绿洲和河畔平原，这不仅加速了母系社会向父系社会的实质性转变，也促使游牧民族所信仰的天气神取代了丰饶的大地母神，因此代表多神教的蛇信仰也转向由男性神为代表的唯一神（绝对神）信仰。❶

然而，日本是一个岛国，历史上没有受到具有完全异质文化的外族强制性入侵。在绳文时代向弥生时代的过渡时期，日本列岛虽然发生了部族之间的征伐和兼并，但是并没有发生极端的民族更迭，这对于绳文时代以来的世界观和诸神体系免于遭受彻底破坏亦十分有利。日本人对介入崇拜唯一神的世界观也进行了抵制。例如在日本的战国时期，当基督教传到日本时，日本人对传教士带来的新技术、新知识表示出了极大的兴趣，但是对传教士所具有的阶级统治理念却予以强烈反对。因此，唯一神耶和华信仰在传到日本之后没有得到普及，并且没有形成势力。

大规模的农业开发既给大自然带来了巨大的威胁，也给原住民的生活形态和信仰带来挑战，这在古代蛇信仰中有充分体现。但是，如同日本神道始终视女神天照大御神为最高神一样，崇拜自然和万物有灵的多神教信仰世界观在日本基本没有变化，变化的只不过是信仰存在的形态，而不是对象。其中，蛇信仰即如此。

在绳文人的世界观中，蛇在冬季隐没于大地之中蜕皮，春天伴随着大地的复苏而从冬眠中苏醒，这意味着生命的更新。蛇的这种生态特质是自然界生命的再生与循环，是生命永恒的象征。

---

❶ 安田喜宪. 蛇与十字架 [M]. 王秀文, 译. 北京：世界知识出版社，2004：189.

吉野裕子在论及绳文女性土偶为什么将蛇作为头饰盘在头部时称：使他们对蛇产生如此热情和信仰的思想根源在于，"蛇的外形与男人的阳物相似，以及毒蛇强盛的生命力和由蜕皮产生的生命的更新"❶。

蛇是生命力的象征。我们在前述神话传说中看到，蛇的出现往往伴随着少女。例如在八歧大蛇传说中，八歧大蛇被诛杀的直接原因是老翁说："先前我们夫妻共有八女，可一个叫八歧大蛇的怪物每年来此作祟，每次吞食我一个女儿"，而在三轮山传说中，是原形为蛇的男子每天夜访美丽的活玉依姬。作为山神的蛇下山寻求与少女结合，也许是现实中母系社会"访妻婚"形态在蛇信仰中的反映。但是老翁的女儿名曰"梳名田比卖"，在《日本书纪》中写作"奇稻田姬"，是稻田神的拟人化，而活玉依姬是体附神灵的女性，即女巫。稻田神也好，女巫也好，其职责都是操控和保障农作物多产、丰产的神圣存在。正如日本神社大殿前悬挂的粗大"注连绳"（稻草绳）就是"交媾在一起的雄蛇和雌蛇"❷而令人从中感悟到超人的生命力一样，蛇的媾和象征着促使大地富饶、稻谷丰硕，是为了生命的延续，同时在现实中大概也反映了绳文人（山人）与弥生人（田人）的交往与融合。

弥生人继承了绳文人的蛇信仰，只不过是把蛇守护大自然的山神功能变成守护稻谷丰饶的田神，即表现了山神与田神的互换。在如今的日本民间信仰中，山神与田神是一体的——山神春

---

❶ 吉野裕子. 日本人の死生観 [M]. 東京：講談社，1982：18.
❷ 安田喜宪. 蛇与十字架 [M]. 王秀文，译. 北京：世界知识出版社，2004：9.

天从山上来到田间，变成田神帮助人们耕作，待秋收结束之后再返回山里。如同日本既供奉系统不同的天照大御神（伊势神宫），也供奉大国主命（出云大社）一样，蛇信仰形态的互换性表现了日本多神教信仰的兼容性，也表现了日本文化的实用性。

## 四、马民俗的文化传承

马是广受人类喜爱的早期驯化动物之一，它健壮、驯服、有力、善行，自古以来是人们生产、生活的重要伙伴。人们在它身上寄托了丰富的情感和人文精神，并且反映到了十二生肖信仰之中。

在十二生肖中，马配于午。王充《论衡·物势篇》称："午，马也。"《诗经·小雅·吉日》亦有"吉日庚午，即差我马"诗句。何谓"午"？如"端午"亦称"端五"一样，"五"与"午"无论是在古音上还是在基本含义上都具有互换性。五是十进法中的中心，古字体为"㐅"。《说文解字》五部称："五，阴阳在天地间交午也。"即五为午。午是十二进法（十二支）中的中心，意思与"五"类似。午在十二支中与子对应，是五行中的火，方位上的南，色彩上的赤，季节里的夏，时间上的正午。由此可见，午介于天地之间，是与阴相对抗的最盛之阳，而这也使配置于午的马在民间信仰中具有了区别于其他动物的特殊意义。

### （一）日本对马的认识

支干纪年大约在 6 世纪通过朝鲜半岛传入日本，江户时代渗

· 273 ·

透到民间。和中国人一样，日本人也习惯用十二支称谓出生年。例如，"我是丑年出生""今年是午年"等。在日语中"午"与"马"的发音也相同。

然而，日本原本并不产马。马传入日本以及日本人接触马的历史大约始于古坟时代（3世纪至7世纪）中期，即大和国为了获得先进技术和金属而于4世纪末叶入侵朝鲜半岛之时。《日本书纪》应神天皇十五年（推测为5世纪前后）记载，百济献上良马两匹。据文献和考古学研究证实，在分布于日本各地的五六世纪的古坟中发现了中国北朝风格的马具、马甲和大量的马"埴轮"（摆放在古坟上面和周围的土俑冥器）以及刻在石室壁上的马。因此可知，当时日本不但获得了马匹，还获得了马具、马甲和饲养马匹的方法，表明了中国文化与日本马民俗传承的密切关系。

规模巨大的日本古坟是统治者身份地位和财富的象征，而其中的马埴轮、马具、马壁画在象征墓主人身份、地位的同时，也说明马在日本古代社会是权贵的珍惜之物。据日本《续日本纪》卷五养老五年（721）三月条记载：王公卿士及富豪之民，多畜健马求竞，乐此不疲。不仅损失家财，还相争乱斗。"求竞"如马上游戏比赛，其形式之一便是中国的骑射。当时在宫廷中十分盛行，以至于演变为端午节的活动之一，由日本神社延续至今。

王公贵族爱马并非出于实用，而是作为炫耀。从平安时代后期开始，日本武士阶级伴随着庄园的出现而走上历史舞台，最后从镰仓时代至江户时代结束为止的500多年，取代贵族阶级掌握了日本的军政实权。出身于农民阶层的武士在取得政权之后，出于效仿贵族奢华的生活方式，同时也出于尚武目的而好骑射，这样一来马便具有了军用的实用性价值，从而变成武士的象征。武士爱马也只限于武将，由于日本山川密集的地势所限，马在军事上并没有发挥中国古代那样的突出作用。尤其是伴随着战国时代后期火枪的使用，马的军用价值迅速降低，从而变成武士的装饰品。

虽然日本在不同时代有用马骑射、征战的历史，但基本上都是对大陆文化的效仿，不但马匹数量不多，而且利用的范围也十分有限。到了江户时代，随着武士阶级的逐渐衰落，其饲养马匹的经济能力也随之丧失，马转而开始由大户百姓、商人饲养，并用于驮载运送物资。

## （二）龙马思想在日本

伴随着马的传入，关于马的传说、信仰也传到日本，其中之一便是龙马思想。从文献记载来看，中国古人经常将龙马相提并论——或将马与龙混称，或将马比作龙，或将马与天、神联系在一起。《周礼·夏官·廋人》称：马八尺以上为龙，七尺以上为駃，六尺以上为马。《吕氏春秋·本味》称：马之美者，青龙之匹。

《日本书纪》中可见一则对后世影响颇大的故事，其中反映了中国的这种龙马思想。

飞鸟户郡人田边史伯孙闻女产儿，往贺婿家，而月夜还。于蓬蔂丘誉田陵下逢骑赤骏者。其马时濩略而龙驤，欻耸擢而鸿惊。异体峰生，殊相逸发。伯孙就视，而心欲之。乃鞭所乘骢马，齐头并辔。尔乃赤骏超摅，绝于尘埃，驱鹜讯于灭没。于是骢马后而怠足，不可复追。其乘其骏者知道伯孙所欲，乃停换马，相辞取别。伯孙得骏甚欢，骤而入厩，解鞍秣马眠之。其明旦赤骏变为土马。伯孙心异之，还寻觅誉田陵，乃见骢马在于土马之间，取而代置所换土马。（此所书土马者，埴轮马也）

又据《古事记》《日本书纪》记载，雄略天皇为5世纪后半叶的天皇，推测为曾于478年遣使中国的倭王"武"。关于龙马思想的体现，还见于福冈县出土的竹原古坟（古坟时代后期）之中。其石室的壁画中，有一形似武士的人手拉一匹马的马嚼，其上方还有一只奇特的动物，类似马，但是头上有角，口中吐火。看样子武士好像是在让饲养的马与水中的龙马交配，以获得良马。

龙马传说在日本民间流传甚广，例如：

秋田县某村有一个水池，池中有一匹龙马。村里有一人名叫与平，养了一匹马。那马在龙马栖息的水池边受孕，生下一匹小马，名"池月"。

一种观点认为，"池月"这个名字源于雌马是借着月光来到池边的，也有人将其用汉字写为"池好"，说是那马喜欢水池。总之，"池月"是日本著名的良马。❶ 日本还有一种名马叫作"摺墨"，经常出现在《平家物语》（1219—1243年成书）等小

---

❶ 中村禎里. 動物たちの霊力 [M]. 東京：筑摩書房，1989：126.

说之中。这则传说更类似中国的"泽马"之说,《文选·王融〈三月三日曲水诗序〉》称:天瑞将,地符生,泽马来,器车出。"泽马"即神马,据说得于渥洼水中。《续日本书纪》天平三年条称:"神马,河伯之精。"即将马视为河神。

### (三)"牛头马面"与"马头娘"

"牛头马面"是中国民间信仰中的地狱鬼卒,受阎罗王指派经常在阴间和阳间行走,捉拿或处罚有罪之人。

牛头马面信仰也在很早以前传到日本,并作为民间故事的变体广泛流传。例如早在《宇治拾遗物语》(1200年前后成书)中就有这样的记载:某男子在一条栈敷招妓时,有一鬼身高抵屋檐,突然将其马头从格子门中伸了进来,然后消逝。看来,这马头鬼是在警告做坏事的那个男人。

还有一个鬼一样的马出现在著名故事《小栗判官》之中:

> 二条大纳言兼家之子小栗,一天下关东办事,与横山某女照手姬艳遇。然而,姬之父横山不同意其结婚,便想加害小栗。首先,横山计划让自己饲养的一匹名叫"鬼鹿毛"的马吃掉小栗,便让小栗去骑乘鬼鹿毛。
>
> 鬼鹿毛是喂活人养大的,被它吃掉的人的白骨、黑发散落在它周围。没办法,小栗对鬼鹿毛说,如果你老老实实地让我骑乘,等你死后我便把你当作马头观音来祭拜。结果,鬼鹿毛答应了这笔交易,横山的阴谋没有得逞。

后来,小栗还是被横山毒死了,在此不提。问题是鬼鹿毛死后,它被奇迹般获救的小栗用漆包裹起来祭拜为马头观音,还供奉在黄金制作的殿堂上。马头观音原本是佛教中的一位慈善菩萨,是一匹小马驹,被称为"马头观世音",又被称为"马头明王"。江户时代,在日本农村的村头等处,常见马头观音的石像和刻有"马头观音"字样的石碑,为马的保护神。

众所周知,在中国民间还流传着一种"马头娘"的神话传说。马头娘是桑神,形象为一个长着马头的姑娘。清翟灏《通俗编》引《七修类稿》称:马头娘,本荀子《蚕赋》"身女好而头马首"一语附会,俗称马明王,乃神通之号,或作鸣。长久以来,关于马头娘流传着很多故事,其中干宝在《搜神记》卷十四"女化蚕"中做了完整记载。

> 旧说太古之时,有大人远征,家无余人,唯有一女。牡马一匹,女亲养之。穷居幽处,思念其父,乃戏马曰:"尔能为我迎得父还,吾将嫁汝。"马既承此言,乃绝缰而去,径至父所。父见马惊喜,因取而乘之。马望所自来,悲鸣不已。父曰:"此马无事如此,我家得无有故乎?"亟乘以归。为畜牲有非常之情,故厚加刍养。马不肯食。每见女出入,辄喜怒奋击,如此非一。父怪之,密以问女。女具以告父,必为是故。父曰:"勿言,恐辱家门,且莫出入。"于是伏弩射杀之,暴皮于庭。父行,女与邻女于皮所戏,以足蹙之,曰:"汝是畜生,而欲取人为妇耶?招此屠剥,如何自苦?"言未及竟,马皮蹶然而起卷女以行。邻女忙怕,不敢救之,走告其父。父还求索,已出失之。
>
> 后经数日,得于大树枝间,女与马皮尽化为蚕而绩于树

上。其茧纶理厚大，异于常蚕。邻妇取而养之，其收数倍。因名其树曰"桑"。桑者，丧也。由斯百姓竞种之，今世所养是也。言桑蚕者，是古蚕之余类也。

受到中国民间故事的影响，日本也流传类似的传说。例如日本东北地区有这样两个故事。

> 某地住着一位富翁，家里饲养的一匹马恋慕其女，姑娘也喜爱那匹马。富翁知道后，把马杀掉，剥下马皮暴晒于桑树之上。其女寻找去向不明的马，发现了马的尸体。这时，马皮包裹住姑娘升天而去。不久，姑娘和马变成蚕回来了，而富翁因这蚕变得更富有了。

> 马与一个富翁的漂亮姑娘相爱了。富翁知道后一气之下把马杀死，把马皮晾晒在河滩上。3月16日，姑娘在河滩祭奠，那马皮卷起姑娘高飞而去。第二年的3月16日，有黑白两只虫蛾从天空落到桑树上，吃桑叶长大。白虫是姑娘的化身，黑虫是马的化身，这便是最初的蚕。

"马头娘"实质上是蚕神，因蚕形似马头而得名，而关于少女与马的关系实质上是少女与蚕的关系。因为蚕丝生产的从业者多为女性，所以便出现了少女与马的这种爱情故事。然而，古代日本养蚕业并不十分发达，虽然从中国吸收了这个传说，但是却将这种少女与马的爱情故事背景归为江户时代以后农户养马主要由女性承担，而没有与养蚕业联系起来，可谓是画虎类犬。

总之，马面、马头观音、马头娘信仰在中日民间的广泛流传,是马在人们心目中地位的体现,反映了人们对马的崇拜。

## (四) 马与农神和"绘马"

作为传统农耕社会,日本也必然将对马的崇拜与农业活动紧密地结合到一起。这种结合首先源于马自身的特质以及马在农业生产中的珍奇性,而长久以来马一直作为王公贵族、高级武士社会地位和权势的象征,更增加了它的神秘感和神性化。另外,传入日本的龙马思想等也加速了马与农事活动、农耕神的结合。

在日本民间信仰中,"山神"与"田神"是同一个神的两个形态,是十分重要的农耕神。春天一到,山神便从山里来到乡村,变为田神协助人们耕作,秋天收获季节结束之后,田神又返回到山里变为山神守护山林,如此周而复始。如此按照季节往返于深山与乡村之间的农耕神,使用的交通工具是马。马在民间信仰中是供神灵骑乘的,所以它本身也是神圣的。因此,日本农村有个传统习惯,即在每年的二月初五,农民要牵着经过精心打扮的马到山里去,为即将开始的农耕迎接山神,而在秋天,则是把绘有马的木牌立在水田的水口处,以供神灵骑乘回山。

基于此,日本的神社传统上大都养马,每逢祭祀活动必有马参与,于是向神社献马便形成了古代社会的风俗。在《续日本纪》等古文献中亦有很多关于献马于神灵的记载,其中最多的是为了祈雨、祈晴。早在律令时代(始于701年开始实施的"大宝律令"),祈雨、祈晴都是国家性质的祭祀活动,社会影响力很大。其中,大和的丹生川大社和京都的贵布祢社是祭祀水神的著名神社。据天平宝字七年（763）以后的文献记载，在祈雨时向这两个神社献黑马，而在祈晴时献白马。黑色象征乌云，意味着下雨；白色象征太阳，意味着天晴。在奈良日笠的天满神社，祈晴时是牵着几匹赤色马巡游，赤也代表着太阳。由此可见，在民间信仰中，供神灵骑乘的马已经是神灵附体，成为神，因此人们也把心愿寄托到马的身上。

然而，无论对于供献者来说还是对于饲养者来说，献活马都需要很大成本，尤其是献马还要同时献饲料，经济负担可想而知。于是，便出现了献木制马的现象。据《类聚符宣抄》记载，天历二年（948），右大臣藤原师辅曾经下令，称不能随献饲料者，可以"板立御马"代之。所谓"板立御马"，即木板马——用木板刻成马状，涂上颜色，然后用支架立起来，较木制马更为简单。再后来，例如《神社启蒙》等资料记载：无能力献活马，并且制不成马形者可献画马。于是，献"绘马"的风俗便开始出现了。

所谓"绘马"，即把马绘在木板上奉献给神社。据考古发现，"绘马"竟然出现得非常早。例如，在滨松市伊场遗址的奈良地层中就有所发现，其大小尺寸和形状与现在的"绘马"十分接近，长9厘米，宽7.3厘米，厚0.5厘米，上部中央有一小孔，用于系绳，为黑墨绘成。从平安时代开始，日本佛教平民化，加之"神佛习合"思想的普及，民间相信神与佛没有区别，观音菩萨也是乘马来到现世救苦救难的。所以，"绘马"除了献给神社之外也献给寺院。据说弘法大师（空海和尚，774—835，日本真言宗鼻祖）每年用一夜时间亲自绘制一幅"绘马"挂在寺院中，以占卜凶吉。

　　"绘马"大小不同，有"大绘马"和"小绘马"之分，表示供献者的身份地位或祈求不同。随着供献"绘马"风俗的流行，加之"绘马"的大型化，神社和寺院的殿堂已经难以收存，这时便出现了专供悬挂"绘马"的特殊建筑——绘马堂、绘马奉纳所。这些地方可以任人进入，自由观赏、休息，品味"绘马"艺术及其信仰内涵。现存最古老的当数京都北野天满宫的绘马堂（1608年由丰臣秀赖营建）。据《拾遗都名所图会》关于北野神社的记述，该绘马堂位于中门外西侧，此处悬挂的书画诗歌连俳均为都下及远乡逐年进献所积，多名画名笔，其中大绘马南都御祭图、薪能图为世所罕见。

　　今天，"绘马"普遍趋于小型化、平民化，而且图案大多已经脱离了马，表现了供献者多元化的心理诉求，但是普遍还是绘有当年生肖动物的各种图案。人们在新年参拜神社和寺院时，花上三五百日元购得一枚"绘马"，在其背面写上自己一年中最大的愿望，例如高考顺利、婚姻美满、身体康复、收入提高等，然后挂在殿堂外空地的绘马架子上。这已经成为今天日本人每年新年的一大风俗，反映了传统农耕社会马传承的延续。

## （五）马的俗信与禁忌

　　与农耕活动相关的是，日本民间也用马来迎接产神。在临产前，人们要把马牵出家门四处走动以迎回产神，保佑生产顺利、母子平安。据说，如果马停下来摇头摆尾，便说明产神已经降临,即可牵马回家。与此相关的是,民间禁忌认为孕妇不能跨马缰绳等与马有关的用具,否则就会难产,或者怀孕 12 个月、13 个月才能分娩。不仅如此,孕妇的丈夫或者父亲如果这样做也会带来同样的后果。

李时珍《本草纲目》认为:系猕猴于厩,辟马病。又引《马经》言:马厩畜母猴辟马瘟疫,逐月有天癸流草上,马食之永无疾病矣。日本民俗认为,马与人一样,也有五劳、七伤、四肢、疼痛等疾病(《私家农业谈》),五劳是筋劳、骨劳、皮劳、气劳和血劳;七伤是寒伤、热伤、水伤、饥伤、饱伤、肥伤和跑伤。因此,以猴为马消灾、辟邪、治病的俗信亦在日本早有流传。例如,大塚民俗学会编《日本民俗事典》中有如下记载。

> 在江户,出入将军府耍猴儿的人居住在浅草猿屋町,每年正月、五月、九月三次挨门挨户到武家耍猴儿。耍猴儿的人以耍猴儿为业,为马厩祈祷,保马平安,为马消灾,……同时也是兼用巫术为马治病的马医。最近,仍然可见马厩里贴着猿驹引图作为守护符的现象。

"猿驹引图"即"猴子牵马图",经常成为"绘马"的题材。日本民俗认为马在猴子面前显得十分温顺,在民俗绘画中可以经常看到猴子牵着马或猴子骑在马背上的情景。日本还有民俗认为猴子牵马走路可以越过任何艰难险阻,相反,在野外拴马时一定要拴牢,以免被猴子牵走。猴是马厩的保护神,甚至拴马桩在日语里也称为"猿木"。人们常常选择"申日"把猴头骨挂在马棚里辟邪,此外还在每年正月规定的日子举行"马厩祭",要请来耍猴儿的人牵着猴子在马厩、牛棚门前转,以达到辟邪祛病的

283

目的。

前面已经谈到武士与马的关系，而关于武家与马和猴子的关系也反映在著名的日光东照宫神马厩舍的猴子雕刻上。日光东照宫是祭祀江户幕府初代将军德川家康（1542—1616）的神社，其神马厩舍是其神社境内唯一的原色木料建筑，出于医治马病的信仰，其建筑的横眉上雕刻有一组表示猴子一生过程的画，其妇孺皆知的是有三个猴子分别用手捂住眼、嘴和耳朵，利用"猴"这个词的日语发音表示"不看，不说、不听"的意思。在这里，猴子与马的关系历历在目，而在这种猴为马的守护神信仰中，竟然也隐含着《西游记》中"弼马温"的迹象！

日本俗信认为，白马是氏神或神的使者。农户不宜饲养，而自家马生的马驹也不宜饲养，因为担心会给家里带来不幸。端午节前后是祭农神的插秧季节，这时不能使马下田，入梅之后也是如此。遇到火灾时，必须首先从家里救出神龛和马，据说神灵牌位不出，马也不出来。

作为农户来说，马粪亦是重要的肥料来源，因此存在很多关于马粪的民俗禁忌。例如，新年后第一次起马粪的日子是"申日"，不然马会生病；赤脚或者无意中踩上马粪，人的身材会长高，或头发会长长，或有力气、跑得快，或能治脚病，或能捡到钱、出人头地等；相反，如果故意踩马粪则会产生相反的效果，例如马会跑得慢，人会变得贫穷等。

日本还有马粪可以治病的俗信。例如，被毒虫叮咬或有刀伤时，可将马粪涂于患部；患脱肛、痔疮时可以烧马粪烟熏患部；用布包裹马粪汁塞入耳朵可以治愈中耳炎，尤其是白马粪有特效，而喝马粪汁还可以治疗白喉、百日咳等疾病。另外，削马蹄屑或用马骨煮水喝可以作为解热药，治疗感冒、荨麻疹；马血可以治疗性病，马肉贴于前胸后背可以治疗肺炎，贴于脐部可以治疗白喉；马奶可以治疗结核，而马油是烧伤的特效药。传统民俗认为吃马肉会招报应，尤其是养马的人吃马肉会遭灾，而孕妇吃马肉则生孩子长四条腿。然而，今天的日本人却喜欢吃马肉，称为"樱花肉"，马肉生吃叫"马刺"，认为马肉是一种珍稀美食。

民间还有利用马作为符咒驱邪防灾的习惯，其中最为普遍的是在生疮、出天花、患皮肤病时。例如，日本东北地区的习俗认为，生天花时要用麦秸扎马送天花神，可以把用稻草和泥土制作的马奉献给特定的神社，或者由小孩用稻草扎小马连同红小豆饭一起供奉给神社。新潟县的风俗是在饭勺子上写五个或七个"马"字用来预防感冒；长野县的风俗是，拿着贴着"马"字和绘有马图案的竹竿站立在道路、土堤、十字路口上或是有道祖神的地方，意味着马可以把感冒神驮走；静冈县的风俗是写三个"马"字贴在门口，可以预防瘟疫；群马县的风俗是倒着写三个"马"字贴在门口，或是在红纸上写三个"马"字倒贴在门口，可以预防和治疗百日咳。小儿夜晚尿床或哭闹，在纸上写"马"字或用红纸剪成马形放在小孩的床下或被褥里则可以治愈，而在山口县是制作稻草马献给氏神则可以治疗小儿夜晚哭闹。

马蹄铁和给马穿的稻草鞋（防滑防陷）也有预示吉凶祸福的作用。例如，人们认为拾到这些东西是吉兆，放在家里或挂在门口可以辟邪、招福、发财等。俗信还认为马的稻草鞋是蚕的保护神。例如，借来供奉给观音菩萨的稻草鞋可以使蚕业兴旺（山

· 285 ·

梨县);在春天开始养蚕的时候,从山上的寺庙借来一只稻草鞋挂在蚕室里,或者在第二年还回一双再带回来一只,蚕就可以不得病。

在日本俗信中,梦见马有吉凶二兆。吉兆是梦见马要有好事、喜事来临,是要发财、病要好,或者年成好;凶兆是梦见马要丢钱,要与老婆吵架、家里人要生病、要死人,要发生火灾,要发大水,等等。另外,梦见马跑进家里预示要发财,梦见踩马粪则预示要捡到钱。凡此种种,关于马的俗信与禁忌在日本中屡见不鲜。

## 五、猴民俗的文化传承

### (一)猴信仰与神佛融合

猴在动物界里是一个大家族,种类繁多,分布广泛。中国古时对猴子的称谓五花八门,而今天多以"猿""猴"概而谓之,或统称为"猿猴"。中国民俗认为,无尾为"猿"有尾为"猴"。猿性情温和,慈孝友爱,远居僻壤,颇具君子风范,而猴性情狂狷浮躁,机敏而狡诈,因贪婪而阿谀,因此古人对猴少有正面评价。

日本列岛自古以来有猴生息,而且品种独特,故将之称为"日本猿"。日语中对猿、猴不加以区分,均写为汉字"猿"字,但是从体态和习性特征上看,"日本猿"应该被称作日本猴。日本猴额窄颚突,毛为灰褐色,脸部、四肢和下腹部为红色,尾巴很短。它们白天活动,大多数时间在森林中,以种子、根茎、花蕾、水果、无脊椎动物、浆果、树叶、鸟蛋、蘑菇和谷物等为食。日本猴在世界上是生活地区最北的非人类灵长目动物,它们可以在零下15℃的严酷环境中生存,因此也被称为"雪猴"。为了能在这样的低温中生存,日本猴进化出泡温泉的习性。在网络发达的今天,我们可以很容易目睹到它们在冰天雪地里集体沐浴露天温泉的惬意神态,十分可爱。

日本民俗传承中的猴应是建立在这样的"日本猿"形象基础之上的。

在以万物有神论为民间信仰基础的日本,大神神社以蛇为神的使者,稻荷大社以狐狸为神的使者,而日吉大社则是以猴子为神的使者。相传京都比叡山延历寺的僧人著有一部神道理论书,名为《耀天记》(1223)。其中,关于猴子与日吉大社的因缘关系有这样一段记述。

> 在众神出现之前,黄帝的大臣仓颉就已经发明了"神"字。神"从申示"。仓颉事先知道释迦将来要作为神灵显现于日本的日吉,并借猴态以示吉凶,所以才创造了神字。那么,他是如何预知释迦会显现于日吉的呢?原来仓颉是释迦的前世。在释迦被祭祀于日吉的西本宫之后,为显神灵,猴子们便集聚到日吉大社附近。另外,释迦来到日本之际,先降临到三轮成了三轮明神,然后迁移到比叡山麓的日吉。

这一段记述内容显得有些凌乱,概括起来是想说仓颉基于"申示"创造了"神"字,即以"申"(猴)显"神";仓颉即释迦，在来到日吉之后借猴显神灵；猴（神）通过释迦（佛）到了三轮、日吉（神道系统）和比叡山（佛教系统），体现了神佛融合，用以说明比叡山延历寺的来龙去脉。但是，这个说明很牵强附会。

日吉大社的大本山位于日本近江（今滋贺县）大津市坂本，是遍布日本全国的日吉神社、日枝神社、山王神社的发源地，基于山王信仰祭奉大山咋神、大物主神，亦被称为"山王"。在日本，山王是近似于泛灵论山岳信仰形态的信仰对象，并且成为后来出现的"山王神道"的根基。788年，最澄和尚在京都比叡山建立天台宗大本山延历寺，祭奉大山咋神、大物主神为地方守护神。大山咋神即日本民间信仰中的"大年神"（谷物守护神）之子，而大物主神在日本神话中是主掌天下大地之神，亦被称为"大国主命"，二神均属于日本神道系统。然而，佛教传入之后，开始与日本本土的神道信仰相融合，在奈良时代出现了"本地垂迹说"，即认为佛菩萨在日本假借神姿再现，并为每一位日本神配上了与之相对应的佛，出现了神佛混淆现象。事实上，日吉大社西本宫、东本宫祭奉的释迦和药师就是大山咋神、大物主神的现身，最澄和尚称其为"山王"。

《耀天记》的著者为了证明释迦就是日吉神，还通过仓颉造"神"字而将猴与释迦关联到一起，可谓煞费苦心。事实上，关于猴子与佛教的关联，即神佛融合的过程，在日本多有描述。例如820年前后成书的《日本灵异记》（下卷二十四）中载有这样一个故事。

近江国野州郡的三上山上有一座神社，其左堂住着一位惠胜和尚。一日，一白猿前来，请求说："我是印度东部的大王，由于限制修行僧随从的人数而遭报应，死后转生为猿，变成了一座神社的神。拜托您为我念法华经超度猴身。"于是，惠胜和尚满足了白猿的愿望。

野州郡与日吉大社之间隔着琵琶湖南端，可以想象古时那一带深山密林之中有猴子集聚。在深山幽谷之中，猴子伴随着太阳的升起欢叫嬉戏，宛若在迎接光明的到来，很容易令人产生敬畏之情。事实上，"日吉"本身就含有日神崇拜的痕迹，而日吉大社与"山王"的关系则反映了日本人的山岳信仰。在这里，猴子自然而然就成了山岳之精、太阳之神的使者。这就是日本传统的山王信仰在与佛教融合的过程中必然出现猴子的原因。

## （二）厩神与庚申信仰

如前所见，日本的猴信仰传承与中国不无关系。"申"虽然与"神"相通，却不知为何意。清代陈昌治刻本《说文解字》卷十四申部称：申，神也。七月，阴气成，体自申束。从臼，自持也。但造字时的灵感是否来自猴子却不得而知。按阴阳五行论，"申"为十二支的第九位，属猴，用以记年时则称为"猴年"，而且民间经常把"申""猴"联系到一起。例如，唐代李公佐所著传奇《谢小娥传》中的有些细节，就生动地表现了"猴"与"申"的关系，其中讲道：谢小娥的公公与丈夫外出经商时被人杀害。公公和丈夫都托梦给小娥，以谜语形式说出杀害自己的凶手姓名，其中公公说为："杀我者，车中猴，门东草。"

小娥不解其意，四处打听。后遇李公佐，他解开了这个谜："车中猴者，申也；门东草者，兰也……杀汝父者，申兰……"

申在五行中属"阳"属"金"，因此猴子亦称"金猴"。中国关于申与猴的认知也影响了日本。在日本著名儿童故事《桃太郎》中，桃太郎赴鬼岛打鬼时带领的随从中亦有猴子。桃为仙木、仙果，猴亦为阳性，鬼为阴性，以阳克阴，势在必成。说起来，日本的鬼形象是头生双角，腰系虎皮，即呈丑寅状，而丑寅位东北，即为中国传说中的鬼门所在。

在日本民间信仰中，猴是马的守护者。到武家耍猴儿，其目的是为马驱灾，而在日本古代马为武士所养，用于战事。"猿驹引图"即"猴子牵马图"，寓意猴子保护马，经常成为"绘马"的题材。所谓"绘马"是日本人初始为了祈愿而向神社敬献的马改为绘有马图案的木质匾额。❶ 有一个《猿引物语》故事讲到了这个图中的含义。

> 古时，有一匹生有翅膀的马从天而降到天竺，但是引来人们用石头、棍棒追赶。马大惊，从此人与马相互畏惧。于是，天上的庚申神变身为猴子向人们告知马可骑乘，从此人与马关系和睦。但是，人喂给马的食物和水导致马患了病，于是出现了猴子为马摩擦身体，马便立即痊愈了。

关于猴子"避马瘟"之说在中国古时多见。在距今1600多年前，贾思勰所撰《齐民要术》称：常系猕猴于马坊，令马不

---

❶ 王秀文，王德健.《日语词汇趣谈》"绘马"[M]. 大连：大连理工大学出版社，2011：27.

畏避恶，消百病也。而在《独异志》中则记载着这样一个故事。

东晋大将军赵固有一匹良马奄奄待毙，赵固很惋惜。郭璞知道后就派人抓了一只猴子来，等到把猴子放在马前，猴子对着马鼻吸了几口气，马便跃起如初。

看来猴与马的关系确实非同一般。在《西游记》中，孙悟空之所以在天庭获得"弼马温"（避马瘟）一职，便是因为他是猴子的缘故。

马驮猴是中国民俗绘画中常见的主题，寓意"马上封侯"。日本的民俗绘画中也可以看见猴子骑在马背上的情景，但是没有中国这样的寓意。日本民俗还认为马在猴子面前显得十分温顺，猴子牵马走路可以越过任何艰难险阻，相反，在野外一定要把马拴牢，不然会被猴子牵走。

猴是马的保护神，因此也称猴为"厩猿"或"厩神"，甚至日语中把拴马桩也称为"猿木"。传说用猴子的手骨摩抚牛、马肚子可以令牛、马顺利产崽，猴子的胃是医治牛马病的良药。

关于猴与马之间的内在关系，日本民俗学家吉野裕子引用《淮南子·天文训》中的"水生于申，旺于子，死于辰；火生于寅，旺于午，死于戌"分析称："申"为水之始，"寅"为火之始。按五行的"水克火"之理，申（猴）对于寅有抑制作用。另外，火旺于"午"，所以申对火旺盛的午（马）有抑制作用。当然，这里所说的水、火都是观念上的，而非现实意义上的水火。"火灾是江户之华"，江户城里大名武士宅邸众多，马匹与马厩自然也多，故最怕发生火灾。因此，武士宅邸借用耍猴儿（申）来抑火护马。这些活动尤其集中在正月、五月和九月，其原

因是，这三个月可以还原为寅、午、辰，符合"三合"之理。❶

基于道教的庚申信仰也传到了日本。《入唐求法巡礼行》（838）11月26日条记载：夜，人皆不睡。同本国正月庚中之夜。据推测，"守庚申"之俗早在8世纪就已经见于日本了。道教传说庚申日这一天，藏在人体内的三尸虫（又被称为三尸神，包括上尸神、中尸神和下尸神。三尸神皆为人身之阴神，即阴气）会升天，向司命之天神报告此人所犯的过错。但如果这一天不睡觉，人体内的三尸虫就不会升天报告，人就能安然过关。

庚申之夜，以青面金刚之像为本尊，造猿形为神，设祭供彻夜，以满足众愿，谓之守庚申。在平安时代的贵族社会，是夜设宴，行围棋、诗歌、管弦等娱乐活动，称为"庚申御游"，并成为惯例。从镰仓时代开始，这个风俗在上层武士之间得到发展，宴会上还饮酒作乐，渐渐脱离了本义。大约从15世纪开始，在守庚申时讲勤行和功德的《庚申缘起》面世，庚申信仰又与佛教结合到一起。由此，庚申信仰开始视诸佛为本尊，而且为了避免在庚申时刻睡着导致三尸虫爬出体外向天帝报告人类做过的恶事，人们组织起来成立了"庚申讲"，聚集到一起度过此刻。连续三年举行18次庚申讲之后，便立"庚申塔"为纪念碑。在这期间，庚申信仰也自然而然地与"日吉山王信仰"和日本神道的"猿田彦"相融合，视猴为庚申的使者。因此，在很多青面金刚像和庚申塔上绘有三只猴子，寓意三尸虫，双手捂住眼睛、嘴巴和耳朵，寓意为"不看，不说、不听"。这个图案最为有名

---

❶ 吉野裕子：陰陽五行と日本の民俗 [M]. 京都：人文書院，1998：133-136.

的是日光东照宫神马厩舍门楣上的木浮雕，栩栩如生。"猿田彦"在日本神话中是为天照大御神之孙降临时引路的"幸神"，也被称为道祖神或塞神。幸神在日语里与"庚申"谐音，故在庚申日也祭猿田彦。猿田彦之名中的"猿"，也令人联想到日本猴信仰源远流长。

如此，在日本江户时代，庚申信仰在与神佛融合的过程中迎来了鼎盛时期，但是自大正时代开始迅速变弱。目前，一些地方至今还保留着庚申讲活动。他们在庚申日这一天还在因袭肃穆不眠的习惯，甚至依然保留着男女不同床、不婚嫁的习俗，并且还认为这一天怀孕生下来的孩子胎带贼性。

## （三）民间故事中的猴

如上所述，猴信仰传承在神佛道教相互交融的情况下显得有些纷乱混杂，但是如果剔除外来的表面影响，不难看出其信仰的原始形态仍然是基于山岳信仰、日神信仰的山王的使者或者就是山神。然而，伴随着人类定居生活的开始，猴子也逐渐走出深山，频繁地出现在人们的视野之中。在这个过程中，猴子渐渐失去其神秘性，同时也给人们的生产生活带来很多困扰，于是民间出现了很多关于猴子的故事，构成了猴信仰民俗传承的重要组成部分。在日本，这样的故事是丰富多彩的，概括起来可以反映人们对猴子认识的变化。

首先，是猴神下山。《今昔物语集》（成书于 12 世纪初叶）是日本著名的古代故事传说集，其中的很多故事生动地反映了日本古代社会各个阶层的生活景象。其中，在卷 26 中可见关于猴子的早期故事，例如《美作国神依猎师谋，生赘止语第七》是这样的：

  美作国（今冈山县）的中山及高野有神，中山的神体是猴子，而高野的神体是蛇。中山的神及高野的神都在一年一度的祭祀日要求人们进献未婚女性。

  一年，家住中山附近的一个少女被指定为来年的祭品，母女每日哀叹不已。这时，一个来自东国的青年猎人牵着两条猎犬来了。看到被指定为祭品的少女以泪洗面，他便向其母打听缘由，并表示如果把姑娘嫁给自己便可以替代姑娘去赴死。于是，猎人悄悄地从山上把猴子引诱下来，训练猎犬练习咬猴子。

  在祭祀日来临之时，猎人身上佩刀，与两只猎犬一起替代姑娘钻进装祭品的长方形大箱子。大箱子被宫司等人抬到神前，身长七八尺的大猴子坐到箱子前面，又有一百多只猴子绕其左右喧哗。

  猴子们的面前摆放着砧板和大刀，还有醋、盐等作料和酒。终于，大猴子等打开了箱盖，猎人和猎犬跳出来把大猴子按在砧板上，并杀光了其他猴子。这时，有神附在一个宫司身上说："从今以后我再也不索要祭品了，请你救救我吧。"于是，大猴子被放开跑到大山里，猎人与姑娘从此结成夫妻过上了幸福生活，而神再也不来索要祭品了。

这个故事中，猴子在人们的心目中依然是作为山神出现的，但是它已经开始下山施害于民，这反映了人与猴神的抗争。在这里，猴子对人们的正常生活产生威胁，可以说是破坏者，令人恐惧，而猎人和猎犬代表正义，追求和维护正常的生活秩序。

同样，《飞驒国的猿神，生赘止语第八》也讲猴神下山索要祭品，但是如果祭品瘦弱，猴神便愤怒，令作物歉收、人病乡敝。因此，人们要让作为祭品进贡的人吃胖以后再送去。飞驒位于现在日本岐阜县北部山区，那里有许多猴神祠。看来人们是把猴子当作田神来祭祀的。

其次，是猴子耕田。日本民间信仰中的神灵具有"两义性"，即具山神和田神双重性格——春天下山作为田神帮助人们耕田，秋收之后又回到山里变为山神。在刀耕火种年代，面对严酷的大自然，人们期待神的惠顾。这时猴子下山充当田神角色，成为人的精神伙伴。

例如，室町时代的短篇小说集《御伽草子》中有一个猴子帮助耕田的故事，名为《藤袋之草子》。

在近江国（今滋贺县）有一位老爷爷，耕地累了，自言自语道："哪怕能有一只山上的猴子帮我耕地也好，那样我就招他为女婿。"一只大猴子不知在什么地方听到了老爷爷说的话，跑下山来耕地，并说："明天正好是申日，你可不要毁约哟。"然后离去了。无奈，按照猴子说的，老爷爷第二天把女儿装入一个大箱子，猴子们过来把箱子抬到深山里的小屋子去了。但是姑娘说什么也不从，于是猴子为讨好姑娘要出门去采果子，但又担心别人把姑娘抢去，便在临行前把姑娘装进藤条编的口袋里挂到了树梢上。这时，老爷爷和老奶奶寻找到小屋前，并且向偶然来到这里的猎人求助。

猎人把藤袋射下来救出了姑娘，并把狗装了进去。猴子女婿回来之后打开藤袋，狗突然跳出来咬住了猴子的喉咙。

看来，猴子帮助耕田是功利性的，那就是以交换美女为条件。在民间故事中，猴子与美女往往成为重要的主题，中国亦如此。钱钟书先生在《管锥编》中曾经指出：猿猴好人间女色，每窃妇以逃，此吾国古来流传俗说，屡见之稗官野史者也。不过，"好色"的猴子在日本往往以悲剧告终，说明猴子的小聪明（猿知恵）终究不抵人类的大智慧，可谓智者千虑必有一失（猿も木から落ちる）。笔者在此再介绍一个家喻户晓的《猿入赘》的故事。

老爷爷到田里看水，发现田里一点儿水都没有，很是苦恼，便自言自语道："要是有人给我地里灌水，我就把三个女儿中的一个嫁给他。"于是，猴子听到后便把地里灌满了水，然后把三女儿带回山里去了。第二年三月初三，女儿与猴子回娘家，途中让猴子背上装着年糕的石臼爬到树上去折樱花。结果，猴子掉到河里淹死，姑娘平安地回到了家。

另外，在很多猴子故事中，能看到狗与猴子经常发生冲突，形成了"狗的忠心不二"与"猴子狡猾善变"的鲜明对照，因此日语中成语把"水火不相容"形容为"狗与猴子的关系"。在《猴蟹大战》《猴子蟾蜍共种田》等分布范围比较广泛的民间故事中，猴子也都是奸猾、不守诚信的角色，结果自然是聪明反被聪明误。

最后，是猴子被妖魔化、世俗化。猴子似人而非人，聪明敏捷、浮躁顽皮的性格常常做出惊世骇俗之举，因此在民俗传承中

往往被妖魔化。例如,《太平百物语》(祐佐,1732)卷5－43中称:

> 能登国(今石川县北部)有一处宅子闹鬼。武士幾田八十八入住后,夜里如厕时有东西抚摸八十八的屁股。八十八把它捉住拖入房间,发现有一个狰狞的面孔从棚顶上盯着八十八看。二者扭打到一起,最后八十八把那怪物按在身下刺死了,原来是一只老猴子。在棚顶上的木头后面,有很多猴子吃剩下的人骨头。

同在石川县还有一个故事,说:

> 猴子看到老爷爷在山上的地里劳作,便披上蓑衣戴着斗笠来到老爷爷家,冒充老爷爷正襟危坐。老爷爷回来后见状,便穿上葬礼服,手提灯笼装哭,于是猴子溜走了(相传猴子不喜欢葬礼)。

猴子善于模仿但又不得要领,时常丑态百出,令人啼笑皆非,因此反而遭人戏谑,这也是世上流行耍猴儿的原因。又因猴子"孤拐面,凹脸尖嘴",日本人也把具有这样相貌的人称为"猴脸",具体来说就是孙悟空的长相。具有这种长相的日本人是战国时期的著名武将丰臣秀吉(1537—1598)。据说他的幼名叫"日吉丸",绰号"猴子",其传奇的人生也被附会到猴子身上。《绘本太阁记》(1800年前后)初篇卷一中百传说称:丰臣秀吉的母亲向日吉权现请愿生一个男孩,于是神佛显灵,让她梦见太阳钻进怀中而受孕,生出了丰臣秀吉。传说的用意在于说明丰臣秀吉的出生神奇,是日吉神灵再现。其实只不过是因为他身材出奇瘦小，长相似猴而已。

在现实生活中，"似猴"绝非褒义，相反却常常成为人们的笑料。早在镰仓时代的《沙石集》（无住，1283）卷3-2中就介绍了这样一个趣闻。

> 在比叡山延历寺座主慈镇的房厅内有一个做杂务的男子，在仁和寺也有一个同样的男子。这两个男子相貌与猴子一模一样，因此二人被称为"猴房官"，为人戏谑。一天，仁和寺的"猴房官"被派到慈镇处办事，于是慈镇也派其"猴房官"出面接待。结果招来满寺院的人都出来看热闹，轰动一时。

## （四）猴的俗信与禁忌

日本关于猴的民间传说历史悠久，而且涉及领域广泛，体现了猴信仰的多面性。长久以来，这些信仰也以崇拜或禁忌的形态反映在普通民众生活的方方面面，丰富了日本民众的精神生活和民俗文化。

首先，猴子受到山神、日神以及山王信仰、庚申信仰等的影响，在被神秘化的过程中或被奉为神灵或被视为妖魔，在人们的心目中产生了令人敬畏的超自然力。例如，古时日本人忌讳捕捉或杀害猴子，认为捕捉猴子要三代遭报应，杀害或者吃猴子则必死无疑。人们还认为猴子具有预示功能。例如，梦见猴子的人或其家人会死掉或短寿，是凶兆；猴子过河预示着要有火灾发生；猴群下山或吵闹预示天气变化，例如下雨、下雪等；遇有孤单的猴子出现则预示着要有国难发生；夜里学猴叫会引发火灾；模仿别人或欺负老年人会变成猴子，等等。利用猴子来祛邪避瘟也是猴崇拜的内容之一。例如，把写有猴子字样的符咒放在被子下面可以治愈幼儿的夜哭症，贴在患者身上可以治麻疹；把猴毛用纸包起来吊在屋檐下或供在神龛前可以治愈天花；人们还认为丢失物品后，向庚申神请愿便可找到，但是找到之后要做一个小猴供起来表示感谢。猴子的手骨也有巫祝作用。例如，用猴子的手骨抚摸孕妇的肚子三下，可以安全分娩。

日本人在很多场合甚至忌讳说"猴子"这个词，尤其是在婚礼等喜庆场合。因为在日语中，猴子的发音是"saru"，与表示离去、离开意思的"去る"同音，被视为不吉利。垂钓者或渔民也不喜欢说猴子这个词，说了就钓不上鱼或者遇不到鱼群了。另外，每天与顾客打交道的商家也是如此，他们尤其忌讳在早晨听到这个词，那意味着一天商运不佳。与商家的商业利益相反，猎人、伐木人或在矿山工作的人则忌讳谈论猴子，当然更是把遇见猴子视为不吉利，他们认为猴子的屁股是红的，令人联想到火或意味着危险。相反，可能是受山神信仰的影响，以山为生的人们为了报恩大自然的馈赠，在正月里要用稻草扎一个小猴送到山上，以示感谢。

其次，人们认为猴子生殖能力和繁殖能力旺盛，因此产生一种神秘感，在民俗中往往把猴信仰与妇女孕育及幼儿平安结合在一起。在关东地区，例如埼玉县的仙波神社、东松山市吉见观音的山王神、比企郡的日吉神社，都是祈祷安全分娩、母子平安的著名神社。那里的"绘马"上画着的是身披红马甲的猴子抱着一个桃子，将其作为护身符请回家来可以护佑安全分娩、母子平安。据说，它还可以治愈妇女病，睡觉时抱着还能够受孕，很是灵验。在和歌山市的有本，有一个山王小祠，里面放满了瓦形猴像，据说临盆的产妇要到那里借回来一个摆放在枕边，安全分娩后则需要到一个叫作瓦町的地方买一个同样的瓦偶猴配成一对返还回去。猴偶是日本人常用的辟邪之物，例如，京都市下京区堀五条有一个本圀寺，据说其鬼子母神堂的布偶猴对于预防抽风病很灵验，因此经常有人把它请来挂在小孩的腰际；和歌山市北郊的大阪街道路边有一小祠供有很多陶偶猴，据说孕妇去把它借回来放在枕边，可求平安分娩，但在顺利分娩后也需要另外附加一个返还回去；同在和歌山县的那贺郡，为了医治小孩生疮而需要向庚申神请愿，请来棉布缝制的小猴缝到小孩的衣服后背上即可；在冈山县，流行麻疹时的做法是用红布做成小猴，把它作为护身符缝在小孩的衣服后背上。

人们还认为，喜欢猴子则夫妻和睦；月经过量的妇女如供奉猴子祈祷则愈。相反，人们认为孕妇制作偶猴则生出的婴儿手像猴子手，殴打带小猴的猴子则生出的孩子残疾，如果杀害怀孕的猴子则其妻必流产，或生下的孩子不会说话。

最后，日本俗信认为，猴子全身的各个部位似乎都可以入药，疗效神奇。据说，把猴头烧焦或干蒸后研成粉末服用，可以医治头痛、神经症、高血压、精神病、难产、产后流血、妇女病等多种病症。在秋田县一带，人们想方设法向猎人或山里人求购猴头，把其装入陶罐里或用泥土包裹起来埋到灶膛灰里干烧，之后研成粉末装入陶罐珍藏。听说有人曾经在翻盖老屋时，在棚顶里面发现了多个烧焦的猴头。另外,传说猴胆可以医治产后出血;猴胃可以医治眼病、食物中毒、小儿抽风,还可保平安分娩;猴肝可医治肺病、头病;猴子的睾丸可以医治哮喘,而在病因不明的时候则可以服用猴油,等等。

据说猴肉可以医治肺炎、痢疾、腹痛等病症,尤其对于产后妇女十分有益。《秋田风俗问状答》记载:在山村,妇女分娩后,丈夫要上山捕回一只猴子给妻子吃,以防患各种血病。猴肉的吃法一般是水煮,但是为了保存而多用盐腌制。另外,相传猴子的胎儿也是治疗妇科病、不孕症、产后病的特效药,可阴干或干烧后研成粉末服用。据说在大正时代,一个猴子的胎儿要卖到三元五十钱,而当时日工一天的工钱才不过六十五钱,可见其十分昂贵。后来由于禁猎,这种买卖才消失。

## 六、鸡民俗的文化传承

### (一) 日本对鸡的认识

在日语中,"酉"即指代"鸡",这一点与汉语相同。但是,日语中"酉"读音为"トリ"(鸟),而"鸡"读音为"ニワトリ"(庭鸟),"庭院里饲养的鸟"是日语"鸡"的本意。据考证,鸡的祖先是一种野生鸡,通称"原鸡"。古原鸡的后代主要有三支:经过人工驯养而进化的家鸡;经过遗传变异而成的雉,即野鸡;没有什么大变化的现代原鸡。如此看来,日语"酉"

的读音反映的是原鸡阶段，而日语"庭鸟"的读音反映的是家鸡的概念。

总之，日本人对鸡的认识还是比较早的。关于鸡最早传入日本的时间，传说是在公元前7世纪的绳文时代早期，但是证据不足。1992年，日本考古工作者在名古屋市西区的朝日遗址发现了弥生时代的鸡跖骨，此后在九州、本州等地也陆续有弥生时代的鸡骨出土。因此可以认为，家鸡在日本是伴随着农耕生活趋于稳定的弥生时代出现的。但是，当时出土的鸡的数量比较少，而且是"矮鸡"品种，因此可以认为当时的鸡主要用于"报时"，而非用于食肉或采卵。7世纪，日本朝廷曾于天武四年（675）4月17日颁布食肉禁令，其中明确规定禁止食用牛、马、狗、日本猴和鸡。《日本书纪》雄略天皇七年（462）8月条中有关于斗鸡的记载，说明当时斗鸡风俗已经传到了日本宫廷。到了平安时代，斗鸡活动已经不仅限于贵族之间，在民间也开始流行起来，而且不仅用于娱乐，还用于赌博。

日本战国时期，葡萄牙人天主教传教士来到日本西部，把以鸡蛋为基本原材料的蛋糕、圆松饼以及鸡蛋挂面等"南蛮菓子"传进了日本。据说，在1627年荷兰商馆一行人到江户的途中，甚至还准备了食用鸡和鸡蛋。这时，日本人也开始以饲养食肉和食蛋为目的的鸡了。至1643年，日本料理书《料理物语》问世，其中竟然出现了多种使用鸡蛋制作的菜肴和点心。尤其是在江户时代中期以后，作为城市主要居民的武士们已经很少狩猎，开始以饲养家鸡来替代食用野禽了。

相传于室町时代晚期成书的《宜禁本草》中，列举了乌雄鸡、丹雄鸡、白雄鸡、黑雄鸡、黄雄鸡和白黄黑斑雌鸡六种鸡，这些鸡似乎都是用来斗鸡的。但是进入江户时代之后，鸡的品种骤然多了起来，常见的有大唐丸、军鸡和矮鸡、乌骨鸡等。1698年刊行的野必大著的《本朝食鉴》，被认为是日本研究鸡的先驱性著述，其中认为鸡有"三利"——民间所养有三利：一曰，山中农家风雨之日不知昼夜，唯鸡鸣报时；二曰，庭院谷稻菽脱落混于砂，唯鸡啄不遗；三曰，多畜鸡则多生蛋，故贩于市以得不时之利。这三利恐怕是后来日本民间开始广泛养鸡的基本出发点。

关于日本鸡的饲养信息，最早可见于宫崎安贞于1696年编撰的《农业全书》（十一卷），其中记载的大意如下。

庭鸟为人家所必不可无之物，鸡犬二色应为农村所畜。鸡有大小多种，唐丸（黑斗鸡）甚壮，近来又有一种曰军鸡，亦大。此等皆体重，不适登高处，因此常遭狐狸所害，雏鸡难成活，且报时不准。唯可养红毛黄脚的中鸡（中型鸡）。又，雌鸡非胖而毛浅、脚细矮者多生蛋，且雏鸡易成活。又，雄鸡声小者少子。

黑鸡、白头鸡、六指鸡、四距鸡、死而腿不伸者皆害人，须小心食用。又，五岁以下小儿食鸡生恶虫。

欲多畜者，可在宽阔的庭院中围稠密栅栏以防狐狸、猫狗侵入，搭小口鸡舍，其中上下设多个鸡窝，可多置稻草做窝。将粟黍稗煮粥撒于院中，多生草则多生虫可作食料，鸡食其虫而肥，多生蛋。又，可将庭院分隔两处，多贮秕谷以及人、牛马不食之物，以保食料不乏，如此卵、雏兴旺不绝。

畜鸡虽获利颇丰，但若宅院狭小则不宜多养，大约以雄鸡两只，雌鸡四五只为宜。饲养过多则人难以日夜看护，为避免狐狸、猫侵入可养狗看护。虽然如此，农家养鸡过多难免耗费谷物，作为生活手段应量力而为。❶

　　在众多品种中，日本有一种供人观赏用的长尾鸡，其尾部羽毛长度超过 7 米。这种鸡生性懒惰，羽毛主要有白、深褐和褐白相杂三种颜色，须常年饲养在特制的小型木质鸡舍内，并悬挂在通风良好的高处，尾羽垂在鸡舍外面，十分漂亮。相传，江户幕府末期土佐（今高知县）有长尾鸡，土佐藩主出行时用其尾羽来装饰队伍前面的长矛，但是鸡却被秘藏起来无人能见。

　　长尾鸡似乎原产于朝鲜半岛，通过 1857 年本草学者西村广休著的《小品考》一书方为世人所知。该书称：长尾鸡，一名细尾鸡，和名细波篠原统。魏志：朝鲜有长尾鸡，尾细而长三尺。同书：马韩国出细尾鸡，其尾皆五尺余。据说在"文禄之役"（1592）日本出兵朝鲜之际，土佐藩主山内一丰从朝鲜带回长尾鸡交给领民饲养是为之始。日本还有一种具有特色的矮鸡，据说原产于安南，江户初期经由中国传到了日本。京都的医生广川獬著《长崎闻见录》（1801）卷一称：鲁鸡（矮鸡）极小，如鸽。尾立，无蹴爪，腿短拖地。长崎浦上多有饲养，卖与红毛人。红毛人喜白鸡。长崎是江户时代唯一对外开放的港口，红毛人即荷兰人十分喜爱矮鸡，故从长崎带回国。于是矮鸡又被称为"长崎"，而长尾鸡是明治时代从横滨港流传向海外的，因此西

---

❶ 山口健儿. 鶏 [M]. 東京：日本法政大学出版局，1983：264–265.

方人也称其为"横滨"。

## （二）瑞鸟信仰与民间传说

基于鸡有司夜啼晨的习性，世界各地都有把鸡与太阳联系到一起的神话、传说，中国典籍中尤其多见记载。例如鲁迅在《古小说钩沉》中记载如下。

> 蓬莱之东，岱舆之山，上有扶桑之树。树高万丈，树巅常有天鸡，为巢于上。每夜至子时，则天鸡鸣，而日中阳乌应之。阳乌鸣，则天下之鸡皆鸣。

蓬莱为蓬莱、方丈、瀛洲三神山之一，扶桑为仙木，均为太阳初升之所，而此处的天鸡亦为引阳而出的瑞鸟。也就是说，是鸡或是鸡鸣驱散了黑暗，使太阳复活、再生，给世界重新带来光明。所谓"雄鸡一唱天下白"，鸡一啼鸣太阳就出来，因此世上有鸡"叫太阳"之传说。

日本神话最早见于《古事记》和《日本书纪》，其中"天之石屋"一节最为具象地表现了鸡的这一功能，如前所述。

长鸣鸟即长鸣鸡，中国古时多有记载。例如《广志》有云：吴中长鸣鸡，鸡鸣长倍于常鸡。那么，为什么天鸡子时啼鸣呢？因为子时（23:00—00:59）指一天中离太阳最远的时段，也是太阳最为衰弱的时间节点，同时子时又是六阳时（子、丑、寅、卯、辰、巳）的开始。《类经图翼》上说，子者阳生之初。子月也指这个意思，一年之中，将夏历十一月称为子月、冬至所在之月，周朝历法以子月为正月、元月、一月，如《通诠·孝经援神契》上说：大雪后十五日，斗指子，为冬至，十一月中，阴极而阳始至。阳始至被称为一阳生，或一阳来复。平安时代成书的《旧事记》载，天武天皇（673—686年在位）十四年十一月举行神秘的镇魂祭，意为日神化身的天皇灵魂到冬至会衰微游离，以此来招魂续魄，据说其仪式与天之石屋前的景象十分相似。

天之石屋神话实质上是受中国古代的神仙思想影响，表现的是太阳最为衰弱之时，而长鸣鸟是在呼唤其复活与再生。日本以近畿地区为中心存在大量的3—7世纪的大型古坟，在古坟的陪葬土俑动物中，鸡占有显著位置。笔者认为，古坟时代之前，即弥生时代的邪马台国时期正是日本神话形成的历史现实舞台，用鸡偶陪葬，寓意神话中的"假鸡还魂"。

如前所述，至江户时代中期为止，日本人养鸡的目的在于司晨、斗鸡和观赏，而这与鸡、日神即神祇信仰密切相关。进入农耕时代开始定居生活之后，日本原居民开始以村落或更大的群体为单位建立神社，以迎神祭神作为巩固群体的精神纽带。神社初始被称为"神篱"或"磐境"，且没有神殿。神篱是神灵降临时的依附之物，而磐境是祭神时用作祭台的岩石。后来，在神灵降临的区域周围围绕起栅栏，入口处立起两根树干，上面横挂稻草"连注绳"以示为神域，再后来又用两根横木加固在两根立柱上部，这便是今天凡神社必定可见的"鸟居"。这个相似于中国"牌楼"的门，是进入平安时代之后才被称为鸟居的。至于为什么被称为鸟居，据大槻文彦《大言海》称：为鸡栖之义，古时以鸡为一种币帛祭于神前，故为鸡之栖木。由此看来，鸡作为神灵使者迎神于神社之门的含义是不言而喻的，而所迎之神应该就是神话中的日神。

事实上,日本信众自古以来有向神社献鸡的习俗,而伊势、热田等神社也有在域内将鸡作为神鸟散养的传统,因此鸡为避免遭受其他动物伤害而在夜晚栖息于树枝、鸟居等高物之上也是可想而知的。作为天皇家庙的伊势神宫自持统天皇(690年即位)以来,每隔20年举行一次式年迁宫仪式。在这庄严肃穆的仪式中,有一个环节是在行走于高大阴森的杉木林中前往正殿迎接神灵时,有一神官要大声学鸡叫三声,然后正殿大门才静静地打开,神灵出现。这显然是天之石屋神话的复制。鸡作为一种瑞鸟,扮演着迎接神灵再生的重要角色。

在日本民间,广泛流传着一些"金鸡传说",各地虽然存在不同版本和变体,但是都反映了人们对鸡灵异性的崇拜和信仰。例如,平户藩主松浦静山著随笔《甲子夜话》记录了大量的市井风俗见闻,其中记载奥州栗原郡三户畑村有一鸡坡,曾经有人在此挖出了纯金鸡。相传过去有一个烧炭的人名叫藤太,因拾到砂金而致富,故用黄金制作一对金鸡埋在地下以祭山神。另外,岩手县西磐井高馆西南有金鸡山,相传是平安时代末期武将藤原秀衡所筑,高数十丈,下埋漆一万桶、黄金一万两,并埋入一对雌雄黄金鸡镇守。这些记载所反映的是,金鸡或被获得福运的人用来报恩、感谢神灵,或用以镇守财富。

相传,岐阜县山县郡有金鸡山,发现了山城陷落时城主丢到水井里的金鸡。这金鸡每逢元旦早晨鸣叫三声,听到者可长寿,因此村民皆在元旦早起听鸡鸣;奈良县添上郡山顶有金鸡塚,其下埋有金鸡,每逢元旦金鸡鸣叫三声预示吉凶,但平时鸣叫则意为将有变故发生；广岛县三次市有一名曰鸡渊之地，有德之人路过时则金鸡显现；岛根县能义郡有一处有三块巨石叠摞在一起，下面有金鸡每年春分夜晚鸣叫，一名曰吉平的人听到其鸣叫声后变成了富豪；大阪府高槻市的鸡石位于府道旁的河川中，相传过去在正月初三早晨，有村民路过此地时听到金鸡在岩石上鸣叫；鸟取县岩美郡的鸡石中有金鸡，听到其鸣叫者有福运来临；和歌山县那贺郡的丹生明神社社殿附近有鸡石，相传在古时蒙古大军来袭时大明神刮起神风，是战士骑乘的鸡变化而成，每年正月初三那鸡鸣叫一声，闻其声者长寿。[1]

总之，金鸡传说种类繁多。首先，我们发现其中的金鸡山、金鸡塚、鸡石以及鸡渊等多存在于一般人难以涉足的深山之中、山顶之上或者河川、村界、道路等分界之处；其次，金鸡经常是在元旦、正月、春分等季节变换，尤其在冬春交替之际啼鸣；最后，其鸣叫预示吉凶，尤其能给闻者带来福运、长寿。凡此种种，都反映了鸡在日本民间信仰中的灵异性以及其瑞鸟形象。

## （三）鸡的俗信与禁忌

基于鸡的灵异性和其瑞鸟形象，日本各地设有很多与鸡相关的神社。例如，二渡神社、荷渡神社、庭渡神社、二羽神社、仁和多利神社、新渡神社、三渡神社、见渡神社、海渡神社、御渡神社、三轮足神社、美渡神社、鬼渡神社、根渡神社、子渡神

---

[1] 鈴木棠三. 日本俗信辞典（動・植物篇）[M]. 東京：角川書店，1982.

社等,在日本全国计有百余座,都与鸡信仰密切相关。这些神社的存在,一方面是民众对鸡信仰和崇拜的反映,另一方面也满足了人们日常生活中的精神需求。

如前所述,日本至近代以前没有吃鸡肉、鸡蛋的习惯,因此民间除用于报时和斗鸡、观赏等特殊用途之外很少养鸡。所以,民间过去有很多关于养鸡、食鸡肉蛋的禁忌。例如,俗传养鸡害眼病,食鸡肉蛋会被大水淹死、会受伤、会有不幸发生等。尤其是养白鸡更甚。例如在京都、熊本、和歌山等地,俗信认为养白鸡会导致倾家荡产,家中病人不断,等等。尤其是特殊用途的鸡,在它们生病或衰老之后也不能食用,而是要把它们送到神社,而神社则是把它们散养在域内,任其自然生灭。例如,在和歌山县田边市一带,人们习惯把衰老的斗鸡进献给当地的大福院、高山寺,而东京足立区的鹫神社过去是把祭礼时进献来的鸡散养在浅草寺观音域内,久而久之致使鸡群成灾,就像今天鸽子成群一样。另外,神奈川津久井郡、广岛县等地的习俗是把夜里打鸣的鸡和打鸣的母鸡送给神社,鸡在神社域内的草丛、树林之中随意生蛋、繁殖,曾经致使鸡在神社之内泛滥成灾。

日本民俗普遍禁忌鸡在夜里打鸣,视其为凶兆,笃信颇深。据寺岛良安著图说百科事典《和汉三才图会》(1712)称:丑时(午前二时)始鸣者称一番鸡,寅时(午前四时)始鸣者称二番鸡,人赏之。丑时之前鸣者俗谓宵鸣,视为不祥。所谓荒鸡、盗鸡之类也。以上即可理解为鸡在入夜之后丑时之前打鸣是不祥、恶兆,这种俗信源于人们认为鸡有灵感,可预示盗难、外敌、火灾等不祥事件的发生。不过,如果是在夜里事件发生过后而鸣,

· 309 ·

则不属于不祥之兆,反而是值得称道的好事。如果鸡在夜里无故打鸣,归纳起来主要会产生三种结果,令人忌讳:一是不吉利,会引发不祥之事,例如事故、凶事、怪事、意外等;二是预示将要发生火灾;三是预示要死人,例如要死家里人、要死丈夫、船要遇难等,应格外小心。另外,还有俗信认为鸡在夜里打鸣预示家境衰落等。

出现鸡在夜里打鸣的现象时,俗信称一般需要采取如下对策:一是将那打鸣的鸡丢掉、杀掉或者送到神社去;二是彻夜举行消灾会,例如在青森县三户郡就根据鸡在夜里打鸣的次数进行占卜或祈祷,鸣叫七声为无事,鸣叫八声为火灾等;三是为了防止发生火灾而往大黑柱(住宅里面的顶梁柱)、洗碗池浇水,或者要准备三桶水;四是唱咒歌,但是情况不一,例如石川县一带则认为鸡在夜里打鸣预示渔业丰收,而秋田县一带则认为鸡在夜里打鸣三声为吉,打鸣八声则须注意火灾发生,等等。

在民间信仰中,母鸡打鸣也是恶兆,例如要发生坏事、凶事、破产、灾难、灾害、火灾以及家业衰落等不祥、不幸的事件,而母鸡在夜里打鸣尤其不祥。关于处理打鸣母鸡的方法,一般是马上杀掉,再有就是把打鸣的母鸡压到石臼下面。同样,人在夜晚学鸡叫也被视为大忌,认为会引发火灾,会患夜盲症,会瞎眼睛等,因此当事人会遭人吐唾沫、泼冷水、泼淘米水等。

在过去家鸡散养的时代,人们有看鸡观天气变化的习惯。民间俗信认为鸡上树、上房或登高打鸣预示雨停、天晴,而宫城县一带视鸡登高朝西打鸣意为下雨,朝东打鸣意为天晴;鹿儿岛一带是用鸡打鸣来占卜丰歉年,认为鸡在西边打鸣预示丰年,在南面打鸣则预示歉年。很多地方认为鸡早起打鸣、早起出窝预示好天，相反则预示要下雨；鸡在傍晚吃食预示第二天要下雨，鸡傍晚不进窝也预示第二天要下雨。相反，如果鸡早早就进鸡窝则预示第二天是好天。民间还认为鸡能够预知地震，例如鸡不吃食而翘首就是将要发生地震的征兆。

日本民间还有一个广泛而特殊的俗信，那就是利用鸡来寻找溺水者的尸体。当有人溺水而尸体沉于水下时，人们便把鸡放在木盆、木筏、竹笼、木板或小船等之上顺水漂流，当鸡鸣叫时就意味着来到尸体上方，可以打捞了。还有，发生雪崩时也往往要带上鸡去寻找死者，而当刮台风迷路时鸡也可以为人指明方向，因此古人有携带鸡出远门的习惯。过去，寻找金矿的人还要带着鸡上山，用鸡鸣来判断方位。

鸡的灵异性自然导致产生辟邪观念。例如，在山梨县中巨摩郡存在一个风俗，即在门口倒贴鸡画，能够起类似门神的作用。据说邪神在夜晚出现时会因此被阻挡在门外，听到鸡报晓而归。在日本，过去常见画鸡辟邪、治愈幼儿疾病的做法。例如，当幼儿患病时，父亲要在深夜悄悄地到庭渡神社请来一枚画有鸡的"绘马"，或者当孩子咳嗽时往绘马上面浇水，于是幼儿便会痊愈。痊愈后，要制作一枚新的绘马连同此前请来的一起奉纳给神社。在日本山形县西置郡一带，当幼儿患上百日咳，画一张鸡收藏起来便可治愈。小儿患夜哭症、百日咳时，可将鸡画倒贴在灶房的灶台上或洗碗池下，或者贴在屏风上、放在枕头下便可治愈；有一些地方，还将绘有鸡的绘马甚至土陶制作的鸡偶献给荒神（灶神）、地藏（菩萨）以祈祷小儿夜哭症、夜盲症治愈。日本有很多与鸡相关的神社出售鸡绘马,接纳小儿治愈百日咳的请愿。

俗信还认为,遇到幽灵时学鸡叫可以吓跑幽灵;把鸡毛扔到屋顶会发生火灾;鸡毛落到头顶上会得秃头病;在房屋前搭鸡窝不吉利;在房屋西侧养鸡会厄运不断;酉年吃鸡会得病;等等。凡此林林总总的俗信,曾经遍布日本民间的日常生活之中。

日本过去还有一些用鸡来治病的民间疗法。例如,煎服鸡冠医治夜里尿床和流口水;口服鸡冠血或将其涂于鼻下可医治伤寒热;用鸡毛摩擦喉部可治骨刺喉咙;骨折时可用鸡皮敷于患部并在其上施灸术;患舌病时可采鸡冠血涂于患部;鸡的眼睛可用于医治眼病;等等。奈良县、香川县一带的习俗是煮食鸡肝治疗夜盲症,群马县一带则认为吃鸡冠、喝鸡血可以治愈百日咳。在《本草纲目》中,李时珍也对鸡的药用价值做过大量、详尽的阐述。例如,称鸡冠血可"治白癜风"等,但是没有医治百日咳等疾患的记载。由此可见,所谓民间疗法多因民俗而异,少有现代科学依据。

## 七、犬民俗的文化传承

### (一)犬民俗在日本的发端

《说文解字》称:"狗,孔子曰:狗,叩也。叩气吠以守。从犬句声。"又称:"犬,狗之有县蹄(蹄)者也,象形。孔子曰:视犬之字,如画狗也。"如此,自古以来,中国同时有

"犬""狗"之别，时至今日仍有"警犬""巴儿狗"等之分。所谓"犬，狗之县蹄者也"，"县蹄"即"悬蹄"。狗小无悬蹄，五指都着地为"狗"；狗大有悬蹄，即一趾不着地为"犬"。《礼记·曲礼上》有"效犬者，左牵之"一语，孔颖达注疏曰："狗，犬通名，若分而言之，则大者为犬，小者为狗。"即"狗"为通称，其中大狗亦被称为"犬"。

有记载表明，3世纪开始，中国汉字汉文被系统地传入日本，日本人开始了有文字的语言生活。然而不知何故，日本人只借用了"犬"字而没借用"狗"字，因此日本人不分其大小，统统将狗称作"犬"。日本政府于1981年公布《常用汉字表》，其中无"狗"字。但是，日语中有"天狗"一词，但它既不是"狗"之一种，也非中国古文献中出现的"天狗"流星名称，而是一种栖于深山之中，似人、面赤、高鼻子、有双翼可以在天空自由飞行的想象中的怪物。

从考古学史料来看，狗是人类最早驯化的动物之一。驯化时间大约始于公元前1.2万年前，属于旧石器时代晚期。大约在同一时期，即绳文时代，日本人也开始了狗的驯化和饲养，这一点通过在宫城县前浜贝塚等文化遗址中发现的狗遗骨（是被埋葬的）可以得到证实。日本人早期驯化狗的目的，主要是利用其灵敏的嗅觉和勇猛的性格帮助狩猎，而狩猎是当时的主要生产方式。在弥生时代的铜铎上，绘有一个人正在用弓箭射一只野猪、而这只野猪正被五只狗包围着的场景。以上是日本关于狗的早期研究成果。

进入8世纪以后，在《古事记》《日本书纪》《风土记》等一批著作中，出现了多处关于狗的记述。其中，在以民间传承为主要内容的《播磨国风土记》(715年以前成书)"讬贺郡"中，记载有应神天皇的猎犬因在与野猪的搏斗中死亡，并且被墓葬祭祀的传说。另外，在《日本书纪》景行天皇卷的大和武尊❶传说中，记载一个关于狗救助人的传说。

  大和武尊成功地征服东国之后，在归途中路过信浓险峻的山谷时感到疲惫不堪。这时，一匹由山神变的白鹿出现在眼前，欲对大和武尊非礼。大和武尊将大蒜涂在鹿的眼睛上将其杀死。然而，白鹿作祟，使大和武尊迷了路。在走投无路的情况下，一只白犬出现，将大和武尊安全地带出深山。

古时还有一个关于狗救助人的传说，见于《今昔物语集》(1110)卷32之12：

  某猎人带犬进深山，入夜休息。这时犬狂吠，猎人疑惑，望四周不见异常。然而犬狂吠不止，并扑向猎人。猎人以为犬欲加害于己，便欲斩之。于是那犬跳到树上咬住一物。原来是一条大蛇正在树上窥视着猎人。

此类"人有难，狗相助"的故事、传说在日本至今屡见不鲜，尤其认为白犬更具有灵性与人性，甚至传说它是人的化身或转世。日本的《因果物语》(1661)中就有一个白犬变成人的故事，说是临济宗关山派寺长老养了一只白犬，死后托生为其弟

---

❶ 传说中，大和武尊为大和国家成立时期的英雄景行天皇之子，又名小碓命。

子。而中国成书于 1728 年的《古今图书集成》中引《邻几杂志》称，北宋康定年间，驻守于西境的李贵之妻为贼人所掠，其妻对贼人家的白犬说：听说白色的狗前世是人，请你将我送回去。于是白犬就将李妻送回夫家。尤其在日本民俗中，白色被视为神圣、幸运、善良的象征，黑色则意味着污秽、不幸、罪恶，所以白犬往往被赋予一种善的形象。❶

## （二）人犬交婚传承

"狗通人性"是表示狗之灵性的代表性俗语，也说明狗依附于人的天性。同时，对于早期人类来说，狗也是生产、生活中不可或缺的伙伴。从人犬互为依存的亲昵关系派生出许多怪诞的故事传说，在日本尤其体现为人犬交婚传承。

在《今昔物语集》中，有一个类似中国唐代《白猿传》的故事，其梗概如下。

> 京都一青年男子入北山，日暮迷路，来到山谷中一小户人家。一位 20 岁美貌女子出迎，称此处非凡人所来之处，已是丈夫归来之时，劝速返。青年男子说明缘由请求留宿。不一刻，闻户外一阵可怕的喘息声，女子开门，进来一匹大白犬与那女子睡在一起。天明告别时，女子稍稍叮嘱那青年男子，此事不可告人。然而，那青年男子回京都后食言，将之告诉了很多男子，并带一群人来射杀那白犬。然而弓箭无

---

❶ 中村禎里. 動物たちの霊力 [M]. 東京：筑摩書房，1989：121.

一射中，那白犬和女子如鸟入深山一样无影无踪。不久，那食言的青年男子病倒，二三日而亡。人说那犬或许是神，使那青年男子丧了命。

类似的故事也有被称为"犬婿"的类型，在日本分布很广。下面这个故事采集于日本南部的奄美大岛西南部。

从前，一对夫妇有一只爱犬，每当女儿便溺时，主人便对那犬说：你去把她的屁股舔净，等她长大了给你当媳妇。于是，到那女孩儿长到19岁要嫁人时，犬不许，女孩儿无奈给那犬做了妻子住进深山。

一青年男子进山打猎遇见一女子，说是已在此居住4年。因遇大雨，青年男子夜晚住在女子的洞穴中，见她与犬睡在一起。某日，青年男子偷偷地把那犬杀死，而佯装无事地将那女子带回家里成了夫妻。然而，在生了7个孩子之后，当那女子得知原来那犬是被青年男子杀死，便用剃刀将其杀了。❶

此外，采集于鸟取县东伯郡的故事、广岛县高田郡的故事等都几乎完全是一个模式，即爱犬→为女孩子便溺后舔屁股→将成年后的女孩子带入深山成为夫妻→男子杀犬夺女为妻、生子→男子无意之中向妻子泄露杀犬实情→妻子将猎人杀死。

"狗改不了吃屎"说的是狗的一个习性，人们利用狗的这个习性让狗为便后小孩舔屁股是个分布十分广泛的生活习俗。此

---

❶ 稻田浩二，等. 日本昔話事典 [M]. 東京：弘文堂，1977：71.

外，这种现象是以人犬过从甚密为情感基础的，对生人不会发生这种现象。这种故事看起来十分荒诞，但它却是人与动物之间的一种互为依托、共生共存关系的表现形式，只不过有些极端而已。即使在今天，人犬的亲密关系一如既往，表现了人从社会性自我向自然性自我的回归，是建立在人犬"原始同一"基础上的关系。对此，周良沛对今天宠犬风俗有这样一段十分形象的描写。

> 有钱的人家，孩子们把家完全看作旅馆，各人一把钥匙，什么时候出走，什么时候回来，全没人管，吃饭也是谁先到用人就招呼谁吃。偶尔兄弟姐妹一起碰在桌子上，互相都没有什么话说。各自归屋，门"砰"地关得要地震一样，都像憋着一肚子气，别人欠了他的债。只有一条狗，谁见了都是又抱又搂的，面贴着它的脸，说着好多亲热的话，用手哄拍着它，用手指给它梳毛。小姐们听电话都用一张面巾纸隔着捏住话筒，生怕别人（其实都是家里人）用过不卫生，书桌上跳过一只蟋蟀，也会吓得魂不附体地鬼叫，马上得换桌布，用药棉擦过桌上的东西。可是，狗总是跳上席梦思晚上偎着她睡。❶

人犬交婚都是发生在公犬和女人之间的故事，可能是女人更喜欢狗的缘故。这样的故事在中国和其他国家也多有所见，但不同的是，多表现为"犬祖传说"或"狗人国"故事。

"犬祖传说"主要分布于亚洲，例如蒙古、印度尼西亚等国

---

❶ 尹权宇. 狗文化与人生［M］. 沈阳：辽宁古籍出版社，1996：37.

以及中国的东北部、南部等地，而在日本则见于北海道和冲绳地区。北海道是阿依努人的发源地，关于阿依努人的起源，有这样的传说。

> 古时，一女神独自乘虚舟由南方神国漂流至静内（现日高支厅静内郡静内町）附近。船上载有很多金银财宝，但是初始时却因于无居所、无食物。这时出现一只雄犬，摇尾吠叫，为之引路。女神很高兴，随之来到一个大岩洞住了下来。雄犬每日到海边为之捕鱼、捞海藻，进山为之采果实。不久，女神生下其犬子，子孙繁荣至今。[1]

这就是传说中阿依努人的起源，阿依努人的女人是女神的血统，男人是犬的子孙。这个传说有很多变体，见于秦檍丸的《虾夷岛见闻记》、松浦武四郎的《东虾夷日志》以及更科源藏、更科光的《コタン生物記》等书籍中，但均大同小异，说明阿依努人以犬为主要传统家畜，并崇犬为神的原始信仰。恩格斯在谈到动物崇拜的根源时说："人在自己的发展中得到了其他实体的支持，但这些实体不是高级的实体，不是天使，而是低级的实体，是动物。由此产生了动物崇拜。"这就是说，人对犬的崇拜，是从人与犬的生存关系中生长出来的。

## （三）犬的忠勇传说

在东京涉谷车站前立有一尊犬的铜塑像，名为"八公"

---

[1] 秦檍丸. 蝦夷島奇観［M］. 東京：雄峰社，1982：73.

(1923—1935），是人们约会见面时的好景物。相传这只犬连续11年每天不间断地到涉谷车站迎送它已经故去的主人，人们有感于其忠诚，在它死后冠以"忠犬八公"之美名，并于站前为之塑造了铜像。在"二战"期间，它被作为"忠君爱国军国思想之鉴"而被利用，甚至被编入修身教科书来宣扬。1987年八公事迹被拍摄成电影《八公物语》，还发行《八公之歌》唱片，目前还开发出许多"八公"旅游产品，广为商业所利用。

犬之忠诚在日本民俗中是一个突出的主题。在《日本书纪》崇峻纪中有这样一则记载。

> 用明天皇二年（587），在苏我马子与物部守屋争夺政权的斗争中，守屋败死。守屋之部下捕鸟部万饲养的一只白犬守护着自杀而死的主人尸体直至饿死。朝廷有感于这只稀世良犬，命建墓葬万一族，并将其犬墓并列于河内国有真香邑。

据传，现大阪府岸和田市八田町的天神山古坟群一号坟义犬塚古坟，即那只犬的墓，墓前立有"万家犬塚"石碑。不过，该墓是否真为万犬墓不详。

兵库县神崎郡神崎町中村的真言宗金乐院法乐寺，古称"犬寺"，据说是为救助主人的忠犬而建的。关于其起源之说见于《和汉三才图会》的如下记载。

> 苏我入鹿起军欲灭圣德太子的皇子们（643），这时入鹿的部下牧夫之妻与仆从通奸。仆从恐被发觉，故将主人骗入山中狩猎，欲用弓箭射之。得知受骗的牧夫解下身上携带的食物分给随从而来的两只犬，说："我死后，请把我的尸

体带回去。"犬闻之扑向那仆从将其咬死。

牧夫回家后赶走了妻子,并当众宣称此二犬如吾子,自己死后将土地财产一应归二犬所有。犬死后,牧夫守约出资建伽蓝,安置千手观音,崇二犬为地主神。桓武帝(781—806年在位)将此寺定为官寺,授与寺田。

"犬寺"传说是典型的"狗不忘主恩,人不忘狗德"的例子,而牧夫的两只犬表现的不仅是忠,还有勇。关于犬的忠勇传说,最具有代表性的应该是"桃太郎"故事。

"桃太郎"是日本五大故事"胜胜山""猿蟹合战""舌切雀""开花爷爷"之一,而且位居榜首,妇孺皆知。据调查,这个故事大约在室町时代末期到江户时代初期以文字形式定型,此后成为画本、漫画、小说、诗歌、戏剧、电影等素材广为传播,同时也被编入国定国语教科书。可以说,代代日本人都是在"桃太郎"故事的熏陶中成长起来的。同时,它也成为民俗学、神话学、社会人类学、文学、童话等多学科领域的研究对象。

"桃太郎"故事有很多版本,叙事繁简不一,其核心部分如下。

很久以前,山里住着老爷爷和老奶奶夫妇,膝下无子。一天,老奶奶去河边洗衣,老爷爷上山打柴。洗衣时,老奶奶忽见河上游漂下一只大桃子,便拾回家中欲与老爷爷一同食之。正要切开时,却见桃子中跳出一男孩,老夫妇十分欢喜,为之取名"桃太郎"。

桃太郎成长迅速,且力大无比。一天,他突然提出要去鬼岛打鬼取宝,便带着玉米团子离家上路。途中,他先后遇到犬、猴子和野鸡,将它们收为仆从一同乘船赴鬼岛。抵达鬼岛后,他们共同奋战,制服了鬼王,夺取财宝胜利而归。

这个故事由两个主题构成,即前半部分为"异常诞生传说"❶,后半部分为"英雄传说"。在这里,笔者不讨论桃太郎出生于桃子和打鬼的文化寓意,而着重看他的三个仆从之一——犬。

可以说,桃太郎赴鬼岛打鬼成功,在很大层面上得益于犬、猴子和野鸡的英勇奋战,尤其犬的表现更为突出。对此,著名民俗学者吉野裕子利用"阴阳五行说"对其进行了详尽分析:桃为金果,是金气之果实,象征西方;犬为戌,猴为申,鸡为酉,这三支形成金气之方位,成为强大无敌的金气。"金气为四季之秋,据中国古法,秋是练武、讨伐不义的季节。桃太郎及其仆从象征了讨伐不义的军团。"❷

按中国传说,东北角(艮)是鬼门,万鬼出入。对抗鬼,按理说应选择代表西南角(坤)的动物未和申,但故事却选择了代表西方的动物,这于阴阳五行说是解释不通的。对此笔者暂且不谈。不管怎么说,"桃太郎"的故事是以儿童为对象产生的,从这一点来看,选择犬或许道理很简单,即利用的是犬的忠勇。犬成为人的伙伴一般是有条件的,那就是食物。在"桃太郎"的故事中也有这个细节:在桃太郎遇到犬时,犬盯着桃太郎腰间携带的玉米团子说:"给我一个,就陪同你去。"于是桃太

---

❶ 关于桃太郎的异常出生有二说,即"果生型"和"回春型"。"果生型"为"桃子里跳出一男孩",而"回春型"则为"老夫妇一同吃了桃子,之后老奶奶受孕生出桃太郎"。相比之下,"回春型"多见于早期故事。

❷ 吉野裕子. 陰陽五行と日本の民俗 [M]. 東京:人文書院,1988:228.

郎就给了它一个,将其收为仆从。犬报恩的方式就是忠诚、勇敢地服务于主人,这恐怕就是选择犬的主要原因,即达到教育儿童的目的。

## (四)犬的祥瑞之兆传承

提到人犬交婚故事,日本人都会想到曲亭马琴写的长篇小说《南总里见八犬传》,其故事梗概如下。

> 室町时代,安房国长狭郡泷田城主里见义实从当地农民手里领养了一只犬,以避爱女伏姬夜哭之邪。这犬是母犬被狼吃掉之后由狐狸养大的,从头到尾有八处黑色斑毛,故名为"八房",被宠爱有加。
>
> 伏姬长大以后,馆山城主安西景连欲收之为养女,遭到义实的拒绝,结果景连起兵攻城。危机时刻,义实对爱犬八房说:你若知恩就去将那敌将景连咬死,我将伏姬许配于你。果然,八房叼回了景连的人头。义实无奈将爱女伏姬嫁给了八房。八房驮着伏姬进入安房富山生活。
>
> 八房与伏姬生有八子,出生时均持有一块玉,分别显现仁、义、礼、智、忠、信、孝、悌8个字。因此名字分别为:犬江亲兵卫仁、犬川庄助义任、犬村大角礼仪、犬坂毛野胤智、犬山道节忠与、犬饲现八信道、犬塚信乃戍孝、犬田小文吾悌顺。这八犬排除众难、屡建奇功,齐心协力地实现了主人里见家的复兴。

这部长篇小说共9辑,106册,从1814年开始刊发,历时

28年完成。里见义实为历史真实人物，八犬即以其门下八名忠士为模型，小说整体上是模仿中国《水浒传》的套路创作的。关于人犬交婚，以及勇士即八犬的诞生，则是完全套用了中国"盘瓠犬祖"传说的观念。

然而，中国"盘瓠犬祖"传说的主题是民族起源故事，而"八犬传"所表现的则是犬的祥瑞之兆和忠勇，其中的人犬交婚情节只不过是被用来为加强八勇士的忠勇色彩而做的铺垫。犬的出现以及人犬交婚，为里见家的振兴增添了神秘色彩。可见，《南总里见八犬传》是借用"盘瓠犬祖"传说的"形"，以表现日本民间信仰中犬的祥瑞与忠勇。

犬是祥瑞之兆，这个主题见于很多民族的民俗之中，日本也不例外。笔者在这里介绍几例日本的民间故事，而日本五大故事之一的"花开爷爷"的梗概如下。

一个老爷爷（或老婆婆）发现河上游冲下来一个小箱子，打开一看里面有一只小狗，便像对自己的孩子一样精心饲养。小狗示意老爷爷（或老婆婆）挖开山上（或院子）的某处，结果挖出来很多金银财宝。贪婪的邻居老爷爷把小狗借回去照此法挖掘，结果出来的都是些瓦片（或粪便等），一怒之下将小狗杀死埋在了树下。树一夜之间长大成材。那个善良的老爷爷（或老婆婆）将树砍回去做成臼，臼里捣出来很多钱币。贪婪的老爷爷将臼借回来捣，结果捣出来的是些粪便，于是将臼烧成了灰。那么善良的老爷爷（或老婆婆）将灰取回家撒向枯树，结果树上开满了鲜花，得到官老爷赐的很多奖赏。贪婪的老爷爷也照此法撒灰，结

· 323 ·

果迷了官老爷的眼睛，被杀死了。

与这个故事同一主题的还有"雁取爷"。该故事在日本流传极为广泛，主要表现来历神奇的犬利用其神奇的嗅觉功能寻宝、变为植物、使枯木复苏、扬善惩恶，同时也是回报养育之恩的"报恩"故事。然而，扬善惩恶也好，报恩也好，其最为核心的部分是在暗示犬能够给好心人带来财富和幸福，是祥瑞之兆，而这一点与中国流传甚广的"狗耕田"的故事在主题上极为相似。

与此类似的是"黄金小犬"或"龙宫童子"的故事，反映了犬介于人世与仙界之间，给人带来福运或灾难。

> 从前有富哥哥和穷弟弟兄弟俩。大年夜，弟弟到哥哥那里借米，被赶了回来。弟弟又去卖花，结果没人买，便将花扔进了大海里。这时，大海里出来一个人，说是带他到龙宫领一只犬。弟弟在龙宫住了三天，实际上是人世间的三年。他带着犬回来后，按照神的旨意每天喂给犬"四组的膳食"，于是犬每天捕回一头野猪。弟弟卖猪发了大财。
>
> 哥哥知道后强行把犬借回去，但是犬咬伤了他的额头和小腿，哥哥就把犬杀死了。弟弟把犬的尸体要回来掩埋，于是长出了竹子。竹子长得很快，捅破了天上的粮仓，很多米袋子掉了下来。哥哥也模仿其种竹子，结果竹子捅破了天上的粪池，把哥哥一家全都淹死了。

在这里，犬的神奇性是由它来自龙宫决定的，而龙宫即异境。在日本人的传统观念中，大山的深处、大海的彼岸、河流的上游都是神异之物出现的地方，即神灵存在的地方，充满神秘感，令人敬畏。因此，在很多民间传说、故事中，具有神奇功能的事物均来自这样的异境。犬的神奇性如此，桃太郎故事中的桃也是如此。

## （五）民俗中的犬崇拜

日本俗信认为：犬恋人，猫恋家。犬养一日则三年不忘其恩，而猫养三年则一日就忘其恩。这是对犬之忠诚心的赞许。因此，日本人认为有狗跑上门是吉兆，有猫跑上门是凶兆。甚至认为野犬在屋檐下产崽意味着兴家，该户要做红米饭庆祝。

在日本，狗与怀孕、生育相关的俗信十分普遍。例如，如果用心地饲养狗，则家里的女人会怀孕、生子。在茨城县、栃木县一带则认为，如果狗难产或因难产而死亡，则人也会难产，所以女人怀孕时须每隔三日祭犬，请产婆也要选择戌日（为了平安分娩）。有些地方的习惯是拾来狗粪在孕妇的腰部晃二三周，并口吟"像狗一样平安地生下来吧"，例如爱媛县；奈良县一带的古俗是在产房挂犬画，而奈良的法华寺则是采来其后山的土制成彩色犬偶分发给孕妇。该犬偶叫作"守犬"。狗能保护孕妇安全生产的习俗可能源于狗生崽顺利这样的一个事实。

相反，人们认为胞衣或胎盘若被狗吃掉则是不祥之兆，因此有深埋胞衣的习俗。在福岛县、奈良县等地，胞衣不但要被深埋，还要在上面加盖、压上石头。如果被狗扒出来吃掉，小孩则会在夜里哭闹。在秋田县、群马县、茨城县、石川县等地,则有不在夜里晾尿布的习惯。当地人认为尿布如果被狗叼走,小孩则会在夜里哭闹。治愈小孩夜里哭闹的方法之一,是用纸包起狗毛放在小孩的褥下。在长野县,孩子在梦中受惊吓时则是口呼"狗崽、狗崽"。这样孩子就可以安然入睡,健壮成长了。

早从江户时代开始,日本全国性的习俗就有在小孩子开始学走路时或第一次去参拜神社时,要在小孩的额头上写一个红色的"犬"字,颇似中国在小孩的额头上画一个"王"字(寓意为"虎"),以期冀孩子茁壮成长。或送给孩子用纸糊的犬玩具,用以避邪。

狗被认为是通人性的动物,因此狗的反常、变态行为会被视为凶兆,容易引起人们的种种猜想。日本民俗认为,狗啃青草则天晴,狗刨土或蜷卧意味着天气变化或下雨,狗上房预示火灾,狗照镜子或往井里看则意味着老婆与人私通。在日本本土,梦见狗吠是凶兆,预示要与朋友分手或吵架或有人在背后说坏话等。但是在冲绳,梦见狗吠是吉兆。这与中国民俗相通,中国民俗认为"梦见犬咬人贵客来"。

对于狗来说,"吠"具有特殊意义和价值,也是预示凶吉兆的主要表现。日本民俗认为,狗"远吠"即拉长声吠叫很不吉利,意味着以下几种现象:一是火灾或海啸的前兆;二是有流行病发生或有不祥之人来临;三是在吠叫的方向要出现死人,尤其是要有女人或亲人死亡。同样,如果在送葬时有狗吠,还会有人要死。

日本人不杀狗,认为杀狗会遭报应。狗的尸体也不能埋在宅地，否则也会死人。而对于猎人来说，狗死后要祭祀，超度其亡灵。另外，日本人认为狐狸是稻作之神，而狗是狐狸的敌人，所以有些地方在戌日不从事育苗、插秧等农事活动。

原则上，日本人不杀狗，不吃狗肉，甚至不穿戴狗的皮毛制品，但是有时将狗肉作为药用。据养生书《日用诸疾宜禁集》记载：狗肉宜虚损、胀满、水肿，但不宜怀孕、临产、丹毒者服用。民间认为，狗肉对于治愈夜尿症、皮肤病最为有效，还可以净血，尤其是白狗肉。另外，认为狗肝可以治妇女病，狗胆可以保胎，狗脂可以治烧伤等。日本人认为，狗的药用价值在于性温、暖体，与补血密切相关。

## 八、猪民俗的文化传承

### （一）"亥""豕"与"猪"在日本

在甲骨文和金文中，"亥"字与"豕"字十分相似，均呈猪形，上为头，下为尾，原本是象形文字。《论衡·物势》称：亥，豕也。可见二字字义亦同。从小篆形体到楷书，二字字体发生较大变化，开始分化，都看不出猪的模样了。

在《说文解字》中，"亥"字是个部首字，属下无相从之字，空头。然而"豕"字同为部首字的，在林林总总的大小字典、词典中均立"豕部"，一大批以"豕"为部首的字几乎无一例外地均与猪有所关联。例如在《说文解字》中有"豬"字，释为：豕而三毛从居者，从豕者声。后来，"豬"字的"豕"旁变为"犭（犬）"旁，成为今天的"猪"字。

猪是人类较早驯化的动物之一，其驯化大约起始于农耕文化萌芽的新石器时期，即与人类定居和农业生产密切相关。在古汉语中，"豕"和"彘"指大猪，"猪"和"豚"指小猪，如《说文解字》称：豚，小豕也。小猪可能是指饲养的"家猪"，而大猪可视为今天所谓的野猪。从汉语"家"字的结构，以及中国民间故事、小说等文化传承中出现的猪原形多基于"家猪"来看，中国养猪的历史十分悠久。

日本的属相也使用"猪"字，但是在现代日语中，"猪"字的意思是野猪，而家猪写为"豚"字，二者不可混淆。日本人除在吃"豚肉"（猪肉）时提到"豚"（家猪）之外，民间文化中没有"豚"出现，而出现的"猪"都是指野猪。这说明日本人与野猪相处的时期长，而饲养家猪的历史非常短，对家猪的认识没有形成文化传承。

日本尝试驯养野猪的历史，最早可追溯到平安时代初期。有记载称：鸟羽天皇巡幸神泉苑，猎猪而放养，因其年年捕食池边的蛇而激怒龙王。另据记载，庆长元年（1596）9月28日，由马尼拉开往墨西哥的商船漂流至土佐国浦户港，休整后回国时获赐大米千石、家猪200头、鸡2000只等。然而，日本全国普遍养猪始于近代，尤其是在1923年关东大地震以后，政府鼓励食用猪肉作为营养源，从而推动了养猪事业的发展。

日本人原本不饲猪，但食用野猪肉的历史习惯相当长久。对此，可以通过"猪"字日语发音的解析窥见一斑。日语"猪"

第六章　从动物民俗看日本文化

字训读为"イノシシ",有人称:古汉语中,类义词"亥""豬""豭"分别读为"イ・ノ・コ",而这成为日语"亥子"(イノコ)的读音,而亥子和"猪子"意思相同,其中的"子"无特殊含义。去掉"子(コ)"字加上"シシ"就成为"イノシシ(猪)"的读音。

问题是,"シシ"是什么意思?在现代日语中,"シシ"与"狮子"发音相同,因此有人认为古代日本人把野猪看成像狮子一样凶猛的动物。然而,日本古时称为"シシ"的动物并不仅限于野猪。例如,把鹿称为"カノシシ",把熊称为"クマノシシ",把牛称为"タノシシ"等,更何况日本原本并不产狮子。据《大言海》称,"シシ"最初是作为"肉"义使用的,也用汉字写为"肉"。日本至今有些地方还将肉、食用肉、肌肉等称为"シシ"(鹿儿岛、南岛新潟、富山一带)。例如"シシが付く"(发胖)、"シシが减る"(减肥)、"太りジシの女"(胖女人)等词语中的"シシ"都与肉有关。❶ 如此看来,日本人对野生动物(包括野猪在内)的认识是从它们的可食用性开始的,并且是在原始社会的狩猎阶段形成的。因此,日本关于猪的文化传承一直停留在野猪的层面上。

日语"猪"字的汉语式音读是"ちょ",由此构成的常用词有"猪口"(陶制小酒杯)、"猪口才"(耍小聪明,爱多嘴),至于"猪"与这些词义之间有什么必然联系不可而知。但是从以"ちょ"构成的词,例如"ちょこちょこ""ちょこまか""おっち

---

❶ 楳垣実.語源随筆・江戸のかたきを長崎で[M].東京:創拓社,1989:117-118.

ょこちょい"等含有"轻浮、浅薄、不稳重,不从容、忙忙叨叨"等意思来看,难免令人想起猪八戒所表现的猪的特征。

## (二)猪与山神信仰

日本关于野猪的记载最早见于《古事记》的"景行天皇"卷,在其关于倭建命的传承中有如下记载。

> 倭建命将所佩草之剑留在美夜受比卖那里,前去击伊服岐能山之神去了。
> "我要空手取那山神来。"
> 走到山上的时候,在山边遇见了一头白野猪,其大如牛。尔时乃说大话道:
> "这化为白野猪的大概是神的使者吧。现在且不杀它,等回来时再杀。"
> 说着仍旧上去。于是山神降下大雹,倭建命忽然昏倒了。这个化作白野猪的原来不是神的使者,而是神本身。因为倭建命说了大话,所以昏迷了。

这里出现的化为白野猪的神通常被称为"山神"。在日本古民俗中,野猪与山神具有共通性。据民俗资料记载,日本的山神即统治山的神,农民亦将其与守护田地的"田神"结合起来信仰。这与野猪的习性与日本的农耕活动有关。因为野猪冬季在山里活动,而春天来临之后时常下山骚扰民居、毁坏农田,人们对其敬畏有加,视之为神。野猪伴随着季节变换而表现出的这种移动性,在民间信仰中被演绎为山神和田神的互换性,而无论是山还是田，对于人们来说都是生活物资的来源，这就是关于野猪信仰形成的基础。

　　山与田的神因地域不同，山神或为男性或为女性或为夫妇神，但是以女性神信仰居多。山神作为女性神的证据之一，是她的别名是"十二样神"。关于"十二样神"的"十二"有两种解释。一种说法是指一年的12个月，与农事活动密切相关。相传"十二样神"一年生12个孩子，意味着多产富饶。另一种说法是"十二"意味着十二支的第十二位即"亥"，直接指代作为山神的野猪。关于山神与"十二样神"的关系，吉野裕子以见于全国各地的山神祭祀活动为例，说供奉山神的糯米团子是由男人做的，盘子中央放两个，其周围放10个，不允许女性吃；供山神的糯米糕是12个，排放3列；"十二样神"喜欢火，2月11日夜举行的祭祀活动叫"十二烧"，只有男性参加焚火。"喜欢男性"基本意味着山神野猪——十二样神是女性。如此，在民俗中，生命力最强盛、生育力最旺盛的野猪与农耕的保护神山神、与人类承担生养功能的女性结合在一起，共同作为生命和生育的象征。

　　日本民俗中，执掌一家生计大权的主妇亦被喻为"山神"。如果一位中年男子说"我家的山神"即意指"我老婆"。当然，这样说有些"妻管严"式的调侃。日本家庭主妇的作用是操持一家的生计，其权力的象征物是"饭勺子"。因此，在传统农村社会，"交勺子"意味着转让主妇权，其仪式亦十分庄重。时至今日，日本家庭的习惯仍然是由主妇掌勺盛饭、添饭，可谓传统观念的影响根深蒂固。现在，日本全国主妇联合会的标志也是勺子。将主妇喻为山神，其寓意在于主妇如同"十二样神"一样，是为整个家庭提供食物的守护神。有趣的是，山神也以勺子为象征物，人们献纳勺子祭拜山神。在民间信仰中，山神、女人与勺子被紧密地联系到了一起。

### （三）"亥神"的传承

如上所述，在日本民俗传承中，野猪、山神、田神、十二样神、主妇之间具有潜在的渊源关系，均将女性特点与农耕、生命、富饶结合在一起。同时，在日本还较广泛地分布着"亥神"信仰。

"亥神"多为10月亥子日祭祀的神，这一天的祭祀活动也被称为"亥子祝"或"亥日祭"等。在长崎县岛原半岛有这样一首亥日歌。

> 十月亥日捣年糕，
> 捣了年糕无客来。
> 欲将亥神来当客，
> 我也将它来相伴。

10月亥日祭亥神，其中普遍存在的习俗是在亥日亥刻（夜9—11时）吃"亥子糕"。俗信认为吃亥子糕可除百病，而且意喻子孙繁荣，人丁兴旺。亥子糕习俗产生于平安时代的宫廷，贵族之间亦存在相互赠送"亥子糕"的风俗，地方上的农村也在这一天将亥子糕呈献给宫廷。在宫廷中，内藏寮❶负责制作亥子

---

❶ 隶属于律令制下的中务省，负责天皇贵重物品及日常用品的调配、保管、供给等事务。

糕，呈猪形，称为"亥猪"。猪形意味如猪一样多生子，因此制作、赠献亥子糕之事均由女子承担。后来这种亥子糕向围棋子大小的扁圆形状演变，简易而大量制作可使更多人享受到其福运。

初始，宫廷中的亥子糕模仿中国，用大豆、小豆、大角豆、芝麻、栗子、柿子、糖七种材料制作，室町时期的将军幕府则制成白、红、黄、栗子色、芝麻色五种颜色，而到江户时代是将糯米与红小豆和在一起捣制成浅红色。这种颜色也成为此后日本式年糕的基本色调。在室町幕府制作的亥子糕上还压制菊花、海川骨碎补植物的图案，这种习惯一直持续至今。

在农村的习惯中，很多地方将亥神与田神融合在一起，作为秋收祭祀活动来祭拜。由于田神春来秋去，因此有些地方每年两次祭祀亥神。例如，在鸟取县、兵库县等地就称2月的亥日为"春亥子"，称10月的亥日为"回归日"，并举行各种与农事相关的活动。在农村的祭祀活动中，亥子糕一般做12个，而闰年做13个，将之摆放在米升中，然后放在簸箕里供奉在铺有新稻草的臼之上。12个象征十二样神，即田神，亥神与田神的紧密结合进一步体现了猪的民间信仰与农耕活动以及祈念丰产富饶的民俗心理。

作为亥神的信仰活动，除亥子糕之外，还有一个重要内容是被称为"亥子突"的活动。尤其在西日本十分盛行。这个活动以十四五岁的孩子为中心，或是将几根绳子的一端捆在一块圆石头上，齐力将圆石头拉起来，然后松手以撞地；或是用稻草束一条长长的棒状物击打大地。孩子们拽着石头或稻草束挨家转，每到一家门前便一边击打大地一边口唱歌谣，索要年糕、水果或钱等。歌谣的大意是：亥子日不做糕生鬼、生蛇，生的孩子头长角。在得到赠物之后就祝福说：昌盛、昌盛。得不到赠物就说：贫穷、贫穷。为讨吉利，一般都要赠给孩子们一些东西。日本俗信认为，石头或稻草束上有神灵附着，用其击打大地意味着激发大地的活力、促进其生产力，这与新年时拍打媳妇屁股的习俗如出一辙。

因地区不同，有的地方则把10月10日称为"十日夜"，举行与祭亥神相似的活动。例如，在对马，孩子们将数根绳子的一端系在一根石棒或松木棍上，到有孕妇的人家门前开展撞地挖坑的活动，口中念念有词道：生子、生子，生儿子，生个鸡蛋一样的儿子，恭喜、恭喜；这家主人像财神、像福神，明年建3个仓库，后年建4个仓库，金钱如泉涌。与此同时，各家各户在这天晚上要供奉年糕和农作物，要全家一起吃团圆喜庆饭。

由此可见，亥神与田神在日本是重叠相映的，其活动内容均与庆祝丰产丰收的农事活动密切相关。这与人们以"猪为生命力最强盛、生育力最兴旺的动物"这一基本特性的原始认识关系密切。

## （四）关于猪的俗信

日本猎"猪"的历史比较长久，因此形成了很多关于野猪的民间信仰和文化习俗，其中也包括古老的俗信和禁忌。

在日本，捕猎到野猪后要当场将猪耳割下，串起来挂在树枝上祭山神（德岛县），不然山神将会发怒（高知县）。野猪累积捕到百只时需要建猪冢，捕到千只则需要修祭祀塔，否则会遭到报应。

丈夫在妻子怀孕期间捕猎野猪被视为不吉利。例如，新生儿会在野猪被击伤的部位生痣，身上会生长野猪一样的毛（高知县）。相反，有些地方则认为，妻子怀孕期出门捕猎野猪会运气特别好；如果野猪出现在孕妇家附近时能够将其捕获，则后来会越捕越多，而如果捕不到则会在妻子生第二个孩子之前再也捕不到。这些俗信反映了野猪与生育之间的某种因果关系。

关于食用野猪肉，日本有一个成语叫"食野猪的报应"（猪食った報い），意思是说吃野猪肉会患上不好的病。例如，会患上忧郁症，孕妇会生出有3个嘴的孩子（山口县）等。相反，也有成语说"食野猪的幸运"（猪食った温み），意思是吃了野猪肉身体暖和、有活力，可强身健体。因此，日本各地也流行着一些关于野猪肉治病的民间疗法。例如，野猪的胃晒干后熬水喝可治胃病、腹痛；野猪的胆祛寒、通便，可治腹痛、胃病、痢疾、食物中毒；野猪的子宫煎焦后饮用可治月经痛和分娩时的异常症状；野猪油可治冻疮、中耳炎以及创伤、脓肿等。

另外，人们还认为，野猪吃山芋长膘，其肉最美；野猪若从深山里出来得早，当年雪大；野猪结群时是山神在出游；把野猪毛放在钱包里能攒钱；把野猪脚吊在马棚、鸡窝里可以驱邪；梦到野猪是吉兆，等等。日本还有"亥、寅、午三邻亡"一说，即亥、寅、午日为倒运日，若动土木修建房屋则会发生火灾，殃及左邻右舍。虽为迷信，但是工匠们都十分介意。

# 主要参考文献

[1] 平朝彦. 日本列島の誕生 [M]. 東京：岩波新書，2003.

[2] 埴原和郎. 日本人の誕生 [M]. 東京：吉川弘文館，1996.

[3] 松田博康. 日本地理データ年鑑 2021 [M]. 東京：小峰書店，2021.

[4] 吉田孝. 日本の誕生 [M]. 東京：岩波新書，1997.

[5] 安万侣. 古事记 [M]. 周作人，译. 北京：国际文化出版公司，1990.

[6] 丸山真男. 丸山真男集 第 10 卷 [M]. 東京：岩波書店，1996.

[7] 鬼頭宏. 人口から読む日本の歴史 [M]. 東京：講談社学術文庫，2004.

[8] 安本美典. 邪馬台国への道 [M]. 東京：築摩書房，1967.

[9] 中村新太郎. 日本と中国の二千年 [M]. 東京：東邦出版社，1978.

[10] 安田喜宪. 蛇与十字架 [M]. 王秀文，译. 北京：世界知识出版社，2004.

[11] 安田喜宪. 神话、祭祀与长江文明 [M]. 蔡敦达，等，译. 北京：文物出版社，2002.

[12] 冈田英弘. 日本史の誕生 [M]. 東京：弓立社，1994.

[13] 武光誠. 日本史 [M]. 東京：ダイヤモンド社，2000.

[14] 井上清. 日本の歴史 [M]. 東京：岩波書店，1976.

[15] 井上光貞. 日本国家の起源 [M]. 東京：岩波書店，1970.

[16] 司馬遼太郎，等. 日本の渡来文化 [M]. 東京：中央公論社，1994.

[17] 家永三郎. 日本文化史 [M]. 赵仲明, 译. 南京: 译林出版社, 2018.

[18] 尾藤正英. 日本文化の歴史 [M]. 東京: 岩波書店, 2004.

[19] 叶渭渠. 日本文化通史 [M]. 北京: 北京大学出版社, 2009.

[20] 山本七平. 何为日本人 [M]. 崔世广, 等译. 北京: 国际文化出版公司, 2010.

[21] 上田正昭. 日本の女帝: 古代日本の光と影 [M]. 東京: 講談社, 1982.

[22] 荒木博之. 日本人の行動様式 [M]. 東京: 講談社, 1975.

[23] 中根千枝. 日本社会 [M]. 许真, 宋峻岭, 译. 天津: 天津人民出版社, 1982.

[24] 中根千枝. タテ社会の人間関係 [M]. 東京: 講談社, 1967.

[25] 中根千枝. タテ社会の力学 [M]. 東京: 講談社, 1978.

[26] 福武直. 日本社会结构 [M]. 陈曾文, 译. 广州: 广东人民出版社, 1982.

[27] 王秀文. 历史与民俗: 日本文化源流考述 [M]. 北京: 外语教学与研究出版社, 2014.

[28] 王秀文. 传统与现代: 日本社会文化研究 [M]. 北京: 世界知识出版社, 2002.

[29] 王秀文, 等. 日本社会文化读解 [M]. 大连: 大连理工大学出版社, 2004.

[30] 大島建彦, 等. 日本を知る小事典 1–6 [M]. 東京: 社会思想社, 1982.

[31] 金田一春彦. 日语的特点 [M]. 马凤鸣, 陈书玉, 译. 北京: 北京出版社, 1985.

[32] 寿岳章子. 日本語と女 [M]. 東京: 岩波新書, 1988.

[33] 大石初太郎. 敬語 [M]. 東京: 筑摩書房, 1975.

[34] 池田弥三郎. 日本語の常識大百科 [M]. 東京：講談社, 1982.

[35] 王秀文. 现代日本语要说 [M]. 长春：吉林教育出版社, 1987.

[36] 王秀文. 日本语言与社会文化 [M]. 大连：大连海运学院出版社, 1993.

[37] 王秀文. 日本语言·文化与交际 [M]. 北京：外语教学与研究出版社, 2007.

[38] 王秀文, 等. 日本语言与跨文化交际入门 [M]. 大连：大连理工大学出版社, 2010.

[39] 吉野裕子. 陰陽五行と日本の民俗 [M]. 京都：人文書院, 1998.

[40] 高木敏雄, 等. 増訂 日本神話伝説の研究 2 [M]. 東京：平凡社, 1987.

[41] 鈴木棠三. 日本俗信辞典（動·植物篇）[M]. 東京：角川書店, 1982.

[42] 南方熊楠. 十二支考 1-3 [M]. 東京：平凡社, 1973.

[43] 山中襄太. 語源十二支物語 [M]. 東京：大修館書店, 1976.

[44] 中村禎里. 動物たちの霊力 [M]. 東京：筑摩書房, 1989.

[45] 藤澤衛彦. 日本民俗学全集 [M]. 東京：あかね書房, 1960.

[46] 中国社会科学院. 简明日本百科全书 [M]. 北京：中国社会科学出版社, 1994.

[47] 石川弘義, 等. 大衆文化事典 [M]. 東京：弘文堂, 1991.

[48] 金田一春彦. 日本語百科大事典 [M]. 東京：大修館書店, 1990.